# LE RÉVEIL

# DE LA MUSIQUE

# LE RÉVEIL

DE

# LA MUSIQUE

OU

## Son Étude rendue d'une Facilité extrême

ET SES RESSOURCES AUGMENTÉES A L'INFINI

PAR

## Le Lᵗ-Colonel L. IVON,

CHEF DE LA 15ᵉ LÉGION DE GENDARMERIE, A NANTES,

ANCIEN ÉLÈVE DE L'ÉCOLE POLYTECHNIQUE.

Ὅς ὀρθῶς λογίζεται προ-κόπτει.

<table>
<tr><td>NANTES,<br>Anc. Imprimerie CHARPENTIER,<br>Edouard Vincent et Cⁱᵉ, éditeur,<br>Rue de la Fosse, 32 et 34.</td><td>PARIS,<br>Henri TELLIER, éditeur,<br>165, rue Saint-Honoré,<br>En face l'avenue de l'Opéra.</td></tr>
</table>

## 1877.

*Tous droits réservés.*

# PROGRÈS PRINCIPAUX RÉALISÉS,

## EN NE BRUSQUANT AUCUNEMENT LA TRANSITION.

1° L'Intonation *complète* apprise par 8 intervalles très-simples ;

2° La mesure *complète*, affranchie des difficultés de syncope ou autres, et ne présentant que des durées toujours égales ;

3° La *Prose* introduite en musique, où elle ouvre un horizon tout nouveau, par les progrès qu'elle a amenés dans les littératures des différents peuples ;

4° Le temps d'Étude des instruments à clavier réduit au 6° pour l'Élève, comme pour les exercices journaliers de l'artiste, qui obtient en outre des ressources nouvelles ;

5° Transposition dans tous les tons, sans déplacement du clavier, qui est portatif au besoin ;

6° Réduction à un seul au plus des accidents de la clef, qui satisfait néanmoins à tous les tons ;

7° Tout expliqué et même prévu en harmonie.

# INTRODUCTION

Quand on étudie avec attention la musique de tous les
peuples et de tous les temps, on est frappé, dès l'abord, de
l'arbitraire et du défaut absolu de logique qui semblent avoir
présidé sans cesse au développement de cet art. On serait
tenté de croire que l'on a toujours eu à cœur de repousser la
raison et tout ce qui tient à la science, pensant peut-être,
mais bien à tort, que l'inspiration, privilége seulement de
quelques-uns, y suppléerait. Sans doute des règles judicieusement établies ne donneraient pas l'inspiration du génie,
mais elles permettraient, même à celui qui en est doué, de s'y
abandonner plus vite, en le débarrassant rapidement des
entraves dont il ne saurait être affranchi au début. Elles
empêcheraient les esprits éminents de s'éloigner d'un art, où
leur raison est constamment froissée par une suite innom-
brable d'exceptions toutes arbitraires, sans liaison ni suite,
semblant créées pour tenir lieu de règles, quoique se contre-
disant à tout moment.

Et cependant, quel art peut tirer plus de profit des connaissances physiques que celui où les éléments constitutifs, les
sons, doivent presque toutes leurs propriétés au nombre plus
ou moins grand de vibrations des corps sonores, qui sont
elles-mêmes si exactement comptées par nos instruments de
musique. Alors que toutes les lois physiques étaient encore

dans le néant, et ne pouvaient expliquer pourquoi telle suite
ou tel assemblage de sons devait être préféré à tel autre, il
fallait bien, faute de gouvernail, se laisser aller au hasard.
Un artiste heureusement inspiré produisait-il une œuvre qui
avait su plaire, alors tout ce qu'il indiquait comme règle était
accepté sans examen. Malheureusement, comme il n'est pas
donné à l'homme de réunir tous les dons de la nature, peut-
être par cela même qu'il était doué de l'inspiration, l'artiste
manquait-il particulièrement de la logique indispensable
pour diriger utilement les autres? A chacun son lot dans ce
monde!

On allait ainsi de chaos en chaos, et le mouvement s'est
continué jusqu'à nos jours, en amoncelant des difficultés bien
gratuitement, dans un art où tout serait cependant facile, si
l'on voulait enfin, là comme ailleurs, laisser au raisonnement
la part dont on ne saurait le frustrer, sans s'exposer aux plus
graves conséquences.

Si l'on veut, du reste, se rendre compte du chaos immense
que je signale ici, on n'a qu'à suivre jusqu'à nos jours l'histoire des innombrables gammes, c'est-à-dire des alphabets
musicaux, qui devraient cependant se réduire tout naturellement à un seul type, dans un art où le but est de plaire, en
prenant pour condition de déterminer les éléments les plus
satisfaisants pour notre organisation. Le but est donc de
constituer cet alphabet par excellence.

Ceux qui ont étudié l'harmonie savent si là également on
rencontre quelque règle fixe, et combien de fois ils ont été
près de perdre courage dans ce dédale inextricable, où la
lumière cependant peut être obtenue si facilement.

Si l'on passe à l'intonation, combien de difficultés ne ren-
contre-t-on pas aujourd'hui pour arriver à solfier, à première
vue et sans instrument, le moindre morceau de musique, de
manière à partir du diapason et à se retrouver à la fin bien
*exactement* avec lui? Nos premiers chanteurs pourraient le
dire. Nous offrons cependant de conduire 9 élèves sur 10 en
trois mois, à déchiffrer, à première vue et sans instrument,

avec une exactitude absolue et dans ces conditions, un morceau de musique du genre de celui qui est écrit page v. Là nos chanteurs verront si l'on a bien fait de tant dédaigner le raisonnement, qui nous a conduit à une méthode où il n'y a pas d'intonation embarrassante, comme nous l'expliquerons.

La mesure elle-même, si difficile à obtenir pour tant de personnes, quoique réduite aujourd'hui à un petit nombre de formules ou types, dont on a bien été obligé de se contenter, dans l'impossibilité où l'on est d'embrasser le problème dans son ensemble, devient, au contraire, d'une facilité extrême. Ce résultat sera atteint dans toute sa généralité, au grand avantage de l'art, dont les ressources seront ainsi augmentées dans des proportions inouïes.

Le morceau indiqué ci-dessus, qui est pour nous un morceau de débutant, donnera, je crois, une idée de la facilité que j'ai annoncée, car il a été reconnu déjà par de nombreux musiciens comme absolument inabordable, aujourd'hui, non à première vue, mais même en l'étudiant.

Grâce à nos procédés de lecture si simple, on n'en sera plus réduit à se borner, si l'on peut s'exprimer ainsi, à la musique en vers, à cause de l'impossibilité de l'exécuter sans mesure et sans temps; on aura également de la musique en prose! Où en serait aujourd'hui la littérature, non-seulement en France, mais chez tous les peuples, si l'on n'avait écrit qu'en vers, et si la prose, où l'on suit si bien sa pensée, était restée inconnue? C'est pourtant là où en est encore la musique. Pas plus qu'ailleurs cependant les embarras n'étaient dans la nature des choses; ils ont été introduits bien gratuitement, grâce à l'absence de toute logique.

Les difficultés que les instruments apportent eux-mêmes dans la pratique n'ont pas une autre origine. Nous en donnerons une idée par le clavier que nous décrirons et qui permettra aux élèves de faire en un an, sur tous les instruments à clavier, les mêmes progrès que dans six ans sur le clavier actuel, et aux artistes de se surpasser bientôt eux-mêmes, tout en apportant aux uns comme aux autres le moyen, par un simple coup de pédale, de transposer *dans tous les tons sans déplacer le clavier*, qui reste ainsi parfaitement égalisé. Cette fixité du clavier pendant la transposition laisserait la faculté, si on le désirait, d'écrire toute la musique avec un seul accident au plus à la clef, et de la jouer cependant comme aujourd'hui dans tous les tons. La pédale, qui peut fonctionner pendant l'exécution même, donnerait, sur ce clavier immobile, le moyen de tenir compte des changements qui auraient à se produire à la clef dans un même morceau, ce qu'aucun transpositeur actuel, transposât-il même aussi dans tous les tons, ne saurait offrir, le clavier devant toujours être déplacé.

Ainsi tout démontre de quelle importance est la logique dans l'art de la musique. C'est par son seul secours et abandonnant tous les anciens errements, que nous allons chercher à fonder le meilleur système musical et à trouver les meilleurs procédés d'exécution. Pour cela, nous supposerons que nous n'avons pas la plus simple notion de tout ce qui tient à la musique, et nous chercherons à déterminer d'abord le système par la seule condition de procurer à notre organisation le maximum de satisfaction, ce qui est naturellement le véritable but à atteindre dans un art d'agrément. Nos lecteurs apprécieront alors la valeur des résultats suivants, obtenus par la seule force du raisonnement, et, à l'exception du deuxième, sans aucun changement dans la notation musicale :

1° Établissement *du meilleur système musical ;*

2° Recherche *du mode d'écriture le plus simple et le plus avantageux ;*

3° *L'harmonie* déduite d'un seul principe permettant d'expliquer tout et de prévoir les effets à produire ;

4° *L'intonation* obtenue en 3 mois, à première vue et sans instrument, avec une exactitude absolue, non pour les quelques formules auxquelles on est obligé de se restreindre aujourd'hui, faute d'une méthode facile et sûre, mais même pour des suites de la nature de celle qui est présentée ci-contre comme exemple, ou plus difficiles encore s'il est possible, ce qui étendra dans des proportions inouïes les ressources de l'art musical;

# EXEMPLE

*De 5 mesures se déchiffrant à première vue et sans instrument, par un élève de trois mois d'étude, de manière à partir du diapason et à se retrouver à la fin très-exactement avec lui.*

(Ceci ne s'écrirait naturellement pas aujourd'hui, les moyens de le chanter n'existant malheureusement pas.)

5° *La mesure* obtenue dans les mêmes trois mois, à première vue, avec une exactitude absolue, non pour les quelques formules auxquelles on est obligé de se restreindre aujourd'hui, faute d'une méthode facile et sûre, mais pour des suites de la nature de celle qui est présentée dans le même exemple ci-dessus, ou plus difficiles encore s'il est possible.

Nous étendrons également ainsi dans des proportions

inouïes les ressources de l'art musical, l'artiste pouvant alors diviser le temps selon toutes les inspirations de sa pensée;

6° *La prose introduite dans la musique*, permettant à cette dernière toute l'extension qu'elle a apportée dans la littérature des différents peuples, qui serait aujourd'hui bien en arrière, si elle avait dû rester bornée, comme la musique par temps, aux seules ressources de la versification, et qui donnerait de bien plus grands avantages encore, si l'on adoptait notre genre d'écriture;

7° *L'étude des instruments à clavier, réduite à un temps 6 fois moindre;*

8° *Le travail de l'artiste, réduit à un temps 6 fois moindre*, pour tous ses exercices journaliers;

9° *Le jeu de l'artiste rendu beaucoup plus brillant*, après quelques jours de travail pour se mettre au courant de ce nouveau clavier, ainsi que l'épreuve en a déjà été faite à Lyon dans un grand concert, avec un succès des plus complets;

10° *Transposition immédiate et dans tous les tons, sans aucun déplacement du clavier.*

11° *Réduction des accidents de la clef à un seul au plus*, sans nuire cependant à l'exécution de la musique, dans tous les tons, si l'on consent à ne pas l'écrire dans ceux dont l'armure est plus chargée.

Si alors quelque compositeur habile et heureusement doué, ayant adopté ce clavier, vient à écrire, en utilisant ses immenses ressources, quelques morceaux faisant sensation et inexécutables sur le clavier actuel, les artistes consentiront-ils à reconnaître, devant les personnes qui leur demanderont de jouer ces morceaux, que c'est le talent d'exécution qui leur manque? N'aimeront-ils pas mieux avouer enfin que c'est l'instrument qui est inhabile? Dès lors le clavier actuel sera jugé! Les parents également se résigneront-ils à laisser leurs enfants travailler six fois plus de temps pour obtenir un résultat moindre, et n'aimeront-ils pas mieux profiter de cette réduction de peine pour les pousser plus loin dans l'étude d'un art qui n'a pas de limites, mais qui devient d'autant plus attrayant qu'on est plus initié à ses secrets? Ce sont des questions que nous livrons à l'appréciation de tous!

Si vaste que puisse paraître le programme que nous présentons ici, il sera facile de se convaincre qu'il est encore bien au-dessous des résultats consignés dans cet ouvrage. Tout sera en effet simplifié dans des proportions inouïes, aussi bien dans la lecture de la musique que dans l'exécution des instruments, si l'on s'en tient à l'écriture actuelle, où il n'y aura plus d'intonation difficile, ni de mesure embarrassante. Si l'on veut en outre s'affranchir des barres de mesure indispensables aujourd'hui, mais qui ne sont pour nous d'aucun secours, le domaine de la musique sera alors étendu à l'infini.

L. IVON.

Nantes, le 23 mars 1877.

# PLAN DE L'OUVRAGE

L'ouvrage est divisé en deux parties :

Dans la première partie, consacrée à la théorie, on part de l'hypothèse que l'on n'a absolument aucune notion musicale, et, à l'aide des données de la science, par le simple bon sens et par la seule condition de produire sur notre organisation le maximum de satisfaction, ce qui est le véritable but dans un art d'agrément, on détermine le meilleur système musical.

On indique donc d'abord le meilleur alphabet, puis le meilleur système d'écriture musicale.

On démontre ensuite qu'en s'en tenant aux sons les plus satisfaisants, c'est-à-dire aux sons complexes isochrones et dont les sons résultants additionnels ou différentiels sont négligeables comme trop faibles, les accords les meilleurs sont ceux dont les notes se rapprochent le plus des harmoniques de la basse, disposées même dans l'ordre donné par la nature, ce qui conduit aux distinctions suivantes :

Intervalles ou accords consonnants ;

    *Id.*       *id.*    quasi-consonnants ;

    Id.       *id.*    dissonnants.

Le classement de ces accords est heureusement peu variable, lorsque l'on passe de la gamme juste à la gamme tempérée, ce qui permet l'emploi des instruments tempérés concurremment avec les instruments justes.

Les premiers s'emploient généralement sans autre précaution que de les disposer de manière que deux accords de suite se relient par des notes communes, lorsque les sons deviennent trop nombreux pour que l'oreille puisse saisir facilement le passage de l'un de ces accords à l'autre, sans ces points de repère.

Les accords de la deuxième série demandent en outre que la partie qui n'est pas exactement consonnante se résolve dans l'accord suivant, sur des intervalles consonnants, surtout en ce qui concerne la basse. Enfin, les derniers, en dehors des conditions ci-dessus, demandent encore que les dissonnances soient préparées, c'est-à-dire entendues dans l'accord précédent à l'état de consonnance. Une marche diatonique des parties peut aussi, dans certains cas, tenir lieu de préparation, ou plutôt être regardée comme une préparation suffisante.

On démontre plus loin que cette propriété des bons accords d'être exactement ou à peu près la reproduction des harmoniques de la basse permet de faire passer successivement une des notes de la basse à la partie supérieure, en conduisant à cette particularité si importante des renversements, donnant des accords rangés dans une même famille, soumise ainsi aux mêmes lois d'enchaînement, de préparation, de résolution, ou autres.

On donne enfin le moyen d'apprécier la valeur des dissonnances non classées dans nos bons accords, acceptées sous des conditions particulières de prolongation, retard, etc., mais ne constituant aucunement de véritables accords avec renversements, formant comme les précédents une famille régie par les mêmes lois, ce qui est une distinction très-capitale.

Dans la deuxième partie, à laquelle on peut se borner si on ne tient pas à approfondir les points théoriques, on explique deux procédés d'une simplicité inouïe, ne supposant aucun changement dans la notation musicale et supprimant absolument toutes les difficultés d'intonation et de mesure, non-seulement pour les quelques formules auxquelles on est bien obligé de se restreindre aujourd'hui, faute de moyen pour l'exécution, mais pour les intonations les plus inabordables actuellement.

On indique comment des effets tout nouveaux et sans nombre peuvent être mis à la disposition de l'artiste, en étendant pour ainsi dire à l'infini l'horizon musical.

On démontre ensuite comment nos procédés de lecture introduiraient une sorte de prose en musique, qui apporterait à cet art toute l'extension que la prose a amenée dans tous les langages, et sans laquelle les littératures des différents peuples seraient restées bien en arrière, si on les avait limitées aux seules ressources de la versification.

On continue par la recherche du meilleur système de clavier pour cette nature d'instrument, et l'on arrive à un clavier breveté, qui donne à l'élève comme à l'artiste les avantages immenses signalés dans l'introduction.

On explique comment on a pu être conduit au clavier défectueux actuel.

On indique ensuite comment le principe qui a conduit à tous ces avantages pour les instruments à clavier pourrait être appliqué à tous les autres instruments.

On termine enfin par l'indication d'un moyen très-simple permettant dès aujourd'hui d'abréger dans de très-grandes proportions le temps d'étude des instruments à cordes, par l'emploi provisoire d'une simple touche d'étude destinée à faire place à la touche ordinaire.

Un appendice, placé à la fin de l'ouvrage, énonce simplement, en quelques lignes, pour le lecteur qui désirerait se rendre compte de suite des résultats, indépendamment de toute explication, les procédés pratiques réduisant dans les proportions indiquées :

L'étude de l'intonation,

L'étude de la mesure,

L'étude des instruments à clavier, devenus transpositeurs dans tous les tons sans déplacement du clavier et permettant ainsi la réduction à un seul au plus des accidents de la clef.

# LE RÉVEIL DE LA MUSIQUE



## SON ÉTUDE RENDUE D'UNE FACILITÉ EXTRÊME
### ET SES RESSOURCES AUGMENTÉES A L'INFINI.

---

# PREMIÈRE PARTIE

# RECHERCHES THÉORIQUES

## CHAPITRE PREMIER.

### Effets produits sur notre organisation par les mouvements des corps.

Quelque peu initié que l'on soit aux questions musicales, il est une remarque que tout le monde a faite, c'est que certains corps, solides, liquides ou gazeux, mis en mouvement successivement ou simultanément par une cause quelconque, peuvent, si les mouvements sont assez rapides, produire sur notre organisation des effets plus ou moins agréables. La première chose à faire est donc d'examiner ces mouvements, tant au point de vue du corps lui-même, que de l'effet produit sur nos sens.

Or, quand un corps en équilibre et fixé en un ou plusieurs de ses points, est mis en mouvement par des forces quelconques agissant dans un certain sens, il se meut dans une direction correspondante, jusqu'à ce que les forces qui l'ont sollicité aient été détruites par les résistances passives de toute nature qu'il a rencontrées. Alors, en raison de la force d'inertie, il tend à revenir en sens contraire vers sa position d'équilibre, qu'il dépasse en vertu de la vitesse acquise. Le mouvement dans ce dernier sens est suivi d'un mouvement dans le sens primitif, et cela se continue ainsi jusqu'à ce que les actions ou réactions se trouvent annulées. Le corps reprend enfin sa position première d'équilibre, si toutefois les forces motrices n'ont pas dépassé la limite d'élasticité qui lui est propre.

Chaque fois que le corps repasse par son point de départ, on dit qu'il a fait une oscillation, ou une vibration quand on a en vue des faits d'acoustique. En Allemagne, on suppose que le corps est non-seulement revenu à sa position de départ, mais qu'il y est ramené par un mouvement de même sens; il a fait alors une vibration complète, c'est-à-dire double de la précédente. Cette manière de compter les vibrations évite dans certains cas des difficultés, et nous l'adopterons.

Chaque vibration du corps, en même temps qu'elle communique le mouvement aux parties voisines de l'air, y produit en outre des ondulations analogues à celles que l'on remarque dans l'eau tranquille, quand on y jette une pierre, et qui se transmettent fort loin. Si les vibrations du corps sont suffisamment amples, les oscillations propagées par l'air parviennent jusqu'à nous; si elles sont suffisamment rapides, elles peuvent produire ainsi sur notre oreille et par suite sur notre cerveau un effet nettement saisissable, que l'on appelle un bruit. Si ces ondulations, de même durée que les vibrations du corps, sont isochrones, le mouvement alternatif régulier est plus facilement saisi par nous, il nous plaît, en nous berçant en quelque sorte; le bruit prend alors le nom de son. Un son se distingue particulièrement d'un autre par le nombre différent de vibrations exécutées dans le même temps, dans une seconde par exemple.

Ce genre de vibrations isochrones donnant naissance à un son est celui que nous allons particulièrement examiner; il a seul un intérêt au point de vue musical. Si l'amplitude des vibrations est grande, le son est intense. Quand le nombre de vibrations par seconde est considérable, le son est aigu; il est grave dans le cas contraire. Notre oreille ne semble pas disposée pour que nous puissions percevoir les sons trop graves, ni distinguer un son de l'autre, quand ils sont trop aigus, ainsi que nous l'expliquerons.

# CHAPITRE II.

## Sons simples et sons composés.

Tous les corps n'oscillent pas de la même manière. Les uns vibrent tout d'une pièce et n'ont que ce seul mouvement ; ils donnent alors lieu à un son appelé son simple. Dans ce cas, fort rare du reste, se rangent la vibration pendulaire et celle du diapason dans certaines conditions. Les sons de la flûte, de la voix humaine émettant la voyelle *ou*, ceux des grands tuyaux bouchés de l'orgue se rapprochent des sons simples. D'autres corps se décomposent, pendant qu'ils oscillent dans leur entier, en parties vibrant également isolément et entraînées dans le mouvement général ; on a alors plusieurs sons nommés sons élémentaires ou partiels que l'on peut entendre, soit par l'habitude, soit seulement au moyen de certains appareils spéciaux, par exemple les résonnateurs de Helmholtz ou autres. On dit alors que le son du corps est complexe. Le son donné par le corps entier est appelé également son fondamental. Pour la plupart des corps les sons partiels sont dans un rapport très-compliqué avec le son fondamental, et ils sont pour cette raison peu propres à la musique, comme nous l'expliquerons. Quand les vibrations des sons partiels peuvent être représentées par la suite des nombres entiers 1 — 2 — 3 — 4 — 5, etc......, le premier son partiel 1 conserve le nom de son fondamental, et les autres sons partiels sont nommés ses harmoniques. Ces sons composés sont ceux que nous considérerons particulièrement en musique, en adoptant de préférence pour instruments les corps, généralement homogènes, qui jouissent de la propriété de les donner.

Examinons cependant d'abord les sons simples.

# CHAPITRE III.

## Effets produits sur notre organisation par les sons simples.

Lorsque deux sons simples A et B sont très-intenses, outre l'effet dû à chacun d'eux et distinct pour l'oreille de deux sons simples, il peut encore y en avoir un complexe. Si en effet les déplacements des molécules vibrantes ne sont plus négligeables, comparés aux dimensions des masses élastiques, c'est-à-dire si les vibrations, au lieu d'être infiniment petites, sont seulement très-petites, les deux sons A et B peuvent donner lieu à un autre son C, dont le nombre de vibrations est précisément égal à la différence entre les nombres de vibrations des deux sons A et B, et que l'on appelle son différentiel du premier ordre; le son C peut également produire avec A et B deux autres sons résultants différentiels du $2^e$ ordre D et E. Ces deux nouveaux sons D et E peuvent conduire avec A et B à quatre sons résultants différentiels du $3^e$ ordre F, G, K, L et avec C à deux sons résultants différentiels du $4^e$ ordre, etc.

Outre ces sons résultants différentiels de divers ordres, il existe des sons découverts par Helmholtz et appelés sons résultants additionnels de différents ordres, parce que le nombre des vibrations est égal, au contraire, à la somme des vibrations des deux sons générateurs.

En dehors des sons résultants différentiels ou additionnels, on distingue encore les battements dus uniquement à la variation d'intensité du son, saisissable grâce à un maximum appelé coup ou battement, se répétant périodiquement un certain nombre de fois par seconde et imitant ainsi l'isochronisme des vibrations; cela arrive quand deux sons simples sont assez voisins pour affecter une même partie de l'oreille, sorte de clavier sollicité en général en des points variables pour des sons différents.

Rappelons d'abord que chaque corps a un nombre déterminé de vibrations qui lui est propre, et qu'il prend effectivement, quand il est influencé par une force agissant suivant le même rhythme. Mais, quand les corps sont légers, comme par exemple les fibres de Corti de l'oreille, ils peuvent encore vibrer sous l'action d'un autre corps dont le nombre de vibrations est peu différent. Il y a alors un certain groupe de fibres mis en mouvement à la fois par les deux sons. Ce que je dis des fibres de Corti s'appliquerait aux autres parties de l'oreille qui seraient toujours légères, si, comme certains auteurs le supposent, le son ne nous était pas transmis par les vibrations de ces fibres.

Supposons maintenant deux corps voisins A et B faisant le premier 10 vibrations complètes par seconde et le second 11. Au bout de la première dizaine de seconde, le corps A a fait une vibration complète, le corps B a exécuté aussi une vibration complète, plus $\frac{1}{10}$ de vibration. La membrane légère de l'oreille, apte à subir ce mouvement, a donc été soumise à une vibration complète de chaque corps, plus à un certain effet C que le corps B aurait produit pendant $\frac{1}{10}$ de seconde. Il en est de même pendant les $\frac{4}{10}$ de seconde suivants. Pendant les 5 derniers dixièmes de seconde, la membrane sera encore soumise à une vibration complète de chaque corps, mais l'effet C sera en sens contraire, de sorte que l'effet total pendant chaque $\frac{1}{10}$ de seconde sera moins grand que tout-à-l'heure.

La membrane, soumise à une force accélératrice, puis retardatrice, aura donc eu pendant cette première seconde une amplitude maximum, et c'est ce maximum, qui est parfaitement senti, que l'on appelle battement. Il y a alors ici un battement pour la première seconde, et de même pour chacune des secondes suivantes, c'est-à-dire que l'on sent un nombre de battements par seconde égal à la différence des nombres 11 et 10 de vibrations par seconde des deux corps A et B. Il en sera de même si la différence des nombres de vibrations du deuxième corps est plus grande : elle indiquera toujours les battements, pourvu que ces nombres de vibrations restent assez voisins pour affecter une même partie de l'oreille.

Un battement par seconde n'est pas désagréable, on cherche même parfois à l'obtenir, dans les nouvelles orgues et sur l'harmonium, par un registre imitant ainsi le tremblé de la voix humaine et des instruments à anches. Ce battement, bien employé dans certains passages, peut être très-expressif, mais il ne faut pas en abuser.

Les sons résultants peuvent également donner des battements entre eux ou avec les sons partiels.

Comme cas particulier, si les nombres de vibrations de A et B sont les mêmes et si, de plus, les intensités des sons sont égales, les impressions sur l'oreille, au lieu de s'ajouter, peuvent se détruire, si elles agissent en sens contraire, et alors il ne reste plus de renforcement de son ou de battement; il n'y a pas même de son entendu. Il se présente dans ce cas ce qu'on appelle le phénomène de l'interférence, que réalisent les deux branches d'un diapason, dans les quatre positions connues.

Voyons maintenant ce qui arrive pour l'oreille lorsque le nombre des battements augmente.

Quand il n'y a que 4 ou 6 battements à la seconde, l'oreille les suit parfaitement; s'il y en a 20 ou 30, on ne peut plus les compter, mais on reconnaît encore l'analogie d'impression sur l'oreille, par une succession de secousses sonores distinctes, dont le nombre seulement ne peut plus être saisi. Le caractère général de l'impression produite par des battements aussi rapides devient pénible, à cause de l'effet dû à des intermittences ainsi répétées, et plus dur, comme on le sait, qu'un effet continu. On peut déjà conclure de là que l'effet désagréable disparaîtra, quand l'intermittence cessera, pour faire place à la continuité de la sensation, et cette époque variera avec le pouvoir d'étouffement de l'oreille. En effet, quand l'impression sera éteinte, alors que la secousse suivante arrivera, il y aura intermittence. Lorsque les secousses se succéderont assez rapidement, pour que la précédente ne soit pas encore détruite, quand la suivante se présentera, il y aura continuité. En faisant les expériences d'une manière convenable, on peut constater que 132 secousses sont encore distinctes sans néanmoins pouvoir être comptées par le seul secours de l'oreille, et, bien que l'on approche de la limite, elle n'est cependant pas encore atteinte.

Revenons maintenant aux véritables vibrations des corps. Un nombre quelconque de vibrations ne donne pas toujours un son musical. Il faut d'abord que les vibrations soient isochrones, mais cela ne suffit pas. Si le nombre de vibrations est trop petit, chaque vibration produit sur l'oreille un mouvement qui est éteint, quand l'autre commence son action. Alors les effets ne s'ajoutent plus et l'oreille n'a que des oscillations successives, trop petites pour produire sur le cerveau une impression saisissable. Quand le nombre des vibrations s'accroît, l'oscillation de l'oreille augmente, et la résultante des actions peut être assez grande pour produire sur le cerveau une impression. Mais chaque oscillation de l'oreille, quoique assez grande pour donner une impression, étant encore éteinte quand la seconde

arrive, on n'a que l'impression de secousses isolées que l'on commence
à entendre vers 31 vibrations. Ce n'est que vers 40 vibrations que les
secousses isolées font place à une sensation continue, et qu'on a alors
un son véritablement musical.

N'oublions pas qu'il ne s'agit ici que de sons simples, et si les
auteurs sont arrivés à des conclusions si diverses, c'est qu'ils se sont
trouvés souvent en présence de sons complexes, c'est-à-dire compliqués d'harmoniques. Alors on peut en effet entendre des sons dont
les nombres de vibrations sont bien moindres et descendent jusqu'à
huit par seconde, suivant Savart. Ce ne sont plus les sons eux-mêmes
qu'on distingue, mais bien les battements des harmoniques élevés
d'un nombre par seconde égal ou à peu près égal à celui des vibrations du son simple lui-même, et qui sont perçus, grâce à l'aigreur
des secousses discontinues, plus saisissables que les sensations
continues. On peut constater cette impression complexe sur des sons
déjà assez élevés pour que le son élémentaire soit entendu, pendant
que les harmoniques le sont également. Ainsi 132 vibrations (données
sur l'harmonium par l'ut, du registre du cor) et même 264 vibrations (données par l'ut 2 du registre du basson) présentent encore
une sorte de ronflement, tandis qu'à 40 vibrations pour un son
simple, le son est déjà continu.

Si l'on a déterminé, dans le bas de l'échelle musicale, à quel
moment les sensations cessent d'être intermittentes pour devenir
continues, on n'a pu encore y arriver dans le haut. On sait seulement,
toutes choses égales d'ailleurs, qu'il est d'autant plus difficile de
percevoir ces intermittences et qu'elles produisent une impression
d'autant plus faible, qu'elles sont plus nombreuses. Si donc le nombre
de vibrations est très-grand, les caractères distinctifs deviennent de
moins en moins tranchés; aussi les sons aigus, bien que toujours
entendus, doivent-ils avoir une limite supérieure, en raison de
l'impossibilité de distinguer alors deux sons voisins.

Les sons d'un bon emploi en musique, et dont la hauteur peut
être bien appréciée, sont compris environ entre 40 et 4,000 vibrations,
dans une étendue de sept octaves, comme on le verra plus loin. — Les
pianos vont ordinairement de 2,750 à 3,520 vibrations. — Les
grandes orgues descendent à peu près une octave plus bas. — Le son
le plus aigu de l'orchestre (le ré, de la petite flûte) a 4,752 vibrations.
Dans une étendue de onze octaves, l'appréciation serait encore possible, mais d'une manière vague.

# CHAPITRE IV.

## Caractères distinctifs des sons simples musicaux.

Nous avons jusqu'ici parlé des mouvements des corps et des effets généraux des bruits ou sons sur notre organisation, nous allons maintenant examiner les caractères distinctifs des sons que nous avons appelés musicaux, en nous bornant pour le moment aux sons simples.

On distingue dans les sons musicaux :

    1° L'intensité;
    2° La hauteur;
    3° Le timbre.

L'intensité croît et décroît avec l'amplitude des vibrations du corps sonore, qui est d'autant plus grande que la force qui détermine le mouvement est également plus intense. Elle a son maximum au moment où la force vient d'exercer son action, et diminue avec le temps comme l'amplitude des vibrations.

La hauteur est indiquée par le nombre de vibrations isochrones, c'est-à-dire exécutées dans le même temps, que l'on suppose ordinairement être la seconde.

Le timbre est la propriété qui distingue les sons de même hauteur et de même intensité des différents instruments. Le timbre peut même varier pour ceux de même espèce, particulièrement pour les instruments à archet et pour la voix. Mais on ne semble pas s'accorder jusqu'ici sur la véritable définition du timbre, et les auteurs varient beaucoup à ce sujet. La plupart attribuent d'une manière générale au timbre toutes les particularités des sons qui ne dérivent pas directement de leur intensité et de leur hauteur. Helmholtz a cru pouvoir préciser davantage. En dehors des petites différences se perdant avec l'éloignement, et tenant à la manière dont le son commence et finit, selon le mode d'attaque, différences qu'il néglige pour le timbre musical, il trouve, en considérant seulement les sons devenus entièrement uniformes, que leur timbre varie selon le nombre, la distribution et l'intensité des harmoniques, qui peuvent différer selon le mode d'attaque ou par des considérations diverses.

Ainsi il arrive aux conclusions suivantes :

Les sons simples manquent d'énergie, mais n'ont aucune dureté.

Les sons accompagnés d'une série d'harmoniques graves de moyenne intensité jusqu'au 6e environ, comme ceux du piano par exemple, dans une certaine partie du registre, sont pleins et d'un bon emploi en musique. Ils sont plus riches que les sons simples, et cependant parfaitement harmonieux et doux, tant que les harmoniques supérieurs font défaut.

Les sons accompagnés d'harmoniques supérieurs très-nets à partir du 6e ou du 7e sont aigres et durs, à cause des dissonnances que forment entre eux les harmoniques supérieurs, comme nous le verrons plus loin.

En attribuant ainsi exclusivement aux harmoniques les causes de variation du timbre, il se trouve amené à cette conclusion, qu'il affirme du reste, que les sons simples ne peuvent pas différer de timbre. Là il nous semble aller trop loin, car il en résulterait que deux sons simples de même hauteur et de même intensité ne pourraient se distinguer l'un de l'autre. Or, que cela soit vrai quand le mouvement est devenu tout à fait isochrone, puisque les ondes sonores simples sont complètement déterminées lorsqu'on connaît l'amplitude de la vibration, cela n'empêche pas qu'à l'origine du mouvement, comme il le dit du reste, il n'y ait des différences, qui n'en sont pas moins inséparables du son produit et qui peuvent suffire à le distinguer, en affectant des parties variables de l'oreille. Quant à ces différences, au lieu de les attribuer au mode d'attaque, ne pourrait-on avec autant de raison les rattacher à la nature du corps vibrant, si la manière même dont le corps est ébranlé tient également à sa nature, indépendamment du mode d'attaque? Ainsi, il est bien évident que les cordes de violon par exemple, mises en mouvement par le doigt ou par l'archet, prennent au début des formes que l'archet ou le doigt, par des efforts identiques, ne saurait donner à d'autres corps vibrants; le même mouvement du doigt est aussitôt transformé pour s'adapter pour ainsi dire aux exigences de la nature même du corps. C'est au moins là un point qui resterait à étudier. Mais dans tous les cas, il nous semble que ces variétés de chaque

son simple, sont de nature à faire accepter au besoin une distinction entre deux sons simples de même hauteur et de même intensité, ne fût-ce qu'au début, ce qui serait suffisant, les sons ayant
généralement peu de durée; les différences qu'il attribue à des
mouvements non périodiques ou à des harmoniques très-aigus et
très-dissonnants, se produisant au moment de l'attaque, n'en sont
pas moins des signes caractéristiques qui existent ou peuvent exister
quand il y a corps vibrant, et il n'y a un son qu'à cette condition.
Autrement le son simple serait une pure conception, et c'est en effet
ainsi seulement, il me semble, qu'il faut l'entendre, quand on veut
admettre que les sons simples ne peuvent différer de timbre, et
même des harmoniques si élevés qu'ils soient n'en constituent
pas moins de véritables sons par leurs vibrations isochrones. Mais
dans la pratique, où l'on tient compte de tout ce que l'on entend,
et de ce qui existe malgré nous, on peut distinguer par leur début
les sons simples, du moins ceux réalisés par la nature et acceptés
comme tels.

Nous reviendrons du reste plus loin sur cette question, quand
nous apprécierons les qualités des intervalles.

## CHAPITRE V.

### Recherche du système musical le plus satisfaisant pour notre organisation, avec des sons simples.

Ces préliminaires établis, revenons à la question musicale posée,
c'est-à-dire à la recherche du meilleur système musical, de celui
procurant à notre organisation le maximum de satisfaction.

N'oublions pas qu'il s'agit toujours ici des sons simples, et supposons
un premier son de départ arbitraire donné par un corps A, dont nous
représenterons par 1 le nombre de vibrations dans l'unité de temps,
la seconde par exemple, et que nous appellerons do. Nous conser-
verons naturellement ce son jusqu'à ce que nous en ayons tiré toutes
les meilleures conséquences admissibles, et le système sera alors

épuisé, car, à partir d'un autre son pris pour origine, il n'y aurait qu'à répéter ce qu'on aurait déjà dit.

Or le deuxième son le plus agréable après le son 1, sera ou simultané ou successif; mais il est déjà évident, que la succession, en musique, ne saurait être que relative, car le premier son existe encore généralement, du moins en partie, quand le deuxième arrive. Si la succession était absolue, il s'agirait alors effectivement d'un autre morceau, en considérant seulement l'influence que deux sons peuvent exercer l'un sur l'autre. La simultanéité à l'égard de deux notes de musique n'est donc en réalité qu'une succession, dans laquelle l'intervalle de temps qui sépare ces deux notes devient nul. La plus sûre manière de reconnaître si un son est le meilleur après le son 1, dans l'ordre de succession, est donc de voir s'il a cette qualité quand le premier a toute son intensité, parce qu'alors les effets agréables ou discordants sont plus saisissables.

Le son 1 de départ appelé tonique étant donc donné, je dis que le meilleur son à admettre avec lui, et par conséquent aussi après lui, est encore le son 1. Si les vibrations, que l'on peut supposer commencer ensemble, étaient assez lentes pour être saisies par l'œil, ce dernier n'éprouverait en effet aucune fatigue à suivre à la fois les deux corps, vibrant l'un près de l'autre sans cesse parallèlement et toujours dans les mêmes circonstances. Il résulterait pour le spectateur une sorte de plaisir de ce mouvement si bien coordonné, de cette espèce de balancement régulier et double, et l'on comprend qu'aucun autre ensemble de mouvements ne lui serait aussi facile à suivre et par conséquent aussi agréable, comme tout ce qui ne demande pas d'effort. L'oreille, dont la sensibilité pour compter est, comme on le sait, environ quatre fois plus grande que celle de l'œil, comptera à sa manière, par une opération que nous comprenons moins bien il est vrai, mais qui n'en est pas moins instinctive, les vibrations, grâce aux impulsions correspondantes qu'elle recevra par l'intermédiaire de l'air, et se trouvera alors dans le cas de l'œil, pour la satisfaction à transmettre au cerveau de deux nombres égaux de vibrations se suivant si régulièrement. Le son 1 sera donc le plus agréable à accepter avec le son de départ 1. Mais on comprend de suite quelle serait la monotonie de notes successives toujours identiques, aussi est-il indispensable de s'écarter un peu de cette satisfaction maximum pour arriver à une note un peu moins bonne peut-être, mais différente. On est alors conduit à chercher

quelle est la note qui, après le point de départ 1, causera, en
dehors de ce dernier, le moins de fatigue à l'auditeur.

Or, si l'on fait vibrer à côté du corps A un corps B faisant deux
vibrations par seconde, le mouvement des deux corps A et B ne sera
plus comme tout à l'heure absolument identique, mais la coïncidence se retrouvera après chaque vibration double du deuxième
corps.

Si ce dernier accomplissait plus ou moins de deux vibrations par
seconde, la coïncidence, si même elle finissait par avoir lieu, se
ferait évidemment attendre plus longtemps, et par conséquent le sentiment de satisfaction serait moins grand. Le son le plus satisfaisant,
après naturellement le son 1, se trouve donc être le son 2, que nous
représenterons par do, et que nous appellerons par anticipation
l'octave de do, parce qu'il se trouvera, comme on le verra, le hui-
tième des sons acceptés dans l'échelle habituelle des sons entre 1 et 2.

La monotonie devant encore naître bientôt de ces deux sous-sons
1 et 2, il faut continuer à chercher ceux qui seront, en dehors du
son 2, les plus satisfaisants avec 1. Si le corps B fait trois vibrations
par seconde, sa coïncidence avec le corps A se retrouvera après chaque
vibration triple du corps B. Si ce dernier fait plus ou moins de trois
vibrations, la coïncidence, si elle arrive, se fera également plus
attendre et, par suite, la satisfaction sera moins grande. Le son le
plus agréable à prendre en dehors du son 2 sera donc le son 3.

En continuant ainsi on verrait que les sons les plus satisfaisants
avec le son 1 sont représentés par la série des nombres entiers 2, 3,
4, 5, 6, etc. Seulement il faut remarquer qu'à mesure que les nombres
grandissent on doit sentir que la coïncidence s'établit après un nombre
croissant de vibrations du deuxième corps, opération qui devient
de plus en plus difficile. Cependant, il y a à tenir compte d'une autre
condition que de la grandeur absolue des nombres de vibrations. En
effet, pour constater par exemple que la coïncidence s'établit quand
on a compté quatre vibrations du corps B, on peut décomposer le
travail et compter deux vibrations d'abord, puis recommencer la
même opération, ce qui n'en augmente cependant pas la difficulté.
Donc rien ne démontre que constater une coïncidence s'établissant
après quatre vibrations soit plus difficile que de sentir qu'elle se produit après un nombre 3, plus petit de vibrations ; ce classement entre
les nombres 3 et 4 ne saurait donc être encore bien arrêté. Ce que je
dis du nombre 4 s'appliquera à tous les nombres entiers décompo-

sables en facteurs premiers qui pourront ainsi donner lieu seulement à une succession d'opérations. Si l'on admet pour le moment que l'opération soit suffisamment difficile pour le nombre 5, on rejettera de la série les nombres entiers comprenant un facteur premier supérieur à 5, et il restera comme les plus agréables les sons suivants :

$$1 - 2 - 3 - 4 - 5 - 6 - 8 - 9 - 10 - 12 - 15 - 16$$

en s'arrêtant au nombre 16, sauf à pousser plus loin si cela est utile.

Maintenant, ces nombres de vibrations correspondraient à des sons sortant bientôt des limites acceptables par l'oreille et seraient, d'ailleurs, trop éloignés les uns des autres pour être d'un bon emploi. Il faut donc les remplacer par des nombres de vibrations un peu moins satisfaisants, il est vrai, mais plus commodes dans la pratique.

Nous allons d'abord chercher les meilleurs nombres entre 1 et son octave 2. Ensuite, comme les sons les plus semblables à un autre sont les octaves successives, nous remplirons l'intervalle entre 2 et son octave 4 par les octaves des notes acceptées entre 1 et 2, de même l'intervalle entre 4 et son octave 8 par les octaves des dernières notes obtenues, et ainsi de suite jusqu'à la limite supérieure des sons admissibles pour l'oreille. Il s'agit donc maintenant de trouver les meilleurs sons compris entre 1 et 2; ils se déduiront des meilleurs sons ci-dessus auxquels on fera perdre le moins possible de leur qualité, c'est-à-dire qu'on descendra d'une octave.

Pour rester compris entre 1 et 2, ils ne peuvent être fournis évidemment que par 2, 3 et 4 qui donneront $\frac{2}{2} - \frac{3}{2} - \frac{4}{2}$ ou bien $1 - \frac{3}{2} - 2$, c'est-à-dire un seul son nouveau $\frac{3}{2}$, que nous appellerons sol$_1$.

Cherchons les meilleurs sons après celui-ci; or, puisque le meilleur intervalle après l'octave est représenté par 3, il n'y a qu'à descendre les sons ci-dessus en les divisant par 3, pour leur faire perdre encore le moins possible de leur qualité, et à retenir toujours ceux qui sont compris entre 1 et 2; ils seront évidemment fournis par $3 - 4 - 5 - 6$ qui, divisés par 3, donneront comme sons nouveaux $\frac{4}{3} - \frac{5}{3}$ que nous nommerons fa$_1$ et la$_1$.

En continuant ainsi on obtiendra les meilleurs sons suivants, en divisant d'abord par 4, puis par 5, par 6, par 8, etc., les nombres de la série ci-dessus, et retenant toujours les nombres compris entre 1 et 2.

La division par 4 donne $\frac{4}{4}$ — $\frac{5}{4}$ — $\frac{6}{4}$ — $\frac{8}{4}$ qui conduit à $\frac{8}{4}$ ou $\frac{5}{2}$ déjà trouvé. Il ne reste alors que $\frac{5}{4}$, que nous appelons mi₁.

La division par 5 donne $\frac{5}{5}$ — $\frac{6}{5}$ — $\frac{8}{5}$ — $\frac{9}{5}$ — $\frac{10}{5}$ qui mène aux sons nouveaux $\frac{6}{5}$ — $\frac{8}{5}$ et $\frac{9}{5}$, auxquels nous ne donnerons pas de noms pour le moment.

La division par 6 n'apporterait pas de sons nouveaux; celle par 7 est à rejeter comme nous l'avons dit, 7 étant plus grand que les facteurs 2, 3 ou 5.

La division par 8 donne $\frac{8}{8}$ — $\frac{9}{8}$ — $\frac{10}{8}$ — $\frac{12}{8}$ — $\frac{15}{8}$ — $\frac{16}{8}$ c'est-à-dire deux sons nouveaux, d'abord $\frac{9}{8}$ que nous appelons ré₁, puis $\frac{15}{8}$ que nous nommons si₁.

En reprenant tous les sons auxquels nous avons donné des noms et en les classant par ordre croissant de grandeur, on a l'échelle suivante appelée gamme naturelle :

$$1 — \frac{9}{8} — \frac{5}{4} — \frac{4}{3} — \frac{3}{2} — \frac{5}{3} — \frac{15}{8} — 2$$

[1] do₁ — ré₁ — mi₁ — fa₁ — sol₁ — la₁ — si₁ — do₂

dont les nombres de vibrations présentent les rapports successifs suivants :

$$\frac{9}{8} — \frac{10}{9} — \frac{16}{15} — \frac{9}{8} — \frac{10}{9} — \frac{9}{8} — \frac{16}{15}$$

On peut remarquer déjà que tous les rapports successifs sont $\frac{9}{8}$ — $\frac{10}{9}$ ou $\frac{16}{15}$; mais $\frac{9}{8}$ et $\frac{10}{9}$ sont à peu près égaux; leur différence par quotient, la seule à considérer ici, est $\frac{81}{80}$ rapport très-petit que nous appellerons *comma*, et assez souvent négligeable dans la pratique. On dira donc que les deux rapports $\frac{9}{8}$ et $\frac{10}{9}$ sont égaux à un comma près, et nous donnerons à ce rapport le nom de ton, sauf à appeler ton majeur $\frac{9}{8}$ et ton mineur $\frac{10}{9}$, lorsque nous voudrons les distinguer. Quant au rapport $\frac{16}{15}$ nous lui donnerons le nom de demi-ton. On voit donc qu'il y a deux intervalles (mi₁ - fa₁ et si₁ - do₂) qui sont plus petits que les autres. Ils semblent être à peu près vers la limite de rapprochement admissible, pour que l'oreille puisse bien distinguer les deux sons, du moins dans la pratique; c'est là ce qui nous a empêché de donner un nom particulier aux trois sons $\frac{6}{5}$ — $\frac{8}{5}$ — $\frac{9}{5}$ parce qu'ils se rapprochent trop des sons déjà nommés. En effet, ils ne sont autres que mi, la et si, multipliés par le facteur $\frac{24}{25}$, c'est-à-dire baissés de ce rapport constant.

Nous dirons alors que ce sont les notes mi, la et si baissées ou bémolisées, et nous représenterons ces sons de la manière suivante :

$$\text{mi}^{\flat}, - \text{la}^{\flat}, - \text{si}^{\flat}.$$

Comme ils sont très-voisins de mi, la et si, nous n'emploierons pas le mi avec le mi$^{\flat}$, le la avec le la$^{\flat}$, le si avec le si$^{\flat}$, si ce n'est accidentellement.

L'échelle trouvée jusqu'ici sera donc l'échelle [1], dans laquelle le mi, le la et le si peuvent être ou naturels ou bémolisés.

| | | | | |
|---|---|---|---|---|
| L'intervalle | do — re $= \frac{9}{8}$ | s'appelle | seconde majeure; | ton majeur |
| — | re — mi $= \frac{10}{9}$ | — | — | ou ton mineur. |
| — | si — do $= \frac{16}{15}$ | — | seconde mineure ou demi-ton majeur; | |
| — | do — mi$^{\flat} = \frac{6}{5}$ | — | tierce mineure; | |
| — | do — mi $= \frac{5}{4}$ | — | tierce majeure; | |
| — | do — fa $= \frac{4}{3}$ | — | quarte juste; | |
| — | do — sol $= \frac{3}{2}$ | — | quinte juste; | |
| — | do — la$^{\flat} = \frac{8}{5}$ | — | sixte mineure; | |
| — | do — la $= \frac{5}{3}$ | — | sixte majeure; | |
| — | do — si$^{\flat} = \frac{9}{5}$ | — | septième mineure; | |
| — | do — si $= \frac{15}{8}$ | — | septième majeure. | |

D'autres notes peuvent former entre elles les mêmes intervalles numériques qui prendront alors les mêmes noms.

Si l'on voulait prolonger cette échelle avec des sons ayant naturellement avec la note de départ do des rapports moins simples, on le pourrait ; mais quelques rapports sont déjà assez compliqués, et l'on paraît approcher ici de la limite compatible avec notre organisation. Cependant, par un artifice, on peut obtenir encore facilement d'autres sons. Nous avons vu que les notes mi$^{\flat}$, la$^{\flat}$, si$^{\flat}$, qui font avec la tonique les rapports $\frac{6}{5} - \frac{8}{5} - \frac{9}{5}$, ont d'autre part aussi avec la note du même nom un rapport constant qui n'est pas encore très-compliqué $\frac{24}{25}$. Or, si l'on remarque que ces notes permettent à la rigueur d'en intercaler une autre entre re et mi, entre sol et la, et entre la et si, il ne reste alors que les deux grands intervalles do-re et fa-sol qui ne soient point divisés. Pour combler cette lacune, rien n'empêche d'admettre les notes re$\flat$ et sol$\flat$, déduites de re et sol par le rapport $\frac{24}{25}$, exactement comme mi$\flat$, la$\flat$, si$\flat$ peuvent être tirées de mi, la et si. Il n'y aura que les rapports de re$\flat$ et sol$\flat$ avec la tonique qui ne seront pas aussi simples, mais, au lieu d'obtenir ces notes directement par la tonique, on les déduira de re et de sol, qui auront seules alors à être trouvées au moyen de la tonique. Toutefois, ce rapport plus compliqué avec la tonique laissera toujours ces deux notes re$\flat$, sol$\flat$ dans une situation d'infériorité relative comparées aux notes mi$\flat$, la$\flat$, si$\flat$. On aura donc l'échelle suivante qui, à la rigueur, pourra être employée exceptionnellement et appelée gamme chromatique par bémols :

[2] do$_1$ — re$\flat_1$ — re$_1$ — mi$\flat_1$ — mi$_1$ — fa$_1$ — sol$\flat_1$ — sol$_1$ — la$\flat_1$ —
la$_1$ — si$\flat_1$ — si$_1$ — do$_2$.

Maintenant, de même que les intervalles d'un ton ont été partagés en intercalant une note obtenue en baissant la note supérieure, on peut les diviser également par une note plus élevée que la note inférieure, et faisant avec elle le même rapport qui devra seulement être renversé et égal à $\frac{25}{24}$, puisque c'est la note inférieure qui est donnée. On aura alors la série suivante appelée gamme chromatique par dièses :

[3] do$_1$ — do$\sharp_1$ — re$_1$ — re$\sharp_1$ — mi$_1$ — fa$_1$ — fa$\sharp_1$ — sol$_1$ — sol$\sharp_1$ —
la$_1$ — la$\sharp_1$ — si$_1$ — do$_2$.

Si l'on rapproche les deux séries [2] et [3], on a la nouvelle série suivante rangée selon l'ordre ascendant des notes et appelée gamme enharmonique :

[4] do$_1$ — do$\sharp_1$ — re$\flat_1$ — re$_1$ — re$\sharp_1$ — mi$\flat_1$ — mi$_1$ — fa$_1$ — fa$\sharp_1$ —
sol$\flat_1$ — sol$_1$ — sol$\sharp_1$ — la$\flat_1$ — la$_1$ — la$\sharp_1$ — si$\flat_1$ — si$_1$ — do$_2$.

On pourrait aussi bémoliser et diéser les notes mi, fa et si, do, seulement l'ordre ascendant des notes les présenterait ainsi :

$$\text{mi}_1 - \text{fa}\flat_1 - \text{mi}\sharp_1 - \text{fa}_1$$
$$\text{si}_1 - \text{do}\flat_2 - \text{si}\sharp_1 - \text{do}_2$$

ce qui serait incommode à suivre, comme appellation de noms, puisqu'il faudrait quitter le nom de la note mi, par exemple, pour prendre un fa, puis revenir au nom de mi pour retourner encore à celui de fa.

En continuant ainsi on trouverait beaucoup d'autres sons que l'on déduirait des bémols et des dièses déjà obtenus, par exemple en multipliant encore ces derniers par $\frac{24}{25}$ ou $\frac{25}{24}$ pour ne pas donner lieu à une opération nouvelle à apprendre, et l'on verrait que les rapports avec la tonique ne sont pas encore très-compliqués. On les appellerait doubles bémols et doubles dièses, et l'on pourrait continuer ainsi. Nous verrons plus loin comment, par un artifice appelé changement de ton, on dispense généralement la voix de faire cette double opération. Il serait facile, d'ailleurs, de démontrer que ces dièses et bémols, doubles dièses et doubles bémols, etc., sont les meilleurs sons.

Si l'on entend dire tous les jours que la gamme enharmonique [4] est inchantable, cela tient à une manière vicieuse de prendre aujourd'hui les dièses et les bémols. En effet, le chanteur commence à apprendre l'air de la gamme, puis, de cet air il déduit successivement tous les intervalles, en rétablissant d'abord les notes intermédiaires; plus tard, cette opération devient, il est vrai, instinctive; par l'habitude il peut en perdre la conscience, mais elle existe toujours, car on ne sait jamais que ce qu'on a appris, sans cela on aurait étudié autrement; il ne connaît donc en réalité que les intervalles successifs de la gamme, le ton et le demi-ton. Il se sert alors instinctivement pour faire le dièse ou le bémol, du seul intervalle qu'il connaisse s'en rapprochant, qui est le demi-ton (mi-fa) ou (si-do), ou $\frac{16}{15}$ pour les dièses et $\frac{15}{16}$ pour les bémols; c'est-à-dire qu'il prend la♭ $= \frac{5}{3} \times \frac{15}{16} = \frac{25}{16}$ qui est précisément notre sol♯ $= \frac{5}{4} \times \frac{25}{24} = \frac{25}{16}$; pour sol♭ il prend notre la♭; pour d'autres notes le dièse ou le bémol serait encore exactement ou à un comma près notre bémol ou notre dièse.

On peut, du reste encore se rendre compte facilement, comme il suit, de cette regrettable inversion des dièses en bémols et des bémols en dièses.

Supposons une gamme en do et au-dessous une en sol:

Quand on est en do et qu'on fait un sol♭ accidentel, on fait une note faisant avec sol l'intervalle *si-do*.

Si maintenant on module de suite en sol, on a une note fa♯ sensible du ton qui fait précisément, avec le même sol, le même intervalle si-do; fa♯ n'est donc autre que le sol♭ de tout à l'heure, car la note sol n'a pas changé de valeur, pas plus d'ailleurs que do, re, mi.

Ainsi, faire un sol♭ accidentel en do, c'est faire la note qui, à la première modulation en sol, va devenir fa♯; pourquoi alors ne pas lui donner de suite le nom de fa♯, d'autant plus que pendant que l'on appelle fa♯ le sol♭ on appelle sol♭ le fa♯. Cet élément fa♯ restera alors un élément commun en plus pour la transition d'un ton à l'autre, qui dès lors aura un sens, puisqu'elle pivotera sur une note, que l'on aura altérée précisément de manière à en faire une note appartenant à l'autre ton et pouvant ainsi établir la transition, comme sur un pivot préparé en conséquence. Je pense que la chose paraîtra ainsi suffisamment établie.

En modulant en re, re♭ se trouve également prendre exactement le nom de do♯, etc.

Donc, en croyant donner aujourd'hui un sol♭, un re♭, un la♭, on donne en réalité un fa♯, un do♯, un si♭. Dans d'autres cas ce serait la même chose à un *comma* près, ce qui, comme nous l'avons déjà dit, est négligé en musique, et a encore moins d'inconvénient chez nous où les erreurs ne peuvent jamais s'ajouter, puisque nous revenons toujours à la tonique.

Or, comme notre série [4] est rangée par ordre de grandeur, la série enharmonique actuelle classée dans le même ordre serait la suivante:

$$\text{do}_1 - \text{re}^\flat{}_1 - \text{do}^\sharp{}_1 - \text{re}_1 - \text{mi}^\flat{}_1 - \text{re}^\sharp{}_1 - \text{mi}_1 - \text{fa}_1 - \text{sol}^\flat{}_1 - \text{fa}^\sharp{}_1 -$$
$$\text{sol}_1 - \text{la}^\flat{}_1 - \text{sol}^\sharp{}_1 - \text{la}_1 - \text{si}^\flat{}_1 - \text{la}^\sharp{}_1 - \text{si}_1 - \text{do}_2.$$

Elle serait très-incommode comme appellation, puisqu'il faudrait partir de *do* pour aller au nom de *re*, puis reprendre le nom de *do* pour revenir encore au nom de *re*. Cela apporterait bientôt de la confusion dans les noms et resterait pénible pour la mémoire, tandis que dans notre série on ne revient plus à *do* quand on l'a quitté, ni à *re*, et ainsi de suite.

Pour éviter cette confusion d'appellation, on pourrait, il est vrai, écrire la série comme nous :

$$do, - do\sharp, - re\flat, - re, - re\sharp, - mi\flat, - mi, - fa, - fa\sharp, -$$
$$sol\flat, - sol, - sol\sharp, - la\flat, - la, - la\sharp, - si\flat, - si, - do,$$

mais alors le son monterait de do, à do♯, puis baisserait de do♯, à re♭, pour monter ensuite de re♭, à re,, etc.; or, une série ainsi saccadée, dans laquelle le son monte et descend à tout instant, ne donne aucunement l'idée ni le sentiment d'une gamme qui, pour être un air agréable, doit voir les notes monter ou descendre sans cesse; ce serait d'ailleurs très-fatigant pour la voix.

Donc de quelque manière qu'on écrive la gamme enharmonique, en prenant les dièses et les bémols par la méthode actuelle, on se trouve gêné soit pour la mémoire, soit pour la voix, c'est-à-dire en face d'une difficulté réelle, donnée du reste aujourd'hui comme insurmontable, ce qui fait dire, bien à tort, que la gamme enharmonique est inchantable.

En prenant les dièses et les bémols comme nous, l'opération ne présente aucune difficulté. On apprend les deux airs $\frac{24}{25}$ et $\frac{25}{24}$ au lieu des airs $\frac{15}{16}$ et $\frac{16}{15}$ que, du reste, nous n'avons jamais besoin de connaître, d'après notre manière de prendre l'intonation des notes, comme nous l'expliquerons plus loin.

Mais ce n'est pas là le seul inconvénient des dièses et des bémols pris comme aujourd'hui. Il y en a un autre beaucoup plus grave, dont nous avons déjà dit un mot et dont nous reparlerons dans les modulations, où la note fa♯, par exemple, prise comme accident dans le ton de do, a de suite une valeur toute différente, quoique conservant le même nom, quand on module dans le ton de sol, dont elle doit devenir la sensible, en faisant par conséquent avec sol l'intervalle $\frac{15}{16}$, c'est-à-dire non en se rapprochant de la nouvelle tonique sol, mais même en s'en éloignant; cela rend alors la liaison moins facile entre deux tons qui, au lieu d'avoir pour sons communs, à des différences près du *comma*, leurs notes naturelles ou altérées, n'ont plus de lien que par les seules notes naturelles du ton de départ. De là des anomalies sans nom qui expliqueraient au besoin certaines singularités qui étonnent et trompent, quand on considère en harmonie les attractions diverses des notes altérées. Avec notre méthode rien de tout cela n'est à craindre.

Nous avons donc ainsi les échelles [1] [2] [3] [4], suivant que l'on se borne aux notes naturelles, ou qu'on admet avec elles soit les bémols seuls, soit les dièses seuls, ou enfin les dièses et les bémols à la fois, c'est-à-dire :

1° — La gamme naturelle;
2° — La gamme chromatique par bémols;
3° — La gamme chromatique par dièses;
4° — La gamme enharmonique.

Dans la première, les rapports de toutes les notes sont simples, avec la tonique, puisque c'est par cette condition même qu'on les a trouvées. Les rapports de deux notes consécutives sont également simples, ce qui permet l'émission facile de cette échelle, quand on la conserve entière et non interrompue. On pourrait presque en dire autant du rapport de deux notes quelconques, à l'exception de re-fa, re-la, re-si et fa-si.

Dans les autres échelles, les rapports se compliquent, même avec la tonique, mais on obtient encore facilement les notes altérées au moyen de la note naturelle déduite préalablement de la tonique; c'est une opération double qui devient bientôt familière et très-facile par notre procédé, comme on le verra plus loin. Cependant, en raison de ces rapports compliqués des notes altérées entre elles ou avec les notes naturelles, elles ne sont généralement pas trop acceptées dans l'audition simultanée.

Bien que nous ayons dit que le principe d'admissibilité des notes était le même pour la simultanéité que pour la succession, il est évident qu'il faudra réserver pour la succession les valeurs moins satisfaisantes; quant à la ligne de démarcation, elle ne saurait être bien nette, elle dépend des études et des habitudes musicales des peuples : nous examinerons plus loin cette question.

On peut remarquer déjà que les trois notes altérées $mi^b$, — $la^b$, — $si^b$, ont été trouvées directement par la condition de donner des rapports simples et agréables avec la tonique. On peut donc se demander si elles n'auraient pas un aussi bon emploi que les notes naturelles de même nom, qu'elles remplaceraient alors au besoin. Mais, avant d'examiner cette question, il est bon, pour la facilité des explications, de dire comment on représentera sur le papier les notes déjà trouvées.

Voyons d'abord les notes de l'échelle naturelle [1]

# CHAPITRE VI.

## Représentation des notes sur le papier.

Si l'on représente par un point mis sur une ligne la note de départ do, par exemple

$$do_2 \;\longrightarrow\!\bullet\!\longrightarrow$$

il est naturel, puisque la note $re_2$ est plus élevée, de la mettre au-dessus. Si l'on traçait pour elle une 2ᵉ ligne,

$$re_2 \;\longrightarrow\!\bullet\!\longrightarrow$$
$$do_2 \;\longrightarrow\!\bullet\!\longrightarrow$$

on aurait autant de lignes qu'il y a de notes naturelles employées en musique, et le tableau des notes prendrait trop de place. Mais on voit de suite qu'on peut réduire cet espace de moitié en profitant des interlignes; alors le $re_2$ sera mis entre la première et la deuxième ligne de la manière suivante:

$$mi_2 \;\longrightarrow\!\bullet$$
$$re_2 \quad\bullet$$
$$do_2 \;\longrightarrow\!\bullet\!\longrightarrow$$

et ce sera seulement la 3ᵉ note $mi_2$ qui sera placée sur la 2ᵉ ligne; si l'on continue ainsi pour l'étendue du piano, par exemple de $la_1$ à $la_6$, la³ étant le diapason normal, on aura un tableau semblable à celui-ci:

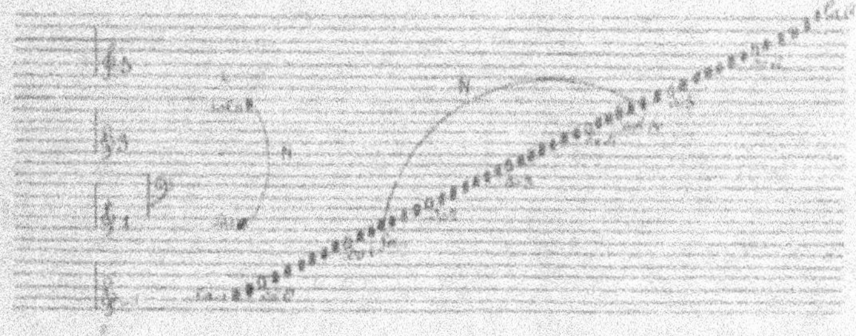

Seulement, il est évident qu'une échelle aussi étendue ne permettrait pas de se reconnaître, et que la lecture serait impossible ; il faut
donc imaginer des points de repère. Parmi les mille moyens qui se
présentent et pour nous rapprocher de ce qui existe, prenons un
signe $\zeta$ distinguant une des notes, le sol par exemple, que nous
placerons sur le sol. Nous désignerons le sol₂, voisin du diapason
par le signe $\zeta$₂. Ce signe pourra servir pour les quelques lignes
voisines, afin de reconnaître facilement les notes qui y sont inscrites,
selon leur plus ou moins grand éloignement de la note sol, ainsi
repérée. Cinq lignes consécutives par exemple laisseront encore assez
de clarté, même pour des notes s'écartant d'une ou deux lignes
en dessus ou en dessous de ce groupe de cinq lignes appelé portée.
Alors le fragment correspondant de l'échelle générale pourra se
détacher ainsi :

Les notes s'y liront facilement, et, quand on le désirera, on les
rapprochera par la pensée de l'échelle générale des sons dont la
portée est tirée, pour savoir la hauteur qu'elles y occuperaient.

Marquons de même sur l'échelle générale le sol de deux en deux
octaves, qui se trouvent alors également placés sur la ligne, par les
signes — 1, 1, 5, indiquant l'octave correspondante, et nous aurons
déjà quatre échelles partielles semblables à celle ci-dessus, où les
notes de même nom occuperont des positions identiques par rapport
aux cinq lignes détachées pour ces échelles, et au signe de repère
$\zeta$ marquant toujours le sol.

Selon l'instrument, on adoptera pour le signe $\zeta$ l'indice –1, 1, 3, 5,
qui se rapprochera le plus des notes habituellement usitées pour
l'instrument. Ainsi pour le piano par exemple, on prendra l'indice
3 pour la main droite et l'indice 1 pour la main gauche.

Les notes naturelles étant ainsi représentées, on distingue les notes
diésées ou bémolisées par le signe ♯ ou ♭ mis devant la note et servant
pour ce qu'on appelle aujourd'hui une mesure ; le signe ♮ également
placé devant une note sert à effacer l'un quelconque de ces signes,
quand il doit disparaître dans la mesure.

# CHAPITRE VII.

## Avantages de notre clef unique sur toutes les clefs actuelles.

Pour comparer notre clef unique aux clefs actuelles, il est bon de remarquer d'abord que les clefs d'ut tendent de plus en plus à disparaître dans l'orchestration. C'est déjà un très-grand pas de fait dans la bonne voie que nous indiquons, mais il est à désirer qu'on ne s'arrête pas là. On peut donc à peu près se borner à considérer aujourd'hui les clefs de sol et de fa quatrième ligne.

Or, la clef de fa quatrième ligne, qui est la plus basse de toutes les clefs, est destinée naturellement à l'inscription des sons généralement bas, soit qu'elle ait été acceptée à l'origine, soit qu'on ait jugé à propos de la substituer plus tard aux clefs d'ut plus élevées. Dès lors les sons supérieurs étant moins nombreux auront ainsi peu à souffrir d'une ligne supérieure en moins sur notre clef ♪, remplaçant la clef de 𝄢 actuelle, mais les sons inférieurs, au contraire, trouveront une ligne en plus dans le bas, qui interviendra très-heureusement pour faire moins sortir de la portée les sons les plus fréquemment répétés.

Ainsi, pour les instruments qui n'emploient que la seule clef de fa quatrième ligne, cette dernière sera déjà le plus souvent utilement remplacée par notre clef de sol ♪. A l'égard des instruments comme le piano ou l'orgue, qui emploient les deux clefs de sol et de fa, l'avantage serait encore plus marqué. En effet, bien qu'il y ait deux lignes de l'échelle générale entre les clefs ♪, et ♪, une note écrite sur l'une quelconque de ces deux lignes ne sera toujours éloignée de l'une des deux clefs que d'une seule ligne, exactement comme avec les clefs de fa et de sol actuelles. Mais en bas, c'est-à-dire dans le registre véritablement approprié à la clef de fa, les notes sortiront de la portée seulement une tierce plus bas que sur la clef de fa. C'est-à-dire que pour les deux mains, l'ensemble de nos deux clefs donnera en réalité douze lignes au lieu de onze pour écrire les notes, sans que l'on sorte davantage de la portée de cinq lignes, en maintenant la même situation pour la main droite, et en faisant gagner une ligne pour la main gauche vers le bas, c'est-à-dire précisément dans le registre spécial de cette main, comme cela est indiqué sur le tableau ci-dessous. On voit que le même fa demande aujourd'hui quatre lignes supplémentaires que nous réduirons à trois, en évitant ainsi le trop grand nombre de lignes en dehors de la portée, là où la confusion est réellement possible.

## TABLEAU (a).

Ainsi notre clef permettrait, avec ses quatre indices, qui ne changent aucunement le nom des notes, mais indiquent seulement les octaves, d'écrire les notes habituelles de chaque instrument en sortant généralement moins de la portée qu'avec toutes les clefs actuelles, ce qui est un avantage immense pour la facilité et la rapidité de la lecture.

On aurait pu naturellement marquer toute autre note que le sol, mais les clefs auraient donné pour tous les instruments dont il est question ci-dessus une moins bonne situation.

Notre clef pour la main gauche aura surtout un autre avantage, qui sera de lire le même nom pour un signe occupant la même place sur la clef. Ainsi un do, par exemple, aura la même apparence sur les clefs pour les 2 mains.

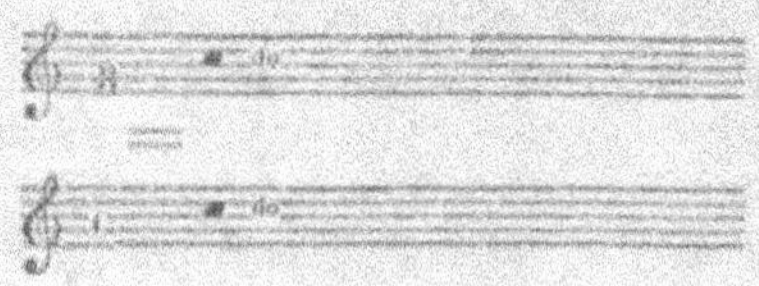

Dès qu'on saura lire une clef, on saura donc lire l'autre, le chiffre 3 ou 1 de la clef indiquera seulement l'octave correspondante. Aujourd'hui il faut apprendre deux clefs qui, dans la transposition, devront se changer chacune en une autre clef. Ainsi, quand on transpose par exemple d'un ton en montant, la clef de sol devient clef d'ut 3ᵉ ligne et la clef de fa clef d'ut 2ᵉ ligne. Si l'on descend d'un ton, la clef de sol doit se lire clef d'ut 4ᵉ ligne et la clef de fa clef d'ut 3ᵉ ligne. Dans les autres cas il y aurait d'autres clefs, et l'on sait combien cela rend la transposition difficile. Avec notre clef, au lieu d'une opération différente pour chaque main, ce serait toujours la même.

On voit que notre système de clefs pour le piano, donnant de si grands avantages, diffère cependant bien peu de l'actuel. Pour lire par notre procédé la musique écrite comme aujourd'hui, il suffirait, en effet, de gratter la ligne supérieure de la clef de fa, en ajoutant, au contraire, une ligne en-dessous et de supposer une clef de sol au lieu d'une clef de fa à la main gauche. Ces deux opérations peuvent se faire du reste très-simplement au moyen du petit appareil suivant :

F K est un cadre, en cuivre par exemple; dans le vide intérieur sont tendus deux fils A D et B C fixés aux bords latéraux du cadre, dans lequel glissent des vis qui saisissent ces fils de manière à leur donner, selon le papier de musique, l'écartement des lignes extrêmes de la clef de fa. Si l'on place ce cadre sur la musique de manière que le fil A D qui est blanc efface ainsi la ligne supérieure de la clef de fa, pendant que le fil noir B C trace au contraire la 5ᵉ ligne noire qui manque en-dessous, on aura un nouveau groupe de cinq lignes, auquel on peut supposer une clef de sol. Il donnera évidemment, lu dans la clef de sol, ce que l'on aurait eu en lisant la clef de fa. Le cadre contiendrait autant de groupes de deux fils que cela serait nécessaire pour la page de musique sur laquelle il se fixerait.

Après le placement du cadre, les notes écrites dans le système L se présenteraient comme dans notre système M, où l'on n'aurait à lire que des clefs de sol. De plus, les indices de la clef de sol — 1, 1, 3, 5, indiqueraient la hauteur réelle des notes dans l'échelle générale des sons, ce que ne font aucunement connaître les clefs actuelles, malgré leur complication.

# CHAPITRE VIII.

## Origine des clefs, bonnes autrefois, mauvaises aujourd'hui.

Il est facile du reste de comprendre comment cette grande quantité de clefs, compliquant d'une manière si fâcheuse la lecture musicale, a pu être introduite. Autrefois l'échelle générale des sons était loin d'être aussi étendue qu'aujourd'hui ; elle se réduisait à peu près aux sons de la voix humaine, qui, depuis le plus grave jusqu'au plus aigu, embrassent une étendue d'un peu plus de trois octaves. Si l'on part de la note la plus basse de la voix d'homme, du fa$_1$, on peut écrire à peu près toutes les notes de la voix sur onze barreaux comme ci-après, en mettant le do$_3$ sur la ligne du milieu, afin que les notes supérieures ou inférieures à cette note do$_3$, prise

_______________________

(1) Marmontel. — *L'Art de déchiffrer.*

habituellement comme point de départ, aient un nombre égal de lignes.

Si maintenant on remarque que cinq lignes sont suffisantes pour représenter d'une manière convenable, et sans sortir trop de la portée, les différentes notes d'une voix; si en outre on fait attention que les voix s'échelonnent généralement par tierce, on peut diviser cette échelle générale en sept échelles partielles variant par tierce, et ainsi applicables à chaque nature de voix. Les cinq lignes inférieures serviront pour la voix la plus basse, en employant l'échelle (a); les six autres échelles (b) (c) (d) (e) (f) (g), formées en négligeant successivement une ligne inférieure, pour la remplacer par une ligne supérieure, s'emploieront pour les autres voix.

Maintenant il est naturel de marquer la ligne du milieu par un signe distinctif, le suivant par exemple : —‖— que l'on place sur la ligne elle-même, de façon à indiquer la note do, qui se trouve sur cette ligne du milieu, et que l'on appelle clef d'ut, de l'ancien nom de do. Si l'on prend l'échelle (f) où le do, est sur la ligne inférieure, elle a cette forme :

et est désignée clef d'ut première ligne; l'échelle (e) se présente ainsi :

et est nommée clef d'ut 2ᵉ ligne, parce que l'ut est sur la 2ᵉ ligne.

Les échelles (d) et (c) prennent les formes :

et sont appelées clefs d'ut 3ᵉ et 4ᵉ ligne. On voit que sur toutes ces clefs, c'est toujours l'ut, ou un même point de l'échelle générale, qui est marqué par la clef, seulement il n'occupe pas la même place par rapport aux cinq lignes de l'échelle, c'est-à-dire que l'on ne prend pas les cinq mêmes lignes dans l'échelle générale.

Il reste alors à distinguer l'échelle supérieure (g) et les deux échelles inférieures (a) et (b). Pour cela il est naturel, ayant marqué le do₃, de désigner la meilleure note après elle, c'est-à-dire sa quinte supérieure sol, par le signe 𝄞 par exemple, mis sur le sol, de la manière suivante :

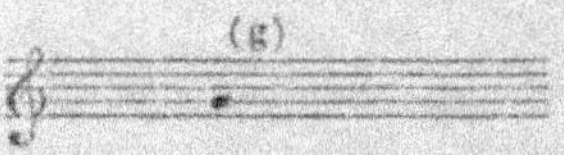


cela donne l'échelle (g), qui s'appelle clef de sol. Pour les deux échelles inférieures (a) et (b), il est également naturel, après la quinte supérieure sol, de do₃, de marquer sa quinte inférieure fa₂, par le signe 𝄢 mis sur le fa₂; alors l'échelle (a) qui a le fa₂ sur la 4ᵉ ligne s'écrit ainsi :



et l'échelle (b), qui a le fa₂ sur la 3ᵉ ligne, de la manière suivante :



Les deux clefs sont nommées clef de fa, 4ᵉ et 3ᵉ ligne.

Quant à la clef d'ut 5ᵉ ligne, elle ne serait autre que la clef de fa 3ᵉ ligne. Les autres clefs de fa ou de sol ne donneraient rien qui ne fût déjà représenté.

L'échelle générale se trouve ainsi divisée en sept échelles partielles, applicables aux sept espèces de voix variant par tierce et classées par certains auteurs de la manière suivante :

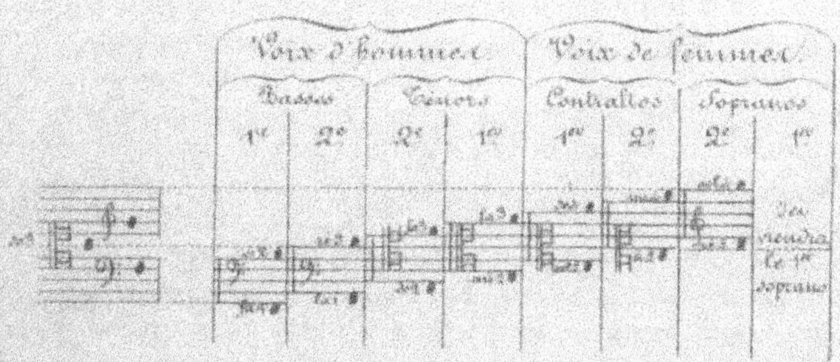


Ceci ne donne naturellement qu'une moyenne de voix, et c'est ainsi que l'on comprend bien que les différentes clefs aient pu se présenter.

Tant que la musique s'est bornée à cette échelle restreinte pour les voix, occupant le noyau fa,, N sol, de notre échelle générale précédente du chapitre VI (page 21), ce grand nombre de clefs n'avait pas d'inconvénient, car chaque artiste se bornait à apprendre sa clef et pouvait négliger les autres, le registre de sa voix étant immuable. Alors l'échelle qu'il lisait habituellement était la mieux appropriée à sa voix, c'est-à-dire celle permettant d'écrire les notes de son registre en sortant le moins possible de la portée.

Mais quand l'usage des instruments est devenu plus général et que l'échelle totale des sons s'est étendue, aussi bien vers le haut que vers le bas, ce grand nombre de clefs, que chaque artiste aurait eu alors à connaître, est devenu un inconvénient, et il a dû être réduit. Ainsi les voix de femmes n'emploient plus la clef d'ut 1re et 2e ligne, mais bien la clef de sol ; on en est quitte pour sortir un peu plus, s'il le faut, de la portée de cinq lignes, mais on lit la même clef. Les voix d'hommes ont abandonné les clefs d'ut 4e et 3e ligne, et ont adopté aussi la clef de sol ; alors les limites re, et sol, écrites en clef de sol de la voix d'hommes, sont presque les mêmes à une octave plus haut que les limites do, fa, ou mi, la,, ou en moyenne re, sol,, de la même voix écrites en clef d'ut. Ce changement de clef revient donc à élever les sons réels de la voix d'homme d'une octave, et comme on les trouve alors écrits sur la même clef que pour la voix de femme, cette dernière chante une octave plus haut que l'homme, ainsi qu'on le dit généralement.

Après cet abandon partiel des clefs, il n'y aurait plus qu'un pas heureux à faire pour ne conserver que la seule clef de sol, avec les avantages sérieux énumérés ci-dessus. C'est-à-dire qu'au lieu de prendre pour la main gauche cinq lignes qui changent tous les noms des notes, déjà connus pour la main droite, on choisirait cinq lignes très-peu différentes d'ailleurs sur l'échelle générale, mais ayant précisément pour avantage de conserver au contraire aux notes de la main gauche le même nom qu'à la main droite, pour une même position apparente sur la portée; l'étude de cette deuxième portée de cinq lignes n'offrirait ainsi rien de nouveau, et réduirait la connaissance des dix lignes actuelles à celle des cinq de la main droite, avantage assez facile à comprendre, sans parler même de la facilité que cela apporterait pour la transposition, comme nous l'avons vu.

# CHAPITRE IX.

## Appréciation des intervalles musicaux en sons simples.

Maintenant que nous avons indiqué le moyen de représenter sur le papier les notes trouvées, il faut chercher à établir un classement des différents intervalles. Nous avons déjà vu que pour avoir les intervalles les plus agréables avec la tonique on doit prendre, d'abord, les notes naturelles de l'échelle (1), puis les notes mi♭, la♭, si♭, et enfin les autres bémols et dièses, en admettant que l'on s'arrête à ces premiers accidents.

Mais ce n'est pas là en réalité un classement ou du moins un classement bien précis. Le rapport simple d'un son avec la tonique est, comme nous l'avons dit, une raison pour que l'oreille soit satisfaite du rapprochement de ces deux notes, mais il y a d'autres conditions à remplir. Nous avons vu, en effet, que deux sons simples peuvent produire des battements qui affectent désagréablement l'oreille dans certains cas, et conduire en outre à des sons résultants de différents ordres, dont il y a encore à examiner les battements; c'est à cette étude que nous allons nous livrer d'abord, en rappelant les données de la science à ce sujet (1).

On sait d'abord que si l'aigreur de deux sons simples varie avec l'intervalle musical, elle dépend aussi du nombre de battements. Un même intervalle peut être, en effet, moins dur dans le haut que dans le bas de l'échelle musicale, bien que le nombre des battements soit même plus grand. Ainsi $si_3$-$do_4$ avec 33 battements, $si_2$-$do_4$ avec 66 battements, $si_4$-$do_4$ avec 132 battements sont perceptibles de la même manière. Mais les 66 battements de $si\flat_3$-$do_4$ semblent s'adoucir dans un intervalle plus grand; 33 battements sont moins durs pour $do_3$-$sol_3$ que pour $si_2$-$do_3$; $la_2$-$do_3$ avec 88 battements n'a presque plus de dureté. La dureté la plus perçante se produit dans les parties les plus élevées de la gamme pour 33 battements environ, correspondant à un intervalle beaucoup plus petit que $si_4$-$do_4$, qui donnerait 264 battements.

On constate particulièrement que l'aigreur de deux sons simples voisins, dépourvus de sons résultants, cesse quand l'écartement atteint la tierce mineure, ce qui a une très-grande importance pour l'harmonie, *et ce qu'il faut bien noter ici.*

En résumé, pour ce qui concerne les battements, on voit que :

*L'aigreur augmente.* — Soit parce que les secousses intermittentes et par conséquent pénibles, sont plus nombreuses, sans l'être assez pour devenir continues.

Soit parce que les intervalles musicaux sont plus petits et que le faisceau des fibres de Corti sollicité par les deux sons est plus considérable et rend alors les battements plus énergiques.

*L'aigreur cesse.* — Soit parce que les secousses, trop nombreuses pour être intermittentes, font place à un effet continu et ainsi sans aigreur, ce qui arrive vers 132 battements environ par seconde.

---

(1) Cette question des battements est du reste traitée d'une manière très-étendue dans le traité physiologique de la musique du savant professeur de l'Université de Berlin Helmholtz, dont nous prendrons parfois les conclusions.

Soit parce que les intervalles musicaux sont trop grands pour que les fibres de Corti soient sollicitées à la fois, ou du moins en nombre suffisant, par les deux sons pour causer sur notre organe une impression nettement perçue.

En définitive, l'effet plus ou moins agréable que deux sons simples simultanés produisent sur nous tient à deux causes :

1° Au rapport plus ou moins simple que les deux nombres de vibrations ont entre eux et qui fait que l'espèce de bercement, cause de satisfaction que l'on ressent lors de la coïncidence des vibrations, se représente plus ou moins fréquemment.

2° Aux battements produisant, pour deux sons simples distants de moins d'une tierce mineure, un effet désagréable, par l'intermittence des renflements de son qui cessent d'être saisissables pour un plus grand intervalle.

Les auteurs, il est vrai, ne sont pas d'accord à ce sujet.

Les uns attribuent la satisfaction plus ou moins grande que deux sons simples entendus simultanément peuvent nous procurer uniquement à la première cause, d'autres, au contraire, seulement à la deuxième. Mais je crois que les uns et les autres sont trop exclusifs et que les deux causes concourrent souvent à l'effet, sans parler même des sons composés dont nous avons déjà dit un mot, et que nous examinerons plus en détail. Comment, alors, les premiers expliquent-ils que des sons, ayant des rapports très-simples, produisent parfois des dissonnances très-sensibles, s'ils sont attaqués assez fortement pour donner naissance à une certaine quantité de sons résultants saisissables? Comment les derniers comprennent-ils que les intervalles des sons simples, distants de plus d'une tierce mineure et sans sons résultants saisissables, ne soient pas tous également agréables ?

Cela nous amène à parler des sons résultants, afin de voir en quoi ils peuvent modifier l'action directe l'un sur l'autre de deux sons simples, considérés sans leurs sons résultants. Mais d'abord nous venons de dire que deux sons simples, isolés et éloignés d'une tierce mineure au moins, ne peuvent plus produire des battements dangereux pour l'oreille. Il n'y aurait donc, en réalité, que l'intervalle de seconde qui serait soumis à cette influence, et les battements dangereux nous le feront déjà réserver pour la succession, où l'effet discordant est moins senti que pour les intervalles simultanés.

Il restera à considérer encore les intervalles qui ne sont pas inférieurs à la tierce mineure, car si les battements sont à négliger pour les sons simples individuellement, il pourra n'en être plus de même, quand ces sons seront accompagnés de sons résultants de différents ordres, auxquels ils peuvent donner lieu par leur rapprochement. Si, en effet, les sons simples sont éloignés au moins d'une tierce mineure, rien ne dit que les sons résultants ne se trouveront pas à une distance plus petite, dont les battements, à leur tour, seront à considérer.

Il y a donc lieu d'examiner maintenant les sons résultants pour les intervalles qui ne sont pas inférieurs à cette tierce mineure. Nous négligerons également, en dehors de la seconde, les deux 7ᵉ do-si et do-si♭, qui donnent un son résultant du deuxième ordre pour do-si, distant de moins d'une seconde du son si, et des sons résultants du troisième ordre pour do-si♭ égaux à la♭ et, par conséquent, distants d'une seconde de si♭, dont les battements sont tous dangereux. Cependant, les deux intervalles de 7ᵉ, surtout do-si♭, sont moins mauvais que do-re, parce que pour ce dernier les battements résultent des sons eux-mêmes, tandis que pour les 7ᵉ ils ne sont dus qu'à des sons résultants, du deuxième ordre pour do-si, et du troisième ordre seulement pour do-si♭, moins énergiques que les sons primitifs qui leur donnent naissance.

Considérons d'abord l'alphabet [1] des notes naturelles.

Sans nous attacher ici aux durées des notes que nous examinerons plus tard, nous représenterons, uniquement pour les distinguer, par des points blancs, les sons résultants pour les différents intervalles, à partir de la tonique, qui seront écrits avec des notes en points noirs; nous négligerons les sons additionnels, ordinairement très-faibles, au moins dans les instruments usités, surtout quand il ne s'agit, comme ici, que des sons simples, qui demandent à être émis doucement, si l'on ne veut pas leur faire perdre leur véritable mérite, leur caractère de douceur.

Nous écrirons les notes des intervalles et les sons résultants sur les clefs habituelles du piano, pour nous faire mieux comprendre, et nous réunirons, pour plus de clarté, par une barre verticale les deux notes de l'intervalle, ainsi que les sons résultants de même ordre, dont le numéro sera écrit au bas de la barre, ce qui donnera pour les intervalles le tableau suivant :

On voit déjà que les sons résultants, si ce n'est pour la sixte mineure (mi-do), coïncident avec l'une des deux notes de l'intervalle ou n'en sont pas éloignés de moins d'une tierce mineure. Ils ne donnent, par conséquent, pas de battements dangereux. A l'égard même de la sixte mineure, les battements sont dus à un son résultant si♭ du cinquième ordre, qui ne saurait être bien dangereux.

Maintenant, les raisons qui nous ont fait négliger les sons résultants additionnels nous permettront généralement d'omettre aussi les sons différentiels d'un ordre supérieur au premier, de sorte que le tableau des intervalles deviendra le suivant :

On voit que, pour la plupart des intervalles, les sons résultants ne font que répéter une des deux notes, en augmentant ainsi seulement son intensité, ce qui ne peut changer la qualité de l'intervalle. Quant à la sixte do-la elle introduit fa, et comme l'intervalle fa-do est plus grand qu'une tierce mineure, les battements ne sont même pas dangereux. Les battements de mi-sol et mi-do ne sont pas plus à redouter.

Ainsi, pour tous ces intervalles, la deuxième cause perturbatrice, celle tenant aux battements, est à peu près négligeable. Il ne reste donc à tenir compte que de la première cause, c'est-à-dire de la simplicité des rapports des nombres de vibrations, ce qui les laisse classés comme ci-après :

$$\text{Octave} \dots\dots\dots\dots\quad 2$$

$$\text{Quinte} \dots\dots\dots\dots\quad \frac{3}{2}$$

$$\text{Quarte} \dots\dots\dots\dots\quad \frac{4}{3}$$

$$\text{Tierce majeure} \dots\quad \frac{5}{4}$$

$$\text{Sixte majeure} \dots\dots\quad \frac{5}{3}$$

$$\text{Tierce mineure} \dots\quad \frac{6}{5}$$

$$\text{Sixte mineure} \dots\dots\quad \frac{8}{5}$$

Les trois premiers intervalles ne contiennent pas le facteur 5 déjà grand, et $\frac{4}{3}$ est évidemment le moins simple. Les suivants renferment tous le facteur 5, mais l'autre terme de la fraction est :

$$4 - 3 - 6 - 8$$

4 est, il est vrai, un peu plus grand que 3, mais ce n'est que 2 fois 2, et nous avons vu que la difficulté présentée par le nombre 4 n'est pas réellement celle que donnerait un nombre premier ; aussi se trouve-t-il préférable au nombre 3, et donne-t-il le classement de la tierce majeure avant la sixte mineure qui, du reste, a déjà l'inconvénient, léger il est vrai, mais qui n'est pas nul, d'apporter un son résultant même du premier ordre et étranger à l'intervalle.

Il resterait à considérer les intervalles de deux notes quelconques entre elles, à faire le même classement pour les divers intervalles dans les gammes [2] [3], et enfin, après l'examen des groupes de deux notes, à passer à celui d'un assemblage d'un nombre quelconque de notes. Mais, comme les sons simples sont une exception, difficile même à réaliser complétement dans la pratique et ne présentant pas, d'ailleurs, malgré leur grande douceur, toutes les ressources des sons composés d'harmoniques dans de bonnes conditions, nous réserverons cette étude pour les sons composés qui se rencontrent beaucoup plus fréquemment.

# CHAPITRE X.

## Sons composés.

Nous avons découvert pour les sons simples les deux causes qui influent sur le plus ou moins de satisfaction que les sons peuvent nous procurer, et nous en avons déduit les meilleurs sons à employer en musique, soit mélodiquement, soit harmoniquement, ou toutes autres conséquences utiles. Mais comme, dans la pratique, ainsi que nous l'avons dit, les sons sont presque toujours composés, il y a lieu de s'occuper particulièrement de ces derniers.

La première chose à se demander est celle-ci : les sons composés ne peuvent-ils pas être considérés comme un assemblage d'une certaine quantité de sons simples ou partiels procédant suivant une loi connue et facile? car alors il suffira évidemment de rechercher les conséquences des deux causes perturbatrices ci-dessus sur les groupes de sons partiels combinés deux à deux, et de totaliser les effets. Or ce que l'on sait des sons composés ne permettrait pas de résoudre la question dans toute sa généralité, et d'ailleurs lors même que les sons partiels suivraient une loi déterminée, tout porte à croire qu'elle serait fort compliquée, et par conséquent d'un secours nul pour la musique, qui perdra sans doute peu à être privée de sons que tout indique comme devant être généralement désagréables. Mais il en est autrement des sons dont les vibrations sont régulières et périodiques, c'est-à-dire des sons musicaux. Pour eux en effet la loi générale du célèbre mathématicien Fourier nous permet de conclure, en tenant également compte des faits acquis à la science, aidée de l'expérience, que tout son composé d'un nombre de vibrations régulières et périodiques représenté par 1, peut être considéré, non pas seulement en théorie, mais en réalité, comme l'ensemble d'un nombre indéfini de sons simples partiels, dont les nombres de vibrations, régulières et périodiques également, sont donnés par la suite des nombres entiers 1 — 2 — 3 — 4 — etc., et que c'est la seule décomposition possible.

Les sons 1, 2, 3, 4, 5, etc., sont appelés les sons partiels du son fondamental composé 1 et les sons 2, 3, 4, 5, ses harmoniques.

Ainsi en musique, le son complexe de départ ou tonique, que nous avons nommé do et représenté par 1, n'est plus seulement le son 1; il est l'ensemble des sons 1 — 2 — 3 — 4 — — 16, en nous arrêtant au 16ᵉ son partiel, attendu que les sons partiels, supérieurs, qui vont généralement en diminuant d'intensité, sont alors trop faibles pour exercer une action saisissable.

# CHAPITRE XI.

## Recherche des meilleurs intervalles.

Il s'agit de voir maintenant si les notes, que nous avons trouvées pour les sons simples, par la condition de faire les intervalles les plus agréables avec le son de départ 1, sont encore représentées, sous la même condition, par les mêmes chiffres pour les sons complexes, en un mot si les alphabets musicaux pour les sons complexes seront les mêmes que pour les sons simples, et si le classement trouvé pour les intervalles devra également être maintenu.

Cherchons donc les sons qui, combinés avec le son complexe do, donnent le plus de satisfaction. Or remarquons d'abord que si avec le son complexe 1, on prend un deuxième son complexe égal en nombre à un des sons harmoniques, l'ensemble des deux sons complexes ne fera entendre aucun son partiel qui ne soit déjà dans le son de départ 1. Le deuxième son complexe n'apportera donc aucun trouble, il ne fera que renforcer certains sons partiels. Au contraire, tout son complexe qui ne coïnciderait pas en nombre avec un des harmoniques du premier, apporterait des causes de discordance par ses harmoniques propres. Dès lors, tout autre son que 1 aurait moins de coïncidences pour les harmoniques, et par conséquent donnerait moins de satisfaction; le son le plus agréable avec le son 1 sera donc le son 1 lui-même, puisque tous les sons partiels seront alors renforcés. Ainsi, plus sera grand le nombre des sons répétés, plus le deuxième son complexe se fondra avec le premier, et plus il y aura de satisfaction. Le son 2 viendra donc après, puisqu'il renforce tous les sons de 2 en 2. On aura ensuite le son 3, qui les répète de 3 en 3, et ainsi de suite les sons 4, 5, 6.

| 1 | 2 | 3 | 4 | 5 | 6 | 7 | 8 | 9 | 10 | 11 | 12 | 13 | 14 | 15 | 16 |
|---|---|---|---|---|---|---|---|---|----|----|----|----|----|----|----|
| 1 | 2 | 3 | 4 | 5 | 6 | 7 | 8 | 9 | 10 | 11 | 12 | 13 | 14 | 15 | 16 |
| | 2 | | 4 | | 6 | | 8 | | 10 | | 12 | | 14 | | 16 |
| | | 3 | | | 6 | | | 9 | | | 12 | | | 15 | |
| | | | 4 | | | | 8 | | | | 12 | | | | 16 |
| | | | | 5 | | | | | 10 | | | | | 15 | |
| | | | | | 6 | | | | | | 12 | | | | |
| | | | | | | 7 | | | | | | | 14 | | |
| | | | | | | | 8 | | | | | | | | 16 |

etc........

C'est-à-dire que les sons complexes les plus agréables avec 1 se rangent encore dans l'ordre des nombres entiers 1 — 2 — 3 — 4 — 16.

Les seules causes de discordance dans l'ensemble des deux notes complexes ne seront autres que celles existant déjà dans 1, par le rapprochement indéfini des harmoniques ou par les sons résultants de tous ordres. Ce rapprochement des harmoniques est d'ailleurs facile à constater; en effet, entre 1 et son octave 2, il n'y a pas d'harmoniques; entre 2 et son octave 4, il y a l'harmonique 3 intercalé; entre 4 et son octave 8, il y a les trois harmoniques 5, 6, 7; c'est-à-dire que le nombre des sons intercalés entre une note et son octave augmente indéfiniment. L'intervalle entre deux sons successifs sera donc bientôt plus petit qu'une tierce mineure, dont les battements à redouter même pour les sons simples, le seraient ici beaucoup plus, si l'intensité de ces harmoniques ne diminuait pas rapidement avec leur numéro d'ordre.

Mais ces notes les meilleures 1 — 2 — 3 — 4.... qui croissent très-rapidement, ne seraient pas d'un usage commode dans la pratique, et il y a lieu de les remplacer par d'autres un peu moins bonnes peut-être, mais plus facilement employées.

Or ici, pour les sons complexes comme pour les sons simples, le son qui ressemble le plus à un son donné, le plus agréable après lui étant son octave, nous pouvons, comme pour les sons simples et pour les mêmes raisons, déduire de la série ci-dessus, les sons les meilleurs entre 1 et 2, sauf, pour terminer l'échelle musicale, à prendre les octaves seulement de toutes ces notes intercalées. Voyons donc qu'elles sont les notes les plus agréables entre 1 et 2.

Puisque les sons les plus satisfaisants à employer après ou avec le son complexe 1, sont donnés, dans leur ordre de préférence, par la série des sons complexes :

$$1 - 2 - 3 - 4 - \ldots - 16$$

Puisque d'ailleurs, à défaut d'un emploi facile de ces derniers, ceux qui s'en rapprochent le plus sont, d'abord, leurs octaves inférieures par exemple, afin de resserrer ces sons déjà trop éloignés, ceux de ces nombres qui, divisés par 2, donneront des valeurs comprises entre 1 et 2, représenteront les meilleurs sons à accepter pratiquement avec ou après le son complexe 1, pour notre échelle musicale entre 1 et 2. Par des raisons semblables, les sons à garder après ceux-ci, seront également ceux de la série compris entre 1 et 2, après la division par 3, puis par 4, par 5, par 6, par 8, en laissant toujours de côté les facteurs premiers plus grands que 5, comme donnant lieu à des opérations difficiles pour l'esprit, ainsi que nous l'avons expliqué pour les sons simples. Les sons de notre meilleure échelle entre 1 et 2 seront donc donnés par les séries suivantes :

$$
\begin{array}{l}
\dfrac{2}{2}\ \ \dfrac{3}{2}\ \ \dfrac{4}{2} \\[4pt]
\dfrac{3}{3}\ \ \dfrac{4}{3}\ \ \dfrac{5}{3}\ \ \dfrac{6}{3} \\[4pt]
\dfrac{4}{4}\ \ \dfrac{5}{4}\ \ \dfrac{6}{4}\ \ \dfrac{8}{4} \\[4pt]
\dfrac{5}{5}\ \ \dfrac{6}{5}\ \ \dfrac{8}{5}\ \ \dfrac{9}{5}\ \ \dfrac{10}{5} \\[4pt]
\dfrac{6}{6}\ \ \dfrac{8}{6}\ \ \dfrac{9}{6}\ \ \dfrac{10}{6}\ \ \dfrac{12}{6} \\[4pt]
\dfrac{8}{8}\ \ \dfrac{9}{8}\ \ \dfrac{10}{8}\ \ \dfrac{12}{8}\ \ \dfrac{15}{8}\ \ \dfrac{16}{8}
\end{array}
\qquad\text{Ce qui apporte comme sons nouveaux}\qquad
\begin{array}{l}
\dfrac{3}{2} \\[4pt]
\dfrac{4}{3}\ \ \dfrac{5}{3} \\[4pt]
\dfrac{5}{4} \\[4pt]
\dfrac{6}{5}\ \ \dfrac{8}{5}\ \ \dfrac{9}{5} \\[4pt]
\text{—} \\[4pt]
\dfrac{9}{8}\ \ \dfrac{15}{8}
\end{array}
$$

Si maintenant on classe ces sons par ordre de grandeur, on a la série : $1 - \dfrac{9}{8} - \dfrac{5}{4} - \dfrac{4}{3} - \dfrac{3}{2} - \dfrac{5}{3} - \dfrac{15}{8} - 2$, en laissant de côté : $\dfrac{6}{5} - \dfrac{8}{5} - \dfrac{9}{5}$

C'est-à-dire les nombres déjà trouvés pour les sons simples, et auxquels nous donnerons les mêmes noms. Quant aux trois dernières notes que nous appellerons de même mi$^b$ — la$^b$ — si$^b$, elles ne devront pas davantage être employées habituellement avec les notes mi, la et si, les notes de basse de ces sons complexes donnant déjà à elles seules, par leur rapprochement, l'inconvénient qu'on n'a pas voulu accepter même pour les sons simples, d'un intervalle mi-mi$^b$, la-la$^b$, si-si$^b$, plus petit que la seconde mineure mi-fa ou si-do.

En continuant ainsi on obtiendrait tous les dièses et tous les bémols, les doubles dièses et les doubles bémols, etc., et l'on arriverait à des conclusions tout à fait semblables à celles que nous avons trouvées pour les sons simples. Mais on pourra également ici obtenir les dièses et les bémols par la note naturelle elle-même, préalablement déduite de la tonique, au moyen des rapports $\frac{27}{25}$ ou $\frac{21}{25}$. On voit qu'ici, comme pour les sons simples, les trois premiers bémols qui se déduisent, comme tous les autres bémols et comme les dièses, des notes naturelles de même nom par un rapport simple, ont également un rapport simple avec la tonique, puisqu'ils ont été trouvés directement au moyen de cette dernière, comme les notes naturelles.

Bien que les notes naturelles de notre nouvelle échelle, et les trois premiers bémols soient obtenus par la condition de faire avec do les intervalles les plus agréables, il serait peut-être utile de vérifier directement qu'il en est en effet ainsi, malgré la présence des harmoniques et des sons résultants des deux genres et de tous ordres, qui donnent tous un si grand nombre de battements. Nous avons en effet, en baissant d'octave, de douzième, etc., les notes trop éloignées de la série parfaite, introduit des causes de discordance dues au rapprochement des sons pouvant alors donner lieu à des battements, en raison des harmoniques qui ne sont plus restés les mêmes. D'ailleurs, cette vérification serait indispensable pour les autres bémols et les dièses déduits non plus de la tonique, mais de la note naturelle ayant seule le rapport simple et agréable avec la tonique. Il y aurait également à étudier les rapports de toutes ces notes naturelles, pour savoir s'ils sont encore agréables, comme pour les sons simples, et restent admissibles.

Examinons d'abord les intervalles avec la tonique. Pour cela il faudrait prendre pour chaque intervalle, les harmoniques de do, comme basse, et ceux de la note supérieure de l'intervalle, puis tous les sons résultants des deux espèces et de tous ordres. On devrait chercher ensuite, pour toutes les combinaisons deux à deux de ces sons, qui sont des sons simples, le trouble que notre deuxième note complexe peut apporter au son complexe do, en vertu des deux causes de perturbation signalées dans l'étude des sons simples, c'est-à-dire examiner les rapports des nombres de vibrations de ces sons deux à deux pour se rendre compte de leur plus ou moins de simplicité, et ensuite les différents groupes de battements.

Ce problème serait on ne peut plus compliqué dans toute sa généralité, mais il peut heureusement se simplifier considérablement dans la pratique. D'abord on sait que si un son est sans harmonique ou simple, il est creux et laisse à désirer, mais qu'il est criard s'il a trop d'harmoniques. Il y a donc un certain milieu à prendre. Or, on constate qu'au delà du sixième son partiel, la suppression des harmoniques est à désirer, ce que l'on obtient même artificiellement par le choix du point d'attaque des marteaux, dans le registre dangereux des pianos. Nous négligerons donc les sons partiels supérieurs au sixième, ce qui reviendra à examiner la situation pour les instruments dans ces conditions, c'est-à-dire pour les meilleurs.

En ce qui concerne les sons résultants, remarquons d'abord que les sons résultants additionnels sont négligeables comme trop faibles devant les sons différentiels. Quant aux sons différentiels d'ordre supérieur au premier, on sait qu'ils peuvent être laissés de côté, quand on considère d'autres sons partiels que le son fondamental, surtout dans nos instruments, où l'intensité du son fondamental dépasse en général de beaucoup celle des harmoniques, en donnant ainsi une très-grande intensité relative aux sons différentiels du premier ordre. Cependant, nous examinerons d'abord les sons différentiels des différents ordres et leur influence sur les principaux intervalles trouvés avec la tonique, c'est-à-dire formés par les notes naturelles et les trois premiers bémols. Nous négligerons toutefois les intervalles do-re, do-si, do-si♭, comme donnant déjà les battements dangereux du ton environ ou du demi-ton, soit entre les deux notes de basse do et re, soit entre l'octave de do ou son premier harmonique et les notes si et si♭. Il restera donc à étudier les intervalles d'octave et de douzième, ainsi que do-sol, do-fa, do-mi, do-la, do-mi♭, do-la♭. Comme le nombre des sons résultants différentiels varie suivant qu'on accepte comme produisant un effet non négligeable dans l'instrument, selon les circonstances, soit le premier son partiel seulement, soit les deux premiers sons partiels, soit les trois premiers, etc., nous représenterons par les formules $\Gamma_1 \Gamma_2 \Gamma_3$ les sons résultants des premier, deuxième et troisième ordres, en supposant simples les sons de l'intervalle; par ⌐ les sons résultants du premier ordre, en ne considérant que les premiers sons partiels, alors ⌐ = ⌐; par ⌐, ⌐ les sons résultants du premier ordre en n'admettant que les 2, 3, premiers sons partiels, etc., par ⌐ + ou ⌐ — un son résultant un peu plus haut ou un peu plus bas que la note écrite. Si alors on se borne aux six premiers sons partiels représentés par des blanches, les sons résultants seront donnés par le tableau suivant, où les points noirs indiquent les intervalles :

Ce tableau montre que les sons résultants sont, en général, trop éloignés des harmoniques pour produire des battements dangereux; pour l'octave et la douzième, les sons résultants ne font que répéter les harmoniques; pour la quinte il n'y a pas de battements donnés par les sons résultants; pour la quarte, il y aurait les battements négligeables de la tierce majeure fa-la et de la tierce mineure la-do; la sixte majeure verrait apparaître les battements du ton do-re♯ —, la tierce mineure ceux de mi♭-fa♯ + peu dangereux, les uns comme les autres, l'intervalle étant d'environ une tierce mineure. Pour la sixte mineure, on aurait ceux de do-re +, c'est-à-dire d'un peu plus d'une seconde majeure.

Mais, tous ces battements peu nombreux, amenés d'ailleurs par des sons résultants d'un ordre supérieur au premier, sont peu énergiques et par conséquent négligeables. On peut donc se borner à ceux donnés par ⌐ = ⌐, ce qui réduit le tableau au suivant :

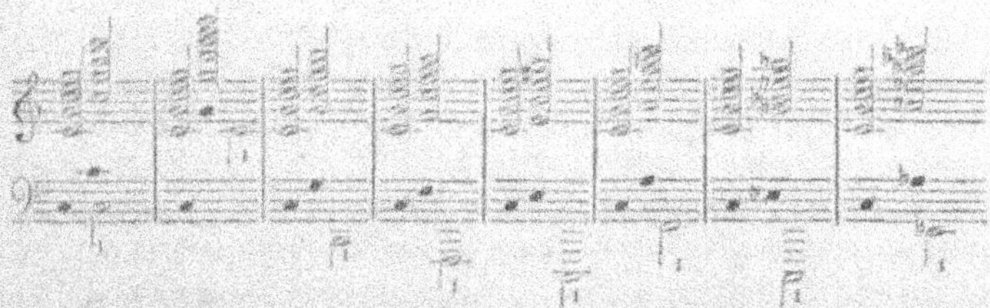

Ainsi, pour les bons instruments et dans les conditions posées, il ne reste plus de battements dangereux dus aux sons résultants, de sorte que ces derniers ont peu d'influence; on peut donc, pour ces intervalles, se borner à considérer les harmoniques de chaque note, dans la gamme naturelle de $do_2$ par exemple déduit par quintes descendantes du diapason $la_3 = 870$ vibrations simples par seconde, et alors les battements à redouter pour les différents intervalles indiqués dans la première colonne sont donnés par la deuxième colonne du tableau suivant :

| | Battements à redouter. | À la hauteur et à l'intervalle de | Battements ramenés à la hauteur de $do_2$ et à l'intervalle de | |
| --- | --- | --- | --- | --- |
| | | | 1 ton. | 1/2 ton. |
| $do_2 - do_3$ | 0 | | | |
| $do_2 - sol_2$ | 0 | | | |
| $do_2 - sol_3$ | 120 | $do_4 - re_4$ | 61 | » |
| | 120 | $re_4 - mi_4$ | | |
| $do_2 - fa_3$ | 86 | $fa_3 - sol_3$ | 93 | 17 |
| | 84 | $mi_4 - fa_4$ | | |
| | 172 | $fa_4 - sol_4$ | | |
| | 172 | $sol_4 - la_4$ | | |
| $do_2 - mi_3$ | 65 | $si_3 - do_4$ | » | 28 |
| | 64 | $sol_4 - sol\sharp_4$ | | |
| $do_2 - la_3$ | 86 | $sol_3 - la_3$ | 58 | » |
| | 172 | $sol_4 - la_4$ | | |
| $do_2 - mi^b_3$ | 103 | $si^b_3 - do_4$ | 29 | 11 |
| | 52 | $mi^b_4 - mi_4$ | | |
| $do_2 - la^b_3$ | 51 | $sol_3 - la^b_3$ | » | 47 |
| | 52 | $mi^b_4 - mi_4$ | | |
| | 103 | $sol_4 - la^b_4$ | | |

Nous avons ramené, dans les deux dernières colonnes, tous les battements à ceux d'un ton et d'un demi-ton de même effet sensiblement, mais pris tous à la hauteur de $do_2$, pour pouvoir les ajouter, ainsi qu'il va être expliqué.

Considérons, par exemple, les 129 battements de $re_4$-$mi_4$. Ils sont, comme on le sait, d'un effet à peu près égal à ceux de $re_2$-$mi_2$, au nombre de $\frac{129}{4} = 32{,}2$ environ. Maintenant, de même qu'on a ramené les battements de $re_4$-$mi_4$ à d'autres moins élevés de deux octaves, en divisant par 4, on peut ramener les battements partant de $re_2$ à ceux pris à partir de $do_2$, en divisant par le rapport $\frac{9}{8}$ ce qui donne $32 \times \frac{8}{9} = 28{,}4$ environ. On peut donc, au lieu de l'effet des 129 battements de $re_4$-$mi_4$, considérer les 28,4 battements d'un ton à partir de $do_2$ qui, joints aux 32,2 battements de $do_2$-$re_2$ déjà à cette hauteur, conduisent pour les battements de $do_2$-$sol_2$ à 61 battements environ d'un ton à la hauteur de $do_2$. Une transformation semblable pour tous les intervalles permet de compléter le tableau. Les deux dernières colonnes se ramèneraient à une seule, en réduisant par exemple tous ces battements à l'intervalle d'un ton pour ne donner qu'un chiffre total, si l'on pouvait bien comparer les effets produits par les battements d'intervalles différents pris à la même hauteur. Mais on sait cependant que les battements du demi-ton sont beaucoup plus dangereux que ceux du ton, par conséquent $do_2$-$la^k_2$ avec ses 47 battements de demi-ton sera le plus mauvais intervalle; $do_2$-$sol_2$ sera le meilleur, après $do_2$-$do_3$ et $do_2$-$sol_3$ naturellement qui n'ont pas même de battements, car il n'en présente pas de demi-ton et en a moins d'un ton que $do_2$-$la_2$; ce dernier intervalle se placerait donc après $do_2$-$sol_2$, sans la plus grande complication du rapport des nombres de vibrations $\frac{5}{3}$ comparé à $\frac{4}{3}$ ou $\frac{5}{4}$ pour $do_2$-$fa_2$ et $do_2$-$mi_2$ qui passent ainsi avant lui. Ces rapports sont ceux des sons fondamentaux et varieraient évidemment suivant les harmoniques considérés deux à deux, mais l'effet des sons fondamentaux est généralement prédominant dans nos instruments. En ce qui concerne le classement de $do_2$-$fa_2$ et $do_2$-$mi_2$, on peut remarquer que $do_2$-$mi_2$ présente, bien que n'ayant pas de battements du ton, beaucoup plus de battements très-dangereux du demi-ton que $do_2$-$fa_2$, et a ensuite un rapport des nombres de vibrations plus compliqué, car $\frac{4}{3}$ ne donne en définitive que les facteurs premiers 2 et 3, comme la quinte, avec une fraction renversée toutefois, tandis que dans $\frac{5}{4}$ il entre le facteur premier 5. Quant à $do_2$-$mi^k_2$, qui a des battements du ton et du demi-ton, il est moins mauvais que do$_2$-la$_2$, et s'il a un rang si éloigné cela tient surtout à son rapport $\frac{a}{b}$ du nombre de vibrations, car il aurait beaucoup moins de battements que do$_2$-fa$_2$.

Suivant la quantité et la force des harmoniques, le résultat pourrait cependant être parfois différent. L'ordre peut même être légèrement interverti selon les régions de la gamme où l'on fait la comparaison. Ainsi, dans le bas du registre, la tierce majeure perd son avantage et c'est même sa dureté dans ces régions qui a porté, comme on le sait, l'antiquité tout entière à ne pas la reconnaître comme consonnance, parce qu'alors la musique consistait à peu près seulement dans les chants des voix d'hommes qui sont relativement basses.

Il resterait, du reste, pour bien apprécier l'influence de ces différents groupes de battements, à calculer, si les données de la science le permettaient, les intensités relatives de ces battements, ce qui a été fait pour quelques cas particuliers, d'une manière à peu près satisfaisante. Quoi qu'il en soit, il est probable que si l'intervalle de quarte, assez méconnu autrefois, a acquis de nos jours une certaine supériorité, cela tient surtout à ce qu'il est le renversement d'un intervalle simple, la quinte, et que les renversements auxquels nous sommes du reste aujourd'hui très-habitués, sont saisissables par l'oreille à peu près comme les intervalles directs, grâce à l'addition instantanée et presqu'instinctive de l'octave du son le plus bas. En outre, il y a lieu de remarquer que fa est la note reproduisant le mieux par ses harmoniques les notes de la gamme. En effet, en allant jusqu'au quarante-cinquième harmonique, on retrouve toutes les notes de la gamme, et les premiers sont très-heureusement liés à cette gamme jusqu'au dixième inclusivement.

Supposons maintenant qu'on réduise encore le nombre des harmoniques, de manière, par exemple, que tous leurs battements ci-dessus disparaissent, du moins pour les intervalles dangereux, c'est-à-dire inférieurs à la tierce mineure.

Le tableau deviendra le suivant, en négligeant les intervalles d'octave et de douzième, pour lesquels il n'y a pas d'harmoniques à supprimer, puisqu'ils sont déjà très-bons :

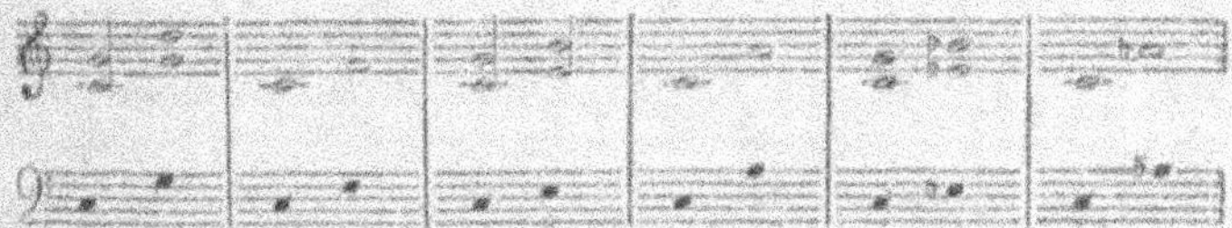

On voit que pour la quarte et les sixtes on ne peut admettre que les deux premiers sons partiels ; pour la quinte et les tierces on peut laisser subsister trois sons partiels, et l'on n'aura pas de battements dangereux.

De tout ce qui précède, il résulte que, selon que l'on fait telle ou telle hypothèse sur les harmoniques ou les sons résultants négligeables, on peut avoir un classement un peu variable des différents intervalles en général, si nous les considérons tous ; mais pour ceux que nous avons regardés comme bons, ces différences sont généralement assez faibles, dans les instruments usités.

On retrouve le cas des sons simples, en réduisant les harmoniques au seul son fondamental et l'on constate, en définitive, que les conclusions pour les sons composés diffèrent peu en général de ce que nous avions trouvé pour les sons simples.

Nous acceptons donc encore ici, pour les intervalles, le classement le plus habituel : l'octave, la douzième, la quinte, la quarte, la tierce majeure, la sixte majeure, la tierce mineure, la sixte mineure.

Ce classement qui suppose les intervalles pris à partir de la tonique sera applicable à tous les autres de même grandeur, mais il restera naturellement à tenir compte de la relation plus ou moins simple de la note de basse avec la tonique ; il y aura là une double considération qu'il ne faudra pas oublier, quand on saura apprécier toute la portée de cette relation.

Le tableau suivant, où les sons partiels, jusqu'au neuvième au moins, ont été pris pour chaque degré de la gamme, pourra être utilement consulté, dans les questions de cette nature, et permettra de se rendre compte de la valeur des intervalles, par le calcul exact des battements. (*Voir le tableau N° 1 ci-contre.*)

Étant admis toujours qu'on néglige les sons résultants, ce qui est permis habituellement dans les bons instruments, nous ne prendrons pas les sons partiels plus loin que le neuvième, car il fait déjà avec l'octave de sa propre fondamentale un intervalle de seconde, dangereux pour les battements et toujours à redouter avec des sons partiels d'un numéro si peu élevé. Plus loin, les intervalles se rapprochent encore, comme on l'a expliqué.

Sur le tableau, les harmoniques des différentes notes, quand ils sont des nombres entiers, sont placés à droite des lignes verticales, sur les lignes horizontales représentant déjà ces mêmes nombres entiers pour les harmoniques de do ; les valeurs fractionnaires sont

TABLEAU Nº **I.**

---

# HARMONIQUES DES NOTES

DANS LA GAMME NATURELLE.

(Page 46.)

# HARMONIQUES DES NOTES

| | do | sol | mi | fa | la | re | si | mi♭ | la♭ |
|---|---|---|---|---|---|---|---|---|---|
| **15** | si$_3$ **15** 15 | | | | | | | | |
| **12** | sol$_2$ **12** 12 | | | | | | | | |
| **10** | mi$_2$ **10** 10 | | | | | | | | |
| **9** | re$_2$ **9** 9 | la$_3$ **+9** 13,5 | fa♯$_2$ **+9** 11,25 | sol$_3$ **9** 12 | si$_3$ **9** 15 | mi$_3$ **+9** 10,125 | do♯$_4$ **+9** 16,875 | fa♯$_3$ **+9** 10,8 | [illegible] |
| **8** | do$_2$ **8** 8 | sol$_3$ **8** 12 | mi$_3$ **8** 10 | fa$_3$ **8** 10,67… | la$_3$ **8** 13,33… | re$_3$ **8** 9 | si$_3$ **8** 15 | mi♭$_3$ **8** 9,6 | [illegible] |
| **7** | la♯$_1$ **+7** 7 | fa$_2$ **−7** 10,5 | re♭$_3$ **+7** 8,75 | re$_3$ **−7** 9,33… | **7** 11,67… | si$_2$ **+7** 7,875 | **7** 13,125 | do♯$_3$ **+7** 8,4 | [illegible] |
| **6** | sol$_2$ **6** 6 | re♭$_3$ **6** 9 | si$_2$ **6** 7,5 | do$_3$ **6** 8 | mi$_3$ **6** 10 | la$_2$ **6** 6,75 | fa♯$_3$ **+6** 11,25 | si♭$_2$ **6** 7,2 | [illegible] |
| **5** | mi$_1$ **5** 5 | si$_2$ **5** 7,5 | sol♯$_2$ **5** 6,25 | la$_2$ **5** 6,67… | do♯$_3$ **5** 8,33… | fa♯$_2$ **+5** 5,625 | re♯$_3$ **5** 9,375 | sol$_2$ **5** 6 | [illegible] |
| **4** | do$_2$ **4** 4 | sol$_2$ **4** 6 | mi$_2$ **4** 5 | fa$_2$ **4** 5,33… | la$_2$ **4** 6,67… | re$_2$ **4** 4,5 | si$_2$ **4** 7,5 | mi♭$_2$ **4** 4,8 | [illegible] |
| **3** | sol$_1$ **3** 3 | re$_2$ **3** 4,5 | si$_1$ **3** 3,75 | do$_3$ **3** 4 | mi$_2$ **3** 5 | la$_1$ **+3** 3,375 | fa♯$_2$ **+3** 5,625 | si♭$_1$ **3** 3,6 | [illegible] |
| **2** | do$_1$ **2** 2 | sol$_1$ **2** 3 | mi$_1$ **2** 2,5 | fa$_2$ **2** 2,67… | la$_1$ **2** 3,33… | re$_1$ **2** 2,25 | si$_1$ **2** 3,75 | mi♭$_1$ **2** 2,4 | [illegible] |
| **1** | do$_2$ **1** 1 | sol$_0$ **1** 1,5 | mi$_0$ **1** 1,25 | fa$_2$ **1** 1,33… | la$_0$ **1** 1,67 | re$_0$ **1** 1,125 | si$_0$ **1** 1,875 | mi♭$_0$ **1** 1,2 | la♭$_0$ **1** [illegible] |

DANS LA GAMME NATURELLE.

Tableau N° 1.

| | | | | | | | |
|---|---|---|---|---|---|---|---|
| do♭₁ 9 16,2 | | | | | | | do♭ 8 16 |
| | | | | | | | ré₂ 9 15,625 |
| ré♭ 8 14,4 | | | | ré₂₊ 9 14,6... | | | ré♭₂₊ 7 14 |
| | | ré♭₂₊ 9 13,32 | | | | ré♭ 8 13,89... | |
| ré♭₂₊ 7 13,8 | | | sol♯ 9 12,5 | sol♯ 8 12,5 | | 7 12,15... sol₂ 6 12 | |
| | ré♭₂ 8 11,36 | | | | | | |
| | | ré♯ 8 11,11... | | | | | |
| ré♯ 6 10,8 | mi₂₊ 7 10,36 | | 7 10,35... ré♯₂₊ 9 10,753 do♯ 6 10,47... | | | mi₂ 5 10 | |
| | ré♯₂₋ 9 9,72 | 7 9,72... ré♯ 9 9,375 ré♯ 6 9,375 ré♯ 8 9,375 | | | | | |
| ré 5 9 | ré♭ 8 8,64 ré♭ 6 8,28 | ré♯₂ 6 8,33 do♯ 8 8,33... | | | 7 8,26... | ré♭₂₊ 5 8,68... do₂ 4 8 | |
| ré♭₂₊ 4 7,7 do♯₂₊ 7 7,39 sol♯ 8 7,4 | | mi♭₂ 5 7,81... 7 7,39... mi♭ 6 7,03... | | | | ré♯₂ 4 6,94... | |
| | do♯₂₋ 6 6,48 | ré♯ 5 6,94... sol♯ 6 6,55 sol♯₂ 4 6,25 | | 8 6,86... | | sol₂ 3 6 | |
| do♯₂₊ 7 6 ré♯₂₊ 5 6,4 | | ré♯ 4 5,56... ré♯₂ 5 5,24... | | | ré♯₂ 3 5,24... | | |
| | ré♯₂ 4 5,32 ré♯ 3 4,44 | do♯ 3 4,17... do♯₂ 4 4,16 | ré♯ 3 4,99... ré♯₂ 4 4,69... | | do₂ 2 4 | | |
| sol♯₂ 2 5 | do♯₂ 3 3,24 | | sol♯ 3 3,125 sol♯₂ 2 3,125 | ré♭₂₊ 3 3,52... ré♭₂ 2 3,47... | | | |
| | ré♯ 2 2,96 | ré♯ 2 2,78... do♯ 2 2,08... | | ré♭ 2 2,84... | do₂ 1 2 | | |
| do♯₂ 1 3 | ré♭ 2 3,15 | sol♯ 1 1,38 do♯₂ 1 1,39... | sol♯ 1 1,56... | ré♯₂ 1 | | | |
| ré♯₂ 1 1,68 | | do♯ 1 1,84... | ré♯ 1 1,17... | 1,74... | | | |

action sur nos organes au point de vue du trouble ou du bien-être qu'ils peuvent y apporter; il y aurait également à tenir compte de l'influence relative des deux causes signalées. Mais ce sont là des questions pour lesquelles la science n'en est encore qu'aux généralités, ou aux cas les plus simples.

Remarquons cependant que plus deux notes auront d'harmoniques ne coïncidant pas, plus il y aura de groupes de battements et, par conséquent, de trouble dans l'accord. Les harmoniques communs, au contraire, affirmeront la concordance des vibrations, en augmentant les intensités des sons coïncidents, et par conséquent la consonnance. On est donc amené, pour trouver les consonnances, à chercher la coïncidence des harmoniques, surtout des inférieurs qui sont presque toujours les plus intenses, et à apprécier en outre les battements dangereux donnés par les sons partiels non coïncidents, mais distants de moins d'une tierce mineure, puisque pour les sons simples ceux-là seulement sont dangereux.

Quant aux sons résultants, on sait que lorsqu'on prend des sons partiels en dehors du son fondamental, il est inutile de considérer d'autres sons différentiels que ceux du premier ordre, qui sont du reste ici, comme on l'a déjà vu, trop loin des harmoniques pour donner des battements dangereux, et que l'on peut négliger les sons résultants additionnels, dans une exécution qui n'est pas trop bruyante et qui est par conséquent de bon goût.

Voyons donc les intervalles des notes, d'abord à partir de $do_a$, soit $do_a$-$sol_a$, et examinons quel trouble peut produire, dans la note complexe $do_a$, la note complexe $sol_a$, frappée par exemple en même temps. Le son partiel $sol_a$ est à une quinte de $do_a$ et à une quarte de $do_b$, c'est-à-dire à une distance de plus d'une tierce mineure de chacun d'eux, donc les battements ne sont pas dangereux. Le deuxième son partiel $sol_b$ coïncide avec le troisième son partiel de $do_a$, c'est donc une consonnance partielle et par conséquent une raison de consonnance pour l'ensemble des deux sons complexes. Le troisième son partiel $re_2$ de $sol_a$ diffère d'un ton de $do_2$ et de $mi_1$, c'est-à-dire de moins de la tierce mineure, mais il s'agit du troisième son partiel de $sol_a$ et des quatrième et cinquième sons partiels de $do_a$, et l'on sait que dans les bons instruments les deux premiers sons partiels sont généralement seuls intenses, que les deux suivants diminuent d'intensité et que les cinquième et sixième sont très-faibles. Ces battements, quoique d'un ton, sans être tout à fait indifférents cependant, sont donc à peu près négligeables ; si le sixième son partiel $sol_4$ de $do_0$ ne l'était pas, il coïnciderait avec le quatrième $sol_4$ de $sol_0$, ce qui serait une nouvelle cause d'affirmation de consonnance pour l'intervalle en question, $do_0$-$sol_0$.

Quant aux numéros d'ordre 3 et 2 des premiers sons partiels coïncidents $sol_1$, ils sont précisément égaux aux rapports des nombres de vibrations des sons considérés $do_0$ et $sol_0$, le plus petit nombre correspondant au son le plus élevé, et cette loi est générale.

On pourrait faire la même étude pour tous les intervalles, en se bornant cependant aux meilleures notes de notre alphabet, puisqu'il s'agit de notes à entendre ensemble, c'est-à-dire aux notes naturelles et à $mi^b$, $la^b$, $si^b$ ; on négligerait l'intervalle d'un ton, qui donnerait des battements très-dangereux entre les premiers sons partiels, ou les sons fondamentaux, et également l'intervalle de 7e mineure ou majeure, qui conduirait aux battements dangereux du ton ou du demi-ton entre une note et l'octave ou le deuxième son partiel de l'autre ; c'est-à-dire que pour les intervalles avec $do_0$, nous négligerions re, si et $si^b$, donnant do-re, do-si, do-$si^b$.

En ne considérant que les battements d'un intervalle au moins égal à la tierce mineure, et en restant dans l'étendue d'une octave, et à une hauteur moins élevée que les premiers harmoniques coïncidents, limite très-suffisante pour la pratique, on a donc :

$do_0$-$sol_0$ la coïncidence des harmoniques 3-2 sans battements.

Pour les intervalles :

|  |  | Coïncidence | Avec battements des harmoniques | À l'intervalle de |
|---|---|---|---|---|
| $do_0$-$fa_0$ | — | 4-3 | 3-2 | 1 ton. |
| $do_0$-$mi_0$ | — | 5-4 | 4-3 | 1/2 ton. |
| $do_0$-$la_0$ | — | 5-2 | 3-2 | 1 ton. |
| $do_0$-$mi^b_0$ | — | 6-5 | 4-3 | 1 ton. |
|  |  |  | 5-4 | 1/2 ton env^on. |
| $do_0$-$la^b_0$ | — | 8-5 | 3-2 | 1/2 ton. |
|  |  |  | 5-3 | 1/2 ton env^on. |
|  |  |  | 6-4 | 1/2 ton. |

Dans ces battements, il y a toujours un harmonique au moins du n° 3 déjà peu intense, comme on le sait, réduisant donc à un seul à peu près les sons battants, dont le rapprochement est ainsi peu à craindre. Cela est encore plus vrai pour les autres intervalles, où les harmoniques de numéros plus élevés sont encore moins intenses et donnent dès lors des battements plus négligeables. Aussi peut-on regarder tous ces intervalles comme à peu près sans battements et, par suite, comme consonnants, par la même raison qu'on les a nommés tels pour les sons simples, à cause des rapports simples des nombres de vibrations auxquels se réduisent également ou à peu près les deux causes de perturbations, puisque les numéros des harmoniques coïncidents sont justement ces mêmes nombres de vibrations. On a considéré les intervalles à partir de $do_0$, et l'on pourrait aussi les examiner à partir d'une note quelconque, en faisant pour chaque note un tableau semblable à celui présenté pour $do_0$, mais cela ne ferait en réalité que donner les valeurs relatives des intervalles à partir d'une tonique nouvelle par rapport à laquelle ils se classeraient de même et avec la même importance. Or, ce n'est pas le but, puisque nous voulons, cette tonique étant donnée, en déduire toutes les conséquences possibles. Il ne faut pas oublier, en effet, que la tonique $do_0$ exerce une influence sur les rapports, même pris à partir d'autres notes. Ainsi, d'une manière absolue, la quinte $sol_0$-$re_1$ peut être aussi agréable que la quinte $do_0$-$sol_0$, mais la connaissance de $sol_0$-$re_1$ suppose que l'on a déjà $sol_0$, qui se déduit de $do_0$ par la quinte $do_0$-$sol_0$. Donc $sol_0$-$re_1$ revient pour ainsi dire à deux quintes, $do_0$-$sol_0$, pour donner $sol_0$ et $sol_0$-$re_1$ pour conduire à $re_1$. De sorte que $sol_0$-$re_1$ ajoute en réalité ses harmoniques à ceux de $do_0$. On a donc alors l'ensemble des harmoniques des trois notes $do_0$-$sol_0$-$re_1$, qui apporte naturellement plus de perturbations à $do_0$ que le seul ensemble des deux notes $do_0$ et $sol_0$ de la quinte $do_0$-$sol_0$, à partir de la tonique. Il en est de même pour d'autres intervalles semblables, et l'on voit que plus la note de départ est liée à la tonique par un rapport simple, plus l'intervalle est agréable, puisque ce premier rapport simple est déjà un des deux à considérer pour l'influence sur la qualité de cet intervalle.

On peut donc, sans même construire de nouveaux tableaux à partir de chaque note, et sans se préoccuper de savoir au juste dans quel ton les intervalles seraient précisément ce qu'ils sont en do, avec leur classement et leur importance, se contenter de ce tableau à partir de $do_0$, et prendre alors les intervalles suivant leur valeur absolue, qui ne saurait changer, sauf à se rappeler qu'ils seront de moins en moins agréables à mesure que leur basse sera moins intimement liée à la tonique do. Groupons donc les intervalles de même espèce.

Pour les intervalles :

$do_0$–$sol_0$ on a la coïncidence des harmoniques 3-2 sans battements.

| Intervalle | | | Avec battements des harmoniques. | À l'intervalle de |
|---|---|---|---|---|
| $mi_0$–$si_0$ | — | — | — | |
| $fa_0$–$do_1$ | — | — | — | |
| $sol_0$–$re_1$ | — | — | — | |
| $la_0$–$mi_1$ | — | — | — | |
| $mi\flat_0$–$si\flat_0$ | — | — | — | |
| $la\flat_0$–$mi\flat_1$ | — | — | — | |
| $do_0$–$fa_0$ | — | 4-3 | 3-2 | 1 ton. |
| $re_0$–$sol_0$ | — | — | 1 | — |
| $mi_0$–$la_0$ | — | — | — | — |
| $sol_0$–$do_1$ | — | — | — | — |
| $si_0$–$mi_1$ | — | — | — | — |
| $mi\flat_0$–$la\flat_0$ | — | — | — | — |
| $si\flat_0$–$mi\flat_1$ | — | — | — | — |
| $do_0$–$mi_0$ | — | 5-4 | 4-3 | 1/2 ton. |
| $mi_0$–$sol\sharp_0$ | — | — | — | — |
| $fa_0$–$la_0$ | — | — | — | — |
| $sol_0$–$si_0$ | — | — | — | — |
| $mi\flat_0$–$sol_0$ | — | — | — | — |
| $la\flat_0$–$do_1$ | — | — | — | — |
| $si\flat_0$–$re_1$ | — | — | — | — |
| $do_0$–$la_0$ | — | 5-3 | 3-2 | 1 ton. |
| $re_0$–$si_0$ | — | — | — | — |
| $sol_0$–$mi_1$ | — | — | — | — |
| $si_0$–$sol\sharp_1$ | — | — | — | — |
| $mi\flat_0$–$do_1$ | — | — | — | — |
| $la\flat_0$–$fa_1$ | — | — | — | — |
| $si\flat_0$–$sol_1$ | — | — | — | — |
| $do_0$–$mi\flat_0$ | — | 6-5 | { 4-3 / 5-4 } | 1 ton / 1/2 ton env<sup>n</sup>. |
| $mi_0$–$sol_0$ | — | — | — | — |
| $fa_0$–$la\flat_0$ | — | — | — | — |
| $sol_0$–$si\flat_0$ | — | — | — | — |
| $la_0$–$do_1$ | — | — | — | — |
| $si_0$–$re_1$ | — | — | — | — |
| $sol\sharp_0$–$si_1$ | — | — | — | — |
| $do_0$–$la\flat_0$ | — | 8-5 | { 6-5 / 5-4 } | 1/2 ton / 1/2 / 1/2 |
| $re_0$–$si\flat_0$ | — | — | — | — |
| $mi_0$–$do_1$ | — | — | — | — |
| $sol_0$–$mi\flat_1$ | — | — | — | — |
| $la_0$–$fa_1$ | — | — | — | — |
| $si_0$–$sol$ | — | — | — | — |
| $sol\sharp_0$–$mi_1$ | — | — | — | — |

En prenant les intervalles contenant deux des trois notes do-sol-mi, on trouve les suivants :

$$
\begin{aligned}
&do_0 - sol_0\\
&do_0 - mi_0\\
&mi_0 - sol_0\\
&mi_0 - do_1\\
&sol_0 - do_1\\
&sol_0 - mi_1
\end{aligned}
$$

Or, supposons que l'on écrive les trois notes do-mi-sol, dans l'ordre croissant des vibrations à partir du bas, de la manière

suivante :
$$
\begin{matrix}
sol_0\\
mi_0\\
do_0
\end{matrix}
$$

puis que l'on fasse deux fois de suite passer la note de basse à l'octave, on a alors les trois formules :

$$
\begin{array}{c|c|c}
 & & mi_1\\
 & do_1 & do_1\\
sol_0 & sol_0 & sol_0\\
mi_0 & mi_0 & \\
do_0 & &
\end{array}
$$

Elles donnent précisément les six intervalles ci-dessus, si l'on prend, dans chaque formule, la note de basse avec chacune des deux notes qui sont au-dessus. Ces trois formules sont alors pour ainsi dire de la même famille, car elles se déduisent facilement de la première $\begin{smallmatrix}sol_0\\mi_0\\do_0\end{smallmatrix}$ où les tierces sont superposées. On peut donc se contenter de se rappeler cette dernière forme, avec la convention de déduire d'abord les trois formules, et ensuite de chacune d'elles les deux intervalles. Donc le souvenir des six intervalles ci-dessus sera remplacé par le souvenir de la seule formule : $\begin{smallmatrix}sol_0\\mi_0\\do_0\end{smallmatrix}$ avec les conventions indiquées.

Si l'on considère de même les intervalles contenant deux des trois notes do-mi♭-sol, on voit qu'ils se déduisent encore, sous les mêmes conditions, de la famille $\begin{smallmatrix}sol_0\\mi♭_0\\do_0\end{smallmatrix}$; c'est-à-dire que les intervalles consonnants contenant deux des notes do-mi-sol ou deux des notes do–mi$^b$–sol se déduisent toujours de l'unique formule $\frac{\text{sol}}{\text{mi}}$ où le mi peut être à volonté naturel ou bémolisé.

On verrait de même que les intervalles contenant deux des notes sol–si–re ou sol–si$_b$–re se déduiraient, sous les mêmes conventions, de la formule type : $\frac{\text{re}}{\text{si}}$ et enfin que la totalité des intervalles $\frac{}{\text{sol}}$ consonnants, c'est-à-dire ayant au moins la première coïncidence d'harmoniques dans les neuf premiers sons partiels, peut se déduire, sous les conditions indiquées, des formules suivantes, seules alors à retenir :

| | | | | |
|---|---|---|---|---|
| sol$_3$ | re$_1$ | do$_1$ | mi$_4$ | si$_4$ |
| mi$_3$ | si$_3$ | la$_3$ | do$_4$ | sol$_5$ |
| do$_3$ | sol$_3$ | fa$_3$ | la$_3$ | mi$_3$ |

Il faut remarquer cependant que quand une des notes si – mi – la est bémolisée, on doit bémoliser également et nécessairement l'une des deux autres, si elle se trouve dans la formule. Ainsi dans la–do–mi, bémoliser le la exige que le mi soit aussi bémol. Dans la dernière formule le sol peut être naturel ou dièse, sans cela, on ne reproduirait plus tous les intervalles ci-dessus, trouvés comme consonnants et les seuls.

Ce sont donc là les formules complètes des intervalles consonnants. Maintenant, selon la relation plus ou moins simple de la note de basse de l'intervalle considéré avec la tonique do$_3$ qui ne saurait perdre son influence, tel intervalle sera préférable à un autre de même espèce.

Cependant, nous éviterons habituellement l'emploi du si$^b$, car il donne avec l'octave de la tonique, existant généralement comme harmonique, les battements de seconde, dangereux surtout avec une note si$^b$ qui n'est déjà pas naturelle, c'est-à-dire qui n'est pas des meilleures de l'échelle.

Tels sont les seuls intervalles consonnants qui puissent exister, en tenant compte de notre définition, c'est-à-dire de manière que les deux notes aient au moins un harmonique commun jusqu'au $9^e$. Les meilleurs parmi eux seront naturellement ceux qui auront de commun le plus grand nombre de ces harmoniques, et particulièrement ceux où la deuxième note n'apportera aucun son étranger aux harmoniques de la basse, et par conséquent aucune cause de discordance. En effet, en laissant de côté les sons partiels pairs, ne faisant que répéter la note, je dis que c'est le premier harmonique impair re, qui donne le meilleur intervalle avec une note sol, par exemple. Supposons que l'on frappe l'accord $sol_0$-$re_2$, et que l'on diminue successivement et indéfiniment, en répétant toujours l'accord, l'intensité du son $re_2$, jusqu'à la faire devenir nulle, alors on n'en entendra pas moins les deux notes $sol_0$ et $re_2$, puisque $re_2$ est le 1er harmonique impair, c'est-à-dire une conséquence forcée du $sol_0$. On ne peut donc pas faire que $re_2$ n'existe pas, si du moins l'instrument est de nature à donner pour cette corde $sol$, les deux premiers sons partiels saisissables, c'est-à-dire est dans de bonnes conditions. Puisque cette note $re_2$ doit être absolument entendue avec $sol_0$ seul, il est tout naturel que ce soit cette note $re_2$, que réclame déjà la nature, qui fasse avec $do_0$ le meilleur intervalle. Si l'on prenait en effet une autre note, $mi$, par exemple, pour former l'intervalle $sol_0$-$mi_2$, on n'en aurait pas moins le $re_2$, et par conséquent au moins trois notes, $sol_0$ - $re_2$ - $mi_2$, au lieu des deux seules notes $sol_0$ et $re_2$, et par conséquent plus de chance de perturbation. Ainsi $re_2$ même énergique ne troublerait pas par lui-même $sol_0$ plus que s'il n'existait pas, puisqu'il ne ferait que répéter, en l'accentuant, un harmonique $re_2$ se trouvant déjà dans $sol_0$. Quant à $re$, il est pris au lieu de $re_2$, qui serait trop éloigné, mais par une transposition d'octave laissant presque la note semblable à elle-même. On voit donc qu'il n'y a rien de surprenant à ce que l'intervalle le meilleur à former avec une note soit avec sa quinte.

Nous voyons que pour avoir tous les intervalles consonnants on n'emploie pas les formules re-fa-la, si-re-fa, comme leurs analogues avec tierce et quinte sur les autres notes de l'échelle do-mi-sol, sol-si-re, etc. C'est qu'en effet elles ne donneraient pas d'intervalles consonnants nouveaux, mais nous reviendrons plus loin sur ce sujet, en les déduisant d'accords plus complets, où l'on supprime des notes.

Ainsi se trouvent épuisés nos intervalles consonnants dans l'étendue de l'octave et dans la limite de rapprochement accepté par l'oreille pour deux sons, par la condition posée par nous d'avoir au moins un harmonique commun parmi les neuf premiers harmoniques. Mais nous avons vu que les meilleurs intervalles formés dans la limite de l'octave avec do par exemple, sont donnés par les har-

moniques même de do descendus d'une douzième ou d'autres intervalles, et particulièrement d'une ou plusieurs octaves, ce qui laisse
les sons les plus semblables à eux-mêmes.

Il y aurait donc lieu de chercher parmi ces harmoniques, qui ne
peuvent plus donner entre 1 et 2 d'intervalles consonnants, puisqu'ils
sont épuisés, si quelques-uns ne conduiraient pas à des intervalles
presque aussi bons, que nous appellerions quasi-consonnants.

Il n'y a pas à parler des 3e et 5e harmoniques, qui ont procuré des
intervalles consonnants excellents. Le 4e et le 8e ainsi que le 6e ne
sont pas non plus à considérer, comme ne donnant rien autre que le
2e et le 3e, dès qu'on descend seulement d'octaves. On arrive donc au
7e harmonique, que nous avons négligé, comme menant déjà pour
la comparaison des sons à une opération plus difficile ; mais cela
n'était que relatif, pour arrêter quelque part la série des intervalles
consonnants, en nous bornant aux meilleurs. Or, l'harmonique 7,
traité comme les autres et descendu de deux octaves, donnera, à 1
*comma* près, une note la♯ de notre échelle musicale ; par conséquent
do la♯ se rapprochera de nos intervalles consonnants, et des meilleurs, car il serait même consonnant, si la coïncidence du 7e harmonique de do avec la♯ était absolue. Nous le nommerons intervalle
quasi-consonnant, pour rappeler qu'il s'en faut de peu qu'il soit
non-seulement comme nos intervalles consonnants, mais encore
comme les meilleurs.

Pour voir s'il n'existe pas avec les autres notes de l'échelle des
intervalles analogues, il y a donc lieu de chercher les notes qui,
élevées de deux octaves, reproduiront à peu près le 7e harmonique,
ou, ce qui revient au même, les 7es harmoniques de chaque degré de
l'échelle, qui reproduiraient à peu près une note de cette même
échelle. On voit sur notre tableau N° 1 que ré♯ est dans les mêmes
conditions par rapport au 7e harmonique de fa, donc fa-ré♯ serait
encore un intervalle quasi-consonnant. On trouve aussi d'autres intervalles, mais le tableau N° 2 ci-après où les harmoniques sont pris
à partir de la note elle-même, et où la valeur des harmoniques est
indiquée par une fraction des harmoniques 3, 5, 7, 9 de do, facilitera la comparaison.

On voit que la♯ $= \dfrac{1}{1{,}004}$ est bien près du 7e harmonique de do.
Les notes les plus voisines de l'harmonique 7, par rapport à chaque
note naturelle ou par rapport à mi♭ et la♭, comme base, sont la♯ si♯
ré♯ mi♯ do♭ fa♭ et correspondent aux intervalles :

$$do \ -\ la\sharp$$
$$re \ -\ si\sharp$$
$$fa \ -\ re\sharp$$
$$sol \ -\ mi\sharp$$
$$mi\flat \ -\ do\sharp$$
$$la\flat \ -\ fa\sharp$$

Ces intervalles donneraient des battements d'un ton à peu près les mêmes, mais pour do-la♯ ils auraient lieu avec la tonique, ce qui est plus grave qu'avec une autre note; pour re-si♯ et sol-mi♯, on emploierait les notes mi♯ et si♯ bien éloignées du ton de do, et ainsi de relations difficiles par elles-mêmes, et que nous avons d'ailleurs négligées dans les dièses acceptés avec la tonique do. Pour mi♭-do♯ et la♭-fa♯, on aurait deux notes accidentées; cependant la♭-fa♯ est accepté à cause de la résolution facile du la♭ sur le sol, qui est une bonne note du ton. Il ne reste donc réellement à considérer que fa-re♯ et la♭-fa♯ comme sixte augmentée sur laquelle nous reviendrons. Cependant les autres sixtes pourraient dans certains cas être utilisées.

Les intervalles qui viendraient ensuite et encore très-voisins correspondraient aux valeurs $\frac{7}{1,013}$, 7 (1,016) et 7 (1,029) et seraient :

mi-re♭    correspondant à $\frac{7}{1,013}$ avec une erreur très-peu au-dessus du comma;

re-do    correspondant à 7 (1,016) avec une erreur un peu au-dessus du comma;

sol-fa                    —                    —

si-la                    —                    —

mi-re    correspondant à 7 (1,029) avec une erreur de plus de deux commas.

Ces cinq intervalles sont un peu inférieurs en qualité aux précédents, comme éloignant davantage des harmoniques, mais il y a peu de différence, et les quatre derniers que nous retiendrons auraient sur les premiers un avantage tenant à ce que les notes, ne sortant pas du ton, se relient plus facilement dans la suite de la musique.

Tels sont les intervalles consonnants ou quasi-consonnants plus petits que l'octave. Si l'on prend à une ou deux octaves plus haut la note supérieure, on aura les intervalles plus grands que l'octave, qui participeront naturellement des avantages ou des inconvénients de l'intervalle primitif, en raison de l'analogie extrême qui existe entre une note et son octave. Les intervalles dont le rapport est exprimé par une fraction ayant au dénominateur un nombre pair,

# HARMONIQUES IMPAIRS DES NOTES DANS LA GA[MME]

abstraction faite de la tonique, mais avec les notes exactes ou app[rochées]

| | do$_0$ | re$_0$ | mi$_0$ | fa$_0$ | sol$_0$ | la$_0$ | si$_0$ | fa#$_0$ | do |
|---|---|---|---|---|---|---|---|---|---|
| | re#$_6$ 75 | | | sol#$_6$ 75 | | | | | |
| | | | | si$_3$ 45 | | re$_4$ 45 | | | |
| | | | | re$_2$ 27<br>do#$_2$ 25 | re#$_3$ 25 | | | re#$_2$ 27 | do$_4$ 23(1,003) |
| | si$_2$ 15 | fa$_1$ $\frac{19}{1,002}$ | sol$_4$ 19(1,011)<br>la$_4$ 17(1,004)<br>re#$_4$ 15   mi$_4$ 15 | | do#$_3$ 19(1,011)<br>sol#$_3$ 15 | re$_4$ 19(1,011)   la$_4$ $\frac{23}{1,011}$<br>do#$_4$ 17(1,004) | la$_4$ 19(1,011) | | 19(1,011) |
| | re$_2$ 9 | mi$_1$ $\frac{9}{1,0125}$ | fa#$_4$ $\frac{9}{1,0125}$ | sol$_2$ 9 | la$_2$ $\frac{9}{1,0125}$ | si$_3$ 9 | do#$_3$ $\frac{9}{1,0125}$ | sol#$_2$ 9 | 9 |
| | la#$_2$ $\frac{7}{1,004}$ | do$_2$ 7(1,016)<br>si#$_3$ $\frac{7}{1,004}$ | re$_3$ 7(1,029)<br>reb$_3$ $\frac{7}{1,045}$ | re#$_2$ 7(1,004)   fa$_2$ 7(1,016) | sol$_3$ 7(1,029)<br>mi#$_3$ $\frac{7}{1,004}$ | la$_3$ 7(1,016) | | | |
| | mi$_2$ 5 | fa#$_3$ $\frac{5}{1,0125}$ | lab$_3$ 3(1,024)<br>sol#$_2$ 5 | la$_2$ 5 | si$_2$ 5 | do#$_3$ 5 | mib$_3$ 5(1,024)<br>re#$_3$ 5 | la#$_3$ 5 | 5 |
| | sol$_1$ 3 | la$_1$ $\frac{3}{1,0125}$ | si$_1$ 3 | do$_2$ 3 | re$_2$ 3 | mi$_2$ 3 | fa#$_2$ $\frac{3}{1,0125}$ | do#$_2$ 3 | 3 |
| Harmoniques | 1 | 1 | 1 | 1 | 1 | 1 | 1 | 1 | 1 |
| | do$_0$ | re$_0$ | mi$_0$ | fa$_0$ | sol$_0$ | la$_0$ | si$_0$ | fa#$_0$ | d |
| | 1 | $\frac{9}{8}$ | $\frac{5}{4}$ | $\frac{4}{3}$ | $\frac{3}{2}$ | $\frac{5}{3}$ | $\frac{15}{8}$ | $\frac{25}{18}$ | |

Les harmoniques de fa jusqu'au 45ᵉ reproduisent toutes
les notes naturelles du ton.

E NATURELLE

…ées qu'ils reproduisent.



On n'a pas inscrit les notes qui diffèrent des harmoniques de plus de 2 commas pour les 15 premiers harmoniques et de 1 comma pour les autres.

Les dièses et les bémols sont pris par les rapports $\frac{25}{24}$ et $\frac{24}{25}$.

La$_3$ est le diapason, et do$_3$ en est déduit par intervalles exacts de quinte ou d'octave.

Le comma $= \dfrac{81}{80} = 0,0125$.

| | | | | | | | |
|---|---|---|---|---|---|---|---|
| | | | | si$_8$ 75 | la$_5$ $\frac{50}{1,01}$ | | |
| | | | | re$_6$ 45 | | | |
| | fa$_4$ 27(1,01) | do$_5$ 27(1,01) | | | | | |
| | | | si$_4$ 25 | mi$_5$ 25 | | re$_5$ 25 | |
| [illegible] (1,002) | re$_5$ 23(1,002) | mi$_5$ 13(1,002) | | | | | si$_4$ 21(1,008) |
| [illegible] | si$_4$ 19(1,011) | la$_4$ 19(1,001) | do♯$_5$ 19(1,011) | | | | |
| [illegible] 17(1,1) | fa$_3$ 17(1,004) | mi♭$_2$ 17(1,004) | re$_5$ 15 | sol$_4$ 15 | | | |
| | | | la$_4$ $\frac{15}{1,0125}$ | | | do♯$_3$ $\frac{15}{1,0125}$ | fa♯$_3$ $\frac{15}{1,0125}$ |
| | fa$_2$ 9(1,001) | | | si♭$_1$ 9 | | mi$_2$ 9(1,03) | la$_3$ 9(1,03) |
| la♯$_3$ $\frac{9}{1,0125}$ | | | do$_4$ $\frac{9}{1,0125}$ | fa$_2$ $\frac{9}{1,0125}$ | | mi♭$_2$ $\frac{9}{1,0125}$ | la♭$_2$ $\frac{9}{1,0125}$ |
| la♯$_4$ 7(1,016) | do♯$_2$ 7(1,016) | | la$_2$ 7(1,016) | | | do♭$_3$ 7(1,016) | fa♭$_2$ 7(1,016) |
| | | | sol♯$_2$ $\frac{7}{1,004}$ | do♯$_3$ $\frac{7}{1,004}$ | fa♯$_2$ $\frac{7}{1,004}$ | si$_2$ $\frac{7}{1,004}$ | mi$_2$ $\frac{7}{1,004}$ |
| [illegible] (1,024) | do$_4$ 5(1,024) | sol♯$_2$ 5(1,024) | re$_5$ 5 | sol$_2$ 5 | do$_3$ 5 | | si♭$_2$ 5 |
| | | | | | | fa$_2$ $\frac{5}{1,01}$ | |
| mi♯$_3$ 3 | | | si♭$_1$ 3 | mi♭$_2$ 3 | | re♭$_2$ 3 | |
| | la♯$_4$ $\frac{5}{1,0125}$ | | fa$_2$ $\frac{5}{1,0125}$ | | la♭$_4$ $\frac{5}{1,0395}$ | | |
| | 1 | 1 | 1 | 1 | 1 | 1 | 1 |
| sol♯$_3$ | re♯$_2$ | la♯$_0$ | si♭$_3$ | mi♭$_3$ | la♭$_2$ | re♭$_3$ | sol♭$_3$ |
| $\frac{25}{16}$ | $\frac{75}{64}$ | $\frac{125}{72}$ | $\frac{9}{5}$ | $\frac{6}{5}$ | $\frac{8}{5}$ | $\frac{27}{15}$ | $\frac{36}{25}$ |

comme par exemple $\frac{3}{2}$ — $\frac{5}{4}$ pour $do_0$-$sol_0$, $do_0$-$mi_0$ s'amélioreront en devenant $3$—$\frac{5}{3}$, etc., pour $do_0$-$sol_1$, $do_0$-$mi_1$. Il y aura au contraire perte quand le dénominateur sera impair, par exemple pour $\frac{4}{3}$ — $\frac{5}{3}$ devenant $\frac{8}{3}$ — $\frac{10}{3}$, puisque les nombres seront plus compliqués. Si l'on fait la même recherche pour le 9e harmonique, on trouve plusieurs notes qui ont pour 9e harmonique des notes approchées de l'échelle, ou même des notes exactes, grâce à l'extension des intervalles en dehors de l'octave, ce qui donnerait en réalité, au moins à cette extension en dehors de l'octave :

| des intervalles consonnants | des intervalles quasi-consonnants |
|---|---|
| $do_0$ — $ré_2$ | $sol_0$ — $la_2$ |
| $la_0$ — $sol_2$ | $mi_0$ — $fa\sharp_2$ |
| $la_0$ — $si_2$ | $mi\flat_0$ — $fa_2$ |
| $fa\sharp_0$ — $sol\sharp_2$ | $re_0$ — $mi_2$ |
| $do\sharp_0$ — $ré\sharp_2$ | $si_0$ — $do\sharp_2$ |
| $la\flat_0$ — $si\flat_2$ | etc. |

Le plus grand nombre de ces intervalles sont peu ou point usités, parce qu'ils seraient trop éloignés, pris à cet écartement auquel ils doivent leur valeur.

$Sol_0$-$la_2$ et $mi_0$-$fa\sharp_2$ seront examinés, le premier parce que la est le 9e harmonique de sol presque exactement, pendant que $fa_2$, re, et $si_2$ sont le premier presque exactement, et les deux autres exactement les 7e, 3e et 5e harmoniques de la même basse sol, qui se trouvera alors reproduire, par l'audition fatale des 3e, 5e, 7e et 9e harmoniques, exactement ou à peu près, les notes si, re, fa, la du ton qui, grâce à cette coïncidence approchée avec les harmoniques de la basse sol, constitueront ainsi un bon accord sur cette note. Quant à $mi_0$, $fa\sharp_2$, il y aurait à dire quelque chose d'analogue, mais cet intervalle est pris habituellement avec le fa naturel, nous dirons pourquoi, en revenant plus loin sur ce sujet.

Gardons seulement maintenant comme bons intervalles quasi-consonnants utilisables dans cette dernière série :

$sol_0$-$la_2$ et $mi_0$-$fa\sharp_2$, et même sous la forme $sol_0$-$la_2$ et $mi_0$-$fa\sharp_2$

Ici se termine pour nous l'examen des intervalles, puisque nous avons borné les harmoniques aux 9 premiers.

Les intervalles que nous avons indiqués comme devant être exa-

minés plus tard, sont donc les intervalles consonnants énumérés
plus haut et les intervalles quasi-consonnants suivants :

fa-re ♯ avec coïncidence approchée du 7ᵉ harmonique;
la♭-fa ♯ —
re-do avec battements un peu plus forts;
sol-fa —
si-la —
mi-re avec battements encore un peu plus forts;
sol-la avec coïncidence approchée du 9ᵉ harmonique;
mi-fa ♯ —

Les autres intervalles pourront donc s'appeler dissonnants, et le
seront par conséquent plus ou moins, selon qu'ils auront un plus
grand nombre de dissonnances. Il serait facile de les examiner ici, mais
il vaut mieux les déduire des accords dissonnants par suppression de
notes, parce que leur existence sera ainsi mieux comprise: d'ailleurs
à deux parties on n'est pas gêné et l'on a assez de choix pour ne pas
en être réduit à employer des intervalles laissant toujours un peu à
désirer, mais qu'on est parfois bien heureux d'avoir à sa disposition,
dans une harmonie à un grand nombre de parties, où les exigences
de toutes sortes augmentent.

Il résulte, de tout ce que nous avons dit, que deux causes concourent à la satisfaction que peut nous causer un intervalle, que les
sons soient simples ou qu'ils soient composés.

1° Le rapport plus ou moins simple entre les nombres de vibrations des deux sons, qui fait que, sans pouvoir naturellement
compter les vibrations pour les comparer, nous n'en sentons pas
moins instinctivement que la coïncidence se fait moins ou plus attendre, en nous causant ainsi une satisfaction plus ou moins grande.
Ce rapport serait naturellement à considérer, non-seulement pour
les sons fondamentaux, mais aussi pour tous les harmoniques et les
sons résultants qui ne pourraient pas, dans chaque cas particulier,
être regardés comme négligeables, en tenant compte aussi des intensités propres de tous ces sons.

2° Les battements produits par tous ceux de ces sons assez voisins
pour impressionner une même partie de l'oreille, qui, sans cesser
de conserver son nombre propre de vibrations par seconde, voit
l'amplitude augmenter pour diminuer ensuite, en passant par un

maximum. Ce maximum, qui est saisi par notre oreille et transmis par elle au cerveau, se reproduit un certain nombre de fois dans la seconde, en donnant lieu à des sensations discontinues, toujours plus saisissables que les sensations continues. De là cette sorte d'aigreur qui résulte parfois des battements suffisamment nombreux, et qui disparaît quand leur nombre devient assez grand pour que la sensation soit continue.

# CHAPITRE XII.

## Constatation pratique de la justesse des intervalles.

Jusqu'ici nous avons considéré des intervalles pris exactement et en nombre assez limité, et nous avons cherché à les classer selon la plus ou moins grande satisfaction qu'ils nous procurent. Mais il est intéressant de savoir ce qui arrive pour chacun de ces intervalles si l'on s'en écarte légèrement, et s'ils sont tous pour ainsi dire également sensibles à ces écarts.

Or, on constate que si l'on altère par exemple d'une vibration par seconde un son d'une des consonnances trouvées, le nombre des battements est toujours donné par les deux nombres caractéristiques de l'intervalle des deux notes. Le plus petit nombre indique les battements correspondants à l'altération du son aigu, et le plus grand les battements se rapportant à l'altération du son grave. Ainsi, par exemple, prenons la tierce do-mi, dont le rapport numérique est 4 : 5, et faisons faire au mi une vibration de plus dans un temps donné, nous aurons dans ce temps quatre battements dans l'intervalle ; si nous faisons faire une vibration de plus au do, nous aurons cinq battements. Les battements, et par conséquent la dureté, sont donc d'autant plus à redouter que les nombres mesurant l'intervalle sont plus grands. Aussi, pour les tierces et les sixtes, dont les rapports sont exprimés par des nombres plus grands, doit-on s'attacher davantage à l'exactitude, que pour l'unisson et pour l'octave, en ne perdant pas de vue cependant que les battements sont d'autant moins désagréables que l'intervalle est lui-même plus grand, et que des battements assez nombreux peuvent devenir à leur tour négligeables comme étant continus.

Mais ces battements qui sont un des signes permettant de distinguer un intervalle juste d'un intervalle presque juste, peuvent cesser d'exister si les harmoniques supérieurs ne sont pas assez forts ou sont nuls. Considérons d'abord les sons complexes, qui, outre le son fondamental, font seulement entendre l'octave comme harmonique, et examinons ce qui arrivera pour la quinte, par exemple.

Soient 300 et 451 les nombres de vibrations des sons fondamentaux, les harmoniques entendus seront 600 et 902, trop éloignés entre eux et des sons fondamentaux pour produire des battements.

Cependant les sons résultants différentiels $451 - 300 = 151$

$$\text{et } 600 - 451 = 149$$

donneront deux battements.

On pourrait faire des calculs semblables pour les divers intervalles des sons complexes en les continuant dans d'autres hypothèses, et l'on verrait que là où les harmoniques ne suffisent pas, les sons résultants concourent généralement à accuser par des battements toute altération de la justesse des intervalles consonnants.

Ainsi, même avec des sons simples, il suffit du premier son différentiel pour faire distinguer par des battements l'octave fausse de l'octave juste.

Pour la quinte, le son résultant du 1er ordre ne suffit plus, il faut aller jusqu'au 2e ordre.

Pour la quarte, le 3e ordre doit intervenir, et encore les battements sont bien faibles et difficiles à entendre.

Pour la tierce majeure, il faut aller au 4e ordre, mais les battements sont si faibles que la perception peut être mise en doute. Les battements pour la tierce ne peuvent donc plus servir à distinguer une tierce juste d'une tierce fausse, et il ne reste plus alors que la première des deux conditions que nous avons indiquée plus haut, c'est-à-dire le sentiment que le rapport simple entre les deux notes existe ou n'existe pas, ce qu'on peut appeler le sentiment de la tierce majeure, que l'habitude apprend à reconnaître.

Mais là où les battements font défaut pour distinguer par ce moyen très-commode dans la pratique si l'intervalle est juste ou faux, on peut rendre l'altération sensible par l'addition d'un 3e son, qui rétablit alors les battements manquants. Ainsi quand les battements d'une quinte ne sont pas accusés, ils peuvent l'être si l'intervalle n'est pas juste, en faisant entendre en même temps comme 3ᵉ son l'octave de la basse. Ce procédé est même employé pour accorder exactement des diapasons. L'addition de la quarte détermine également la sixte majeure.

Mais nous n'entrerons pas dans plus de détails, chacun pouvant faire lui-même toutes les hypothèses et tirer, par le calcul très-simple que nous avons indiqué, toutes les conclusions désirables.

# CHAPITRE XIII.

## Constitution des échelles musicales ou gammes.

Nous avons trouvé comme faisant les rapports les plus simples avec la tonique les notes re mi fa sol la si, et les notes mi$^b$ la$^b$ si$^b$, ensuite d'autres bémols et des dièses, faisant des rapports moins simples avec la tonique, mais des rapports simples $\frac{24}{25}$ ou $\frac{25}{24}$ avec les notes naturelles ci-dessus, desquelles on les déduit généralement. Nous pouvons donc, selon qu'on acceptera tel ou tel groupe de notes, former autant d'échelles ayant en quelque sorte un caractère type. Seulement on évitera de mettre dans l'échelle un bémol ou un dièse avec sa note naturelle, les notes étant trop rapprochées. De plus, comme les notes accidentées, autres que mi$^b$ la$^b$ si$^b$, n'ont pas de rapports simples avec la tonique, nous nous occuperons d'abord des notes naturelles et des trois premiers bémols, pour examiner les différents genres possibles. Si maintenant nous supposons que l'on conserve au moins sept notes dans l'octave, les meilleures seront alors les notes naturelles, ce qui donne la gamme majeure ordinaire do-re-mi-fa-sol-la-si-do, en ajoutant l'octave. Mais comme mi$^b$, la$^b$ et si$^b$ sont encore de très-bonnes notes, on pourra, pour la variété, les substituer selon toutes les combinaisons possibles, aux notes naturelles mi, la et si. Cela donnera les huit variétés suivantes comme gammes, précisant chacune un genre différent :

$$1 - \text{do} - \text{re} - \text{mi} - \text{fa} - \text{sol} - \text{la} - \text{si} - \text{do}$$
$$2 - \text{do} - \text{re} - \text{mi}^b - \text{fa} - \text{sol} - \text{la} - \text{si} - \text{do}$$
$$3 - \text{do} - \text{re} - \text{mi}^b - \text{fa} - \text{sol} - \text{la}^b - \text{si} - \text{do}$$
$$4 - \text{do} - \text{re} - \text{mi}^b - \text{fa} - \text{sol} - \text{la}^b - \text{si}^b - \text{do}$$
$$5 - \text{do} - \text{re} - \text{mi} - \text{fa} - \text{sol} - \text{la}^b - \text{si} - \text{do}$$
$$6 - \text{do} - \text{re} - \text{mi} - \text{fa} - \text{sol} - \text{la}^b - \text{si}^b - \text{do}$$
$$7 - \text{do} - \text{re} - \text{mi} - \text{fa} - \text{sol} - \text{la} - \text{si}^b - \text{do}$$
$$8 - \text{do} - \text{re} - \text{mi}^b - \text{fa} - \text{sol} - \text{la} - \text{si}^b - \text{do}$$

A ces huit échelles, on pourrait en joindre une foule d'autres par l'admission des autres notes accidentées, en plus ou moins grand nombre, et selon telles ou telles combinaisons, mais les rapports seraient moins simples.

On a l'habitude de ne considérer que les trois autres échelles suivantes où, avec toutes les notes naturelles entrent, soit les cinq premiers bémols, soit les cinq premiers dièses, soit les uns et les autres, c'est-à-dire les accidents fractionnant les tons entiers, ce qui donne les trois gammes suivantes :

Gamme chromatique par bémols;
— chromatique par dièses;
— enharmonique.

Mais nous allons voir comment on est conduit à négliger un grand nombre des huit échelles de sept notes ci-dessus, que l'on remplace pour la plupart par d'autres d'un emploi plus commode et donnant lieu à ce qu'on appelle les modulations.

# CHAPITRE XIV.

## Modulations.

Reprenons donc la meilleure série ci-dessus, celle formée des notes naturelles :

$$\begin{array}{cccccccc} \text{do} & \text{re} & \text{mi} & \text{fa} & \text{sol} & \text{la} & \text{si} & \text{do} \\ 1 & \dfrac{9}{8} & \dfrac{5}{4} & \dfrac{4}{3} & \dfrac{3}{2} & \dfrac{5}{3} & \dfrac{15}{8} & 2 \end{array}$$

et supposons qu'au lieu de conserver comme point de départ do, dont nous avons tiré tout ce que nous pouvions pour avoir des éléments suffisamment simples, on prenne pour point de départ la note la plus agréable après do, c'est-à-dire la quinte sol, que l'on regardera comme une nouvelle tonique.

La note sol étant une nouvelle tonique, il est évident que si l'on veut que les nouveaux éléments soient les plus agréables avec elle, ils devront être constitués par rapport à sol, exactement comme les éléments trouvés ci-dessus étaient constitués avec do, puisque c'est par cette condition même qu'ils ont été découverts, c'est-à-dire que les rapports des nouvelles notes avec sol seront encore :

$$\frac{9}{8} - \frac{5}{4} - \frac{4}{3} - \frac{3}{2} - \frac{5}{3} - \frac{15}{8} \quad \text{et } 2$$

La série sera donc à partir de sol $= \frac{3}{2}$ la suivante :

$$\frac{4}{2} - \frac{27}{16} - \frac{15}{8} - 2 - \frac{9}{4} - \frac{5}{2} - \frac{45}{16} - 3 \text{ , qui deviendra}$$

$$\text{sol} - \frac{27}{16} - \text{si} - \text{do} - \text{re} - \text{mi} - \frac{45}{16} - \text{sol, en remplaçant}$$

les valeurs numériques égales à des sons de la série do par leurs noms. Quant à $\frac{27}{16}$, c'est précisément le la élevé d'un comma, que nous pouvons indiquer ainsi : $\overline{\text{la}}$. En outre $\frac{45}{16}$ n'est autre chose que le fa de la série do multiplié par $\frac{25}{24}$, c'est-à-dire diésé, et ensuite également élevé d'un comma, que nous représenterons par $\overline{\text{fa}}^\sharp$. De sorte que la série à partir de sol deviendra :

$$\text{sol} - \overline{\text{la}} - \text{si} - \text{do} - \text{re} - \text{mi} - \overline{\text{fa}}^\sharp - \text{sol}$$

Elle servira à remplacer la série do, quand on voudra éviter la monotonie, en changeant de tonique, et sera aussi agréable, aussi parfaite, en oubliant momentanément la tonique do pour ne plus penser qu'à la tonique sol.

Mais on peut remarquer que ce sont à peu près les mêmes sons que l'on emploie, si ce n'est que le la, ou la sixième note de la série do, est élevé d'un comma, et que la quatrième note fa est d'abord diésée, puis élevée ensuite également d'un comma. Si même on néglige le comma, comme on le fait habituellement dans la pratique, on dira que pour passer de la série do à la série sol, il faut appeler les notes toujours dans le même ordre, en diésant seulement la quatrième note de la série do ou la septième note de la nouvelle série. Ce passage de la tonique do à la tonique sol est extrêmement facile,

la quinte se prenant très-facilement par la voix et très-exactement,
quand on abandonne ainsi la tonique do pour prendre la tonique sol.
Dans l'harmonie, la modulation s'accentue beaucoup mieux, toutes
les parties accusant à la fois cette transition, en se dirigeant vers un
même accord caractéristique du nouveau ton.

On pourra passer de la même manière à une nouvelle tonique re
faisant une quinte exacte avec sol, et ainsi de suite de quinte en
quinte, seulement il faut remarquer qu'à partir de la troisième
quinte la, on ne retombe plus exactement pour la tonique sur des
notes de la série do. Les échelles successives de modulation sont
donc :

do — re — mi — fa — sol — la — si — do
sol — la — si — do — re — mi — fa♯ — sol
re — mi — fa♯ — sol — la — si — do♯ — re
la — si — do♯ — re — mi — fa♯ — sol♯ — la
mi — fa♯ — sol♯ — la — si — do♯ — re♯ — mi
si — do♯ — re♯ — mi — fa♯ — sol♯ — la♯ — si
fa♯ — sol♯ — la♯ — si — do♯ — re♯ — mi♯ — fa♯
do♯ — re♯ — mi♯ — fa♯ — sol♯ — la♯ — si♯ — do♯

On voit qu'à mesure que l'on s'éloigne du ton principal, du ton
de départ do par exemple, on introduit dans la série des notes qui
diffèrent de plus en plus des notes de la série do, de sorte que quand
on arrive au ton de do♯, toutes les notes y compris la tonique sont
d'abord diésées et ensuite plus élevées de deux commas, que ne le
seraient les dièses dans la série do. Mais cela n'a pas un grand inconvénient, car si l'on remonte en sens inverse, par quartes exactes
encore ou par quintes descendantes, pour retourner à la série do,
on efface successivement toutes ces erreurs pour retomber exactement sur les notes de la série do, quand on est revenu à cette tonique
de départ.

Nous avons dit plus haut que nous appelions dièse d'une note fa
par exemple, pour plus de commodité dans la pratique, cette note fa
multipliée par $\frac{25}{24}$. Quand on module en sol, cette note fa♯ diffère
alors d'un comma de la véritable septième note exigée par la gamme ;
c'est-à-dire faisant avec sol le rapport $\frac{15}{16}$ de do avec si dans la
gamme de do.

On peut se demander, dans le cas où l'on appellerait dièse de fa, la note faisant avec sol le rapport $\frac{16}{15}$ de sensible, ce que deviendraient les séries précédentes.

On aurait alors :

do — re — mi — fa — sol — la — si — do
sol — la — si — do — re — mi — fa♯ — sol
re — mi — fa♯ — sol — la — si — do♯ — re
la — si — do♯ — re — mi — fa♯ — sol♯ — la
mi — fa♯ — sol♯ — la — si — do♯ — re♯ — mi
si — do♯ — re♯ — mi — fa♯ — sol♯ — la♯ — si
fa♯ — sol♯ — la♯ — si — do♯ — re♯ — mi♯ — fa♯
do♯ — re♯ — mi♯ — fa♯ — sol♯ — la♯ — si♯ — do♯

On voit qu'on s'éloignerait moins des notes de départ de la série do, par conséquent les dièses accidentels du ton de do différeraient moins des notes naturelles qui devraient constituer les autres gammes, mais l'inconvénient de prendre accidentellement le dièse, en ne conservant pas le nom de la note, dépasse de beaucoup la petite accumulation d'erreurs de *commas*, qui s'effacent du reste en revenant au point de départ. Ensuite la difficulté augmenterait, quand on s'éloignerait de plus de cinq dièses. Ainsi mi♯, par exemple, ne pourrait plus se déduire de fa, mais bien de fa♯, obtenu déjà lui-même au moyen de sol. Cela donnerait lieu à deux opérations fort difficiles pour la mémoire et menant bientôt à la confusion, attendu que l'on ne verrait pas de suite, dans les différents tons, s'il y a une ou deux opérations à faire pour obtenir le dièse. Nous nous en tiendrons donc au dièse par $\frac{25}{24}$, beaucoup plus commode dans la pratique.

Du reste, notre manière de prendre le dièse et le bémol accidentel est préférable à celle actuelle, car elle donne exactement ou à un *comma* près la valeur qu'aurait ce dièse ou ce bémol dans les tons où ils deviennent notes naturelles, ce qui est évidemment la condition à désirer, tandis que celle actuelle éloigne beaucoup et fait même tomber sur une autre note existant réellement, le dièse sur le bémol voisin et inversement, ainsi qu'on peut le vérifier en prenant les deux sortes de tons $\frac{9}{8}$ et $\frac{10}{9}$ qui existent dans la gamme.

Soit en effet une corde de 324 m/m de longueur, par exemple, tendue de manière à donner le sol à vide, ce qui est à peu près le cas du violon, alors le do sera obtenu, en plaçant le doigt au point A et faisant vibrer une corde de 243 m/m. Le doigt en B à 27 m/m de A donnera le re, et le mi en C à 21 m/m 6 de B.

Maintenant, il y a trois manières de prendre un accident do♯ par exemple. La vérité serait de faire avec re le rapport $\frac{15}{16}$ de sensible de si avec do, parce qu'alors en passant en re, le fa♯ accidentel n'aurait pas à changer de valeur pour devenir la sensible du ton de re, ce qui est naturellement préférable, ce serait le dièse exact. Mais il est incommode parce qu'il demande à songer, en même temps qu'à la note écrite do, à une seconde note, la note supérieure re, et à déduire le do♯ de l'air re-do♯. Si même on s'éloignait trop de la tonique de départ, de plus de cinq dièses à la clef, il faudrait songer à une note de plus. Ainsi en do, par exemple, pour prendre un mi♯ ou un si♯, il faudrait les déduire des airs sol-fa♯-mi♯, re-do♯-si♯, et, ce qu'il y aurait de plus grave, comme nous l'avons vu, c'est qu'on ne verrait pas toujours de suite s'il faut déduire le dièse d'une note ou de deux. Le deuxième moyen, le nôtre, consiste à prendre le dièse par le rapport $\frac{25}{24}$ avec la note elle-même; il conduit à la même valeur que tout-à-l'heure pour re♯, et à un comma près pour do♯. C'est donc un dièse approché, mais très-suffisamment, et préférable même au précédent à cause de la facilité de le trouver par l'air do-do♯, faisant avec do le rapport $\frac{25}{24}$, ou par l'air do-do, sans changer de nom, et sans penser comme tout-à-l'heure en même temps qu'à do à une seconde note au moins, au re qui n'est pas écrit, et surtout sans donner jamais lieu à la moindre incertitude. Enfin le troisième moyen, qui est usité aujourd'hui, consiste à prendre le dièse, en faisant avec do le seul air $\frac{16}{15}$ de demi-ton que l'on connaisse, c'est-à-dire celui de mi avec fa ou de si avec do, et éloigne beaucoup de la valeur que prendra la note accidentée dans le ton, qui est ici re, où elle deviendra sensible. J'appellerai ce dièse le dièse inexact.

Cherchons donc, au moyen des rapports indiqués, les points où le doigt doit se placer sur la corde pour donner ces trois sortes de dièses; pour do♯ et re♯, ils seront indiqués dans le tableau ci-dessous, où l'on a représenté également re♭ et mi♭ pris par les trois méthodes et pour lesquels on pourrait répéter tout ce qui a été dit pour les dièses, en substituant au mot de tonique celui de la troisième note du ton dans lequel la note bémolisée devient naturelle.

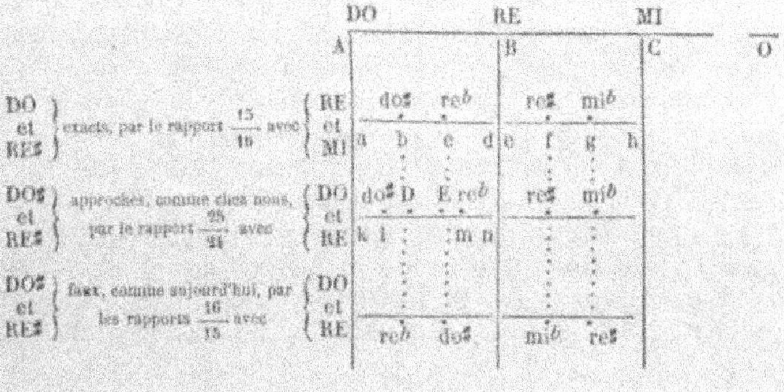

<table>
<tr><td></td><td>DO</td><td></td><td></td><td>RE</td><td></td><td>MI</td><td></td></tr>
<tr><td></td><td colspan="4">A</td><td>B</td><td>C</td><td>O</td></tr>
<tr>
<td>DO<br>et<br>RE# } exacts, par le rapport $\frac{15}{16}$ avec { RE<br>et<br>MI</td>
<td colspan="2">do#   re♭</td><td colspan="2">re#   mi♭</td><td></td><td></td><td></td>
</tr>
<tr>
<td></td>
<td>a   b</td><td>c   d</td><td>e   f</td><td>g   h</td><td></td><td></td><td></td>
</tr>
<tr>
<td>DO#<br>et<br>RE# } approchés, comme chez nous,<br>par le rapport $\frac{25}{24}$ avec { DO<br>et<br>RE</td>
<td colspan="2">do# D   E re♭</td><td colspan="2">re#   mi♭</td><td></td><td></td><td></td>
</tr>
<tr>
<td></td>
<td>k l</td><td>m n</td><td></td><td></td><td></td><td></td><td></td>
</tr>
<tr>
<td>DO#<br>et<br>RE# } faux, comme aujourd'hui, par<br>les rapports $\frac{16}{15}$ avec { DO<br>et<br>RE</td>
<td colspan="2">re♭   do#</td><td colspan="2">mi♭   re#</td><td></td><td></td><td></td>
</tr>
</table>

La distance A O de la corde vibrante $= 243^m/_m$.

—       B O           —             $= 216^m/_m$.

—       C O           —             $= 104^m/_m\,4$.

—       a b de la corde vibrante $= 12^m/_m\,6$.

—       c d           —             $= 11^m/_m\,81$.

—       e f           —             $= 8^m/_m\,64$.

—       g h           —             $= 8^m/_m\,1$.

—       k l           —             $= 9^m/_m\,7$.

—       m n          —             $= 9^m/_m$.

L'intervalle do#-D-E-re♭ est un peu plus petit que 3 commas.

—         re#-mi♭ est un peu plus petit que 2 commas.

Les intervalles do#-D et E-re♭ sont égaux à 1 comma.


On voit que le re# et le mi♭ pris par notre méthode, si commode pour la pratique, coïncident avec les valeurs données par le procédé exact; il en est de même pour do# et re♭, mais seulement à un comma près. Dans tous les cas, quand la coïncidence n'existe pas, notre méthode éloigne beaucoup moins des valeurs que le procédé actuel. Ainsi, pour tous les tons où le rapport est $\frac{10}{9}$, c'est-à-dire pour re-mi et sol-la, nos dièses et nos bémols sont absolument exacts; pour les tons où le rapport est $\frac{9}{8}$, c'est-à-dire pour do-re, fa-sol, la-si, ils sont exacts à un comma près, ce qui est négligeable comme on le sait dans la pratique. Quant aux accidents pris par la méthode actuelle, ils sont tout à fait défectueux, car les erreurs qui existent toujours et qui sont beaucoup plus grandes vont même jusqu'à inverser constamment les deux notes do# et re♭ comme l'indique la figure, en donnant pour re$^b$ le véritable do$^♯$ et pour le do$^♯$ le vrai re$^b$, ce qui, indépendamment des autres inconvénients déjà signalés, en est un trop grave pour qu'il soit utile d'insister. Cela permettrait même d'expliquer toutes les prétendues anomalies constatées aujourd'hui dans les attractions des notes altérées, qui semblent si singulières et qui constituent, au contraire, des phénomènes très-simples, quand cette regrettable inversion a disparu.

Après avoir pris la quinte au-dessus de la tonique do pour former les séries précédentes, il est naturel de prendre la quinte en-dessous, en appelant bémol la note multipliée par $\frac{24}{25}$, et en mettant un trait dessous pour désigner qu'il faut baisser d'un comma pour avoir la note de la série; on aura alors à partir de fa l'échelle suivante :

$$\frac{4}{3} - \frac{9}{8} \times \frac{4}{3} - \frac{5}{4} \times \frac{4}{3} - \frac{4}{3} \times \frac{4}{3} - \frac{3}{2} \times \frac{4}{3} - \frac{5}{3} \times \frac{4}{3} - \frac{15}{8} \times \frac{4}{3} - 2 \times \frac{4}{3}$$

qui n'est autre que

fa — sol — la — si$^b$ — do — re — mi — fa

On voit qu'ici il faut baisser d'un comma la deuxième note de la série de départ et la septième bémolisée, ou la sixième note de la série nouvelle et la quatrième bémolisée : en procédant par quinte descendante, comme on l'a fait en montant, on aura donc les nouvelles échelles suivantes de modulation :

do — re — mi — fa — sol — la — si — do

fa — sol — la — si$^b$ — do — re — mi — fa

si$^b$ — do — re — mi$^b$ — fa — sol — la — si$^b$

mi$^b$ — fa — sol — la$^b$ — si$^b$ — do — re — mi$^b$

la$^b$ — si$^b$ — do — re$^b$ — mi$^b$ — fa — sol — la$^b$

re$^b$ — mi$^b$ — fa — sol$^b$ — la$^b$ — si$^b$ — do — re$^b$

sol$^b$ — la$^b$ — si$^b$ — do$^b$ — re$^b$ — mi$^b$ — fa — sol$^b$

do$^b$ — re$^b$ — mi$^b$ — fa$^b$ — sol$^b$ — la$^b$ — si$^b$ — do$^b$

Ainsi, comme pour les séries par dièses, à mesure que l'on s'éloigne de la série do de départ, on introduit des notes qui diffèrent de plus en plus des notes de cette série, de manière que chaque note s'éloigne de deux commas de la note correspondante, quand on arrive au ton de do$^b$; mais, comme pour les dièses, ces erreurs disparaissent successivement, en remontant par quintes exactes encore vers la série de départ, pour laquelle on retombe sur les mêmes notes.

Si, au lieu de prendre le bémol en multipliant la note par $\frac{24}{25}$, on le prenait en faisant avec la troisième note de chaque série le même rapport $\frac{16}{15}$ de fa avec mi dans la série do, on aurait, par analogie avec ce qu'on a vu pour les dièses, des erreurs de comma un peu moins nombreuses, mais il est également ici beaucoup plus commode de prendre le bémol avec la note de même nom, et l'autre avantage est insignifiant; nous nous en tiendrons donc aux séries ci-dessus.

# CHAPITRE XV.

## Réduction des huit gammes diatoniques.

Nous avons trouvé plus haut, comme gamme de huit sons à l'octave, huit espèces d'échelles; mais nous allons voir maintenant qu'il n'est pas nécessaire de les conserver toutes, le plus grand nombre de ces effets pouvant être obtenu par nos séries modulantes que l'on tient à garder comme variété et comme d'un emploi commode, en raison des toniques variant par un intervalle de quinte très-facile à saisir exactement.

Reprenons donc les huit échelles :

1 — do — re — mi — fa — sol — la — si — do
2    do — re — mi$^b$ — fa — sol — la — si — do
3 — do — re — mi$^b$ — fa — sol — la$^b$ — si — do
4    do — re — mi$^b$ — fa — sol — la$^b$ — si$^b$ — do
5 — do — re — mi — fa — sol — la$^b$ — si — do
6    do — re — mi — fa — sol — la$^b$ — si$^b$ — do
7    do — re — mi — fa — sol — la — si$^b$ — do
8    do — re — mi$^b$ — fa — sol — la — si$^b$ — do

On peut remarquer déjà, en faisant abstraction du comma, que la quatrième n'est autre que la gamme modulante de mi$^b$ obtenue tout-à-l'heure, mais que l'on commencerait seulement au do, ce qui ne change point les notes de l'échelle. Il est donc superflu de considérer cette échelle ne donnant que les effets obtenus au besoin à peu près par la série commençant par mi$^b$. Il en est de même de la série 7, qui n'est autre que notre série fa modulante. Quant à la série 8, c'est notre modulante si$^b$, seulement commencée au do; il y a donc peu d'inconvénient à la supprimer.

Voyons maintenant les séries 3 et 5 suivantes :

$$3 - \text{do} - \text{re} - \text{mi}^b - \text{fa} - \text{sol} - \text{la}^b - \text{si} - \text{do}$$
$$5 - \text{do} - \text{re} - \text{mi} - \text{fa} - \text{sol} - \text{la}^b - \text{si} - \text{do}$$

La série 3 présente, à partir de do en montant, les intervalles suivants en tons ou demi-tons :

$$1 - \frac{1}{2} - 1 - 1 - \frac{1}{2} - \frac{3}{2} - \frac{1}{2}$$

La série 5 présente en descendant, non plus à partir de do, mais à partir précisément de la quinte sol, la même série :

$$1 - \frac{1}{2} - 1 - 1 - \frac{1}{2} - \frac{3}{2} - \frac{1}{2}$$

Il y a donc là une assez grande analogie, qui permet de négliger l'une des deux, la cinquième par exemple. Il ne faut pas croire cependant que la série 5 ou le mi naturel est avec le la$^b$ ne serait pas très-bonne mélodiquement, mais elle serait moins bonne pour l'harmonie, comme donnant un moins grand nombre d'intervalles préférés, ce dont il serait facile de se rendre compte, en les résumant et les comparant par les échelles 3 et 5. Cela résulte du reste de ce que nous avons vu en parlant des intervalles, où le mi doit être bémol quand le la l'est lui-même, si l'on veut que les intervalles que contiennent ces deux notes soient consonnants. Cette dernière condition élimine également les échelles 2 et 6.

Nous restons donc avec les deux échelles diatoniques suivantes :

$$1 \quad \text{do} - \text{re} - \text{mi} - \text{fa} - \text{sol} - \text{la} - \text{si} - \text{do}$$
$$3 \quad \text{do} - \text{re} - \text{mi}^b - \text{fa} - \text{sol} - \text{la}^b - \text{si} - \text{do}$$
$$1 \quad \frac{1}{2} \quad 1 \quad 1 \quad \frac{1}{2} \quad \frac{3}{2} \quad \frac{1}{2}$$

On voit qu'ici la série 3 a deux notes différentes avec la série do primitive, ce qui est un inconvénient, mais on peut remarquer qu'en commençant la série 1, non à partir de do, mais à partir de la, on aura une série identique à la série 3, à la condition de modifier une seule de ses notes, le sol pour le dièser, ce qui est plus commode.

On a en effet :

$$\text{la} - \text{si} - \text{do} - \text{re} - \text{mi} - \text{fa} - \text{sol}^{\sharp} - \text{la}$$
$$1 - \tfrac{1}{2} - 1 - 1 - \tfrac{1}{2} - \tfrac{3}{2} - \tfrac{1}{2}$$

On pourra alors, quand on voudra produire les effets de la série 3 ci-dessus commençant par do, accepter cette dernière commençant par la, et appelée aujourd'hui gamme mineure de la, relative de do majeur, c'est-à-dire prendre simplement les notes de notre série do primitive, en dièsant une seule de ses notes, le sol.

Rien n'empêche cependant de l'écrire ainsi :

$$[9] \qquad \text{do} \quad \text{re} \quad \text{mi} \quad \text{fa} \quad \text{sol}^{\sharp} \quad \text{la} \quad \text{si} \quad \text{do}$$

Du reste on sent bien déjà cette nécessité de ne pas oublier la tonique do, même en la mineur, puisqu'on prescrit de revenir toujours à la tonique majeure avant de passer dans un autre ton; ce n'est donc pas un ton véritablement différent, au même titre que les tons de modulation sol, re, etc., qui n'obligent pas à revenir au majeur, pour passer à un autre ton. C'est un ton remplaçant comme image le ton de do, avec mi$^{b}$ et la$^{b}$, mais où les intervalles sont toujours comptés à partir de do. Ce serait par conséquent à tort que l'on perdrait de vue, en la mineur, la tonique do. En conservant la série de la mineur sous la forme ci-dessus, on n'aurait qu'un seul type des gammes diatoniques :

$$\text{do} \quad \text{re} \quad \text{mi} \quad \text{fa} \quad \text{sol} \quad \text{la} \quad \text{si} \quad \text{do}$$

où le sol pourrait être naturel ou dièsé. Ces deux gammes s'appelleraient gamme de do et gamme de do avec sol altéré, ou gamme de do altérée. Cette manière de considérer les deux gammes est plus commode pour trouver l'intervalle des notes, mais harmoniquement la considération de la tonique la est peut-être préférable pour indiquer quels accords sont bons avec la, comme avec do dans l'autre série, puisque l'espèce de tonique la tient lieu d'une série à partir de do, comme la naturelle, mais avec mi$^{b}$ et la$^{b}$.

Chacune des séries modulantes trouvées plus haut, selon que la tonique monte ou descend de quinte, aura une série mineure correspondante, en diésant la cinquième note à partir de la tonique majeure, ou la septième à partir de la tonique mineure relative.

On voit bien simplement ici la raison de ce phénomène, si connu des musiciens et inexpliqué aujourd'hui, que les tons bémolisés sont plus doux que les tons diésés, puisque trois des bémols et les premiers habituellement employés, $si^b$, $mi^b$, $la^b$ ont des rapports simples avec la tonique do et se trouvent parmi les premières notes agréables que nous avons cherchées. On pourrait objecter il est vrai que quand on se trouve dans un ton bémolisé, $la^b$ par exemple, ce n'est plus la tonique do qui existe, mais bien $la^b$, et que par conséquent par rapport à la tonique $la^b$ les rapports sont les mêmes que dans le ton de do par rapport à la tonique do. Cela est vrai, mais les trois premiers bémols que l'on prendrait directement dans ce ton de do ne sont autres, à des commas près, que ceux que l'on retrouve en $la^b$, comme notes constitutives du ton. Par conséquent, ces trois notes bémolisées n'ont pas perdu leurs rapports faciles avec do naturel qui existe encore en $la^b$, rapports faciles que n'auront pas conservé au même point avec do les dièses, puisqu'ils étaient moins bons, comme on le sait, pris directement dans le ton de do. Il y a donc des rapports plus doux, au moins pour les combinaisons des trois notes bémolisées avec do, que cela ne serait pour les dièses, indépendamment des rapports identiques, considérés dans les deux cas avec la tonique, ce qui est suffisant pour rendre les tons bémolisés plus doux que les tons diésés.

Cela est donc sensible, au moins en admettant le passage d'un ton à un autre, ce que l'on peut toujours supposer exister dans la mémoire, à l'état latent, en raison du souvenir fixe du diapason précisant malgré nous les transitions. Quant aux accidents des clefs, il ne faut pas oublier qu'ils ne sont qu'un moyen d'abréviation pour éviter d'affecter de l'accident, chaque fois qu'elles se rencontrent, les notes qui appartiennent déjà au ton de départ do par exemple.

Nous avons vu ensuite que les autres bémols ou les dièses ne donnent plus lieu aujourd'hui qu'à trois échelles, parce que les intervalles sont assez compliqués, pour qu'on ne croie pas avantageux de s'arrêter, comme pour nos échelles diatoniques, à toutes les combinaisons, non-seulement pour les accidents, mais même pour le nombre des notes dans l'octave.

Les échelles sont donc :

do – re – mi – fa – sol – la – si – do (avec son relatif mineur la, ou,
si l'on veut, la 5ᵉ note diésée).

La gamme chromatique par bémols ;
— — par dièses ;
La gamme enharmonique.


# CHAPITRE XVI.

## Gamme tempérée.


Jusqu'ici nous avons supposé les notes prises par la condition de faire exactement avec la tonique les intervalles les plus satisfaisants, et l'on vient de voir à quelle grande quantité de notes différentes cela donne lieu, quand on veut les avoir toutes et dans tous les tons. Cela est possible pour la voix et pour certains instruments où l'exécutant fait lui-même sa note, n'ayant qu'à suivre son oreille. Sans vouloir encore ici étudier à fond les différents instruments, on conçoit déjà que l'on peut se trouver en face d'instruments où les notes sont toutes préparées et invariables, et où il n'y a qu'à les faire résonner par un moyen d'attaque quelconque, qui sera alors permanent. Les moyens d'attaque peuvent être obtenus par exemple au moyen de touches, qui, ayant une certaine largeur, ne devront pas alors être trop nombreuses, si l'on veut qu'elles restent dans l'étendue des bras de l'exécutant.

On a vu que le ton de do donne déjà, par octave, en tenant compte seulement des cinq premiers accidents de chaque espèce, les dix-huit notes suivantes :

$$\text{do–do}^\sharp\text{–re}^\flat\text{–re–re}^\sharp\text{–mi}^\flat\text{–mi–fa–fa}^\sharp\text{–sol}^\flat\text{–sol–sol}^\sharp\text{–la}^\flat\text{–la–la}^\sharp\text{–si}^\flat\text{–si–do}$$

Quand on module dans les tons éloignés, il y a encore les doubles dièses et les doubles bémols. Si maintenant l'on se rappelle qu'en passant d'une tonique quelconque à la tonique suivante dans les modulations, on a deux notes qui ne sont pas exactement celles que l'on trouve dans le ton précédent, on comprendra aisément le nombre énorme de touches qu'il faudrait pour représenter exactement les sons voulus. Il faut donc, pour réduire le nombre de touches, admettre que chacune d'elles représentera à la fois plusieurs sons, en acceptant naturellement des erreurs, à la condition qu'elles soient admissibles dans la pratique.

Il s'agit alors de trouver une combinaison donnant en somme les erreurs les plus acceptables. Ce problème a été longtemps le souci des savants s'occupant de l'avenir de la musique. On s'est demandé s'il était préférable de conserver exactes les notes le plus habituellement employées, sauf à faire porter des erreurs plus grandes sur les autres notes, ou si, au contraire, des notes exactes à côté d'autres inexactes ne seraient pas plus choquantes, que des erreurs également réparties sur toutes les notes, sauf à n'en avoir aucune d'exacte. Ce fut là la grande lutte entre le tempérament inégal et le tempérament égal. Le premier a d'abord prévalu, parce qu'alors on s'éloignait peu de la tonique de départ, mais depuis que la musique a fait de grands progrès, et qu'on a ainsi abordé même fréquemment les tons les plus éloignés, il a bien fallu considérer toutes les notes comme ayant la même importance, puisqu'elles pouvaient toutes successivement devenir tonique. Alors a été regardé comme préférable le tempérament égal, auquel on s'est arrêté.

On divise donc l'octave en douze parties égales et l'on a douze sons qui doivent représenter, sans parler des doubles dièses et des doubles bémols, les dix-huit intervalles et même les vingt-deux, si l'on considère également les notes fa$^\flat$-mi$^\sharp$-do$^\flat$-si$^\sharp$ que nous avons négligées ci-dessus, et enfin des accidents doubles, quand on s'éloigne de do ; nous admettrons donc, en rapprochant les valeurs les plus semblables, que ces douze sons représenteront les notes :

$$\text{do} - \text{do}^\sharp - \text{re} - \text{re}^\sharp - \text{mi} - \text{fa} - \text{fa}^\sharp - \text{sol} - \text{sol}^\sharp - \text{la} - \text{la}^\sharp - \text{si} - \text{do}$$
$$\qquad \text{re}^\flat \qquad\quad \text{mi}^\flat \;\; \text{fa}^\flat \; \text{mi}^\sharp \; \text{sol}^\flat \qquad\quad \text{la}^\flat \qquad\quad \text{si}^\flat \; \text{do}^\flat \; \text{si}^\sharp$$

Il s'agit alors de déterminer exactement les valeurs de ces douze notes, ou le nombre de vibrations auquel conduira le tempérament égal.

Or, pour qu'on puisse s'entendre, dès que l'on parle de mesurer, il faut une unité ; on se donne donc une note de hauteur fixe et invariable, que l'on appelle diapason, et que nous désignerons par la,, pour tenir compte des octaves ; la$_3$ est en France de 870 vibrations simples par seconde. Alors, en désignant par la$_2$ le la de l'octave inférieure, que nous représenterons par 1, le la$_3$ sera égal à 2.

Il s'agira ainsi de partager l'intervalle de la$_2$ à la$_3$ ou de 1 à 2 en douze parties égales. La raison de la progression géométrique sera alors $\sqrt[12]{2} = 1,06$ environ.

La série des douze notes tempérées pour l'octave considérée sera donc :

$$
\begin{array}{cccccccccccccc}
\text{la}_2 & \text{la}^\sharp_2 & \text{si}_2 & \text{do}_2 & \text{do}^\sharp_2 & \text{re}_2 & \text{re}^\sharp_2 & \text{mi}_2 & \text{fa}_2 & \text{fa}^\sharp_2 & \text{sol}_2 & \text{sol}^\sharp_2 & \text{la}_3 \\
& \text{si}^\flat_2 & \text{do}^\flat_2 & \text{si}^\sharp_2 & \text{re}^\flat_2 & & \text{mi}^\flat_2 & \text{fa}^\flat_2 & \text{mi}^\sharp_2 & \text{sol}^\flat_2 & & & \text{la}_x \\
1 & \sqrt[12]{2} & \sqrt[12]{2^2} & \sqrt[12]{2^3} & \sqrt[12]{2^4} & \sqrt[12]{2^5} & \sqrt[12]{2^6} & \sqrt[12]{2^7} & \sqrt[12]{2^8} & \sqrt[12]{2^9} & \sqrt[12]{2^{10}} & \sqrt[12]{2^{11}} & \sqrt[12]{2^{12}}
\end{array}
$$

Ces valeurs peuvent s'obtenir facilement au moyen des logarithmes, car si l'on cherche un terme $p$ de la progression on a :

$$\sqrt[12]{2^p} \text{ ou } 2^{\frac{p}{12}} = X \text{ d'ou } \frac{p}{12}\log. 2 = \log. X$$

or, log. 2 étant $= 0,3010300$ on a :

$$\frac{1}{12} \log. 2 = 0,0250858 = \log. 1,05946 \text{ ou approximativement } 1,059$$

$$\frac{2}{12} \log. 2 = 0,0501717 = \log. 1,12246 \qquad — \qquad 1,122$$

$$\frac{3}{12} \log. 2 = 0,0752575 = \log. 1,18921 \qquad — \qquad 1,189$$

$$\frac{4}{12} \log. 2 = 0,1003433 = \log. 1,25992 \qquad — \qquad 1,260$$

$$\frac{5}{12} \log. 2 = 0,1254292 = \log. 1,33484 \qquad — \qquad 1,335$$

$$\frac{6}{12} \log. 2 = 0,1505150 = \log. 1,41421 \qquad — \qquad 1,414$$

$$\frac{7}{12} \log. 2 = 0,1756008 = \log. 1,49834 \qquad — \qquad 1,498$$

$$\frac{8}{12} \log. 2 = 0,2006866 = \log. 1,58740 \qquad — \qquad 1,587$$

$$\frac{9}{12} \log. 2 = 0,2257725 = \log. 1,68179 \qquad — \qquad 1,682$$

$$\frac{10}{12} \log. 2 = 0,2508583 = \log. 1,78179 \qquad — \qquad 1,782$$

$$\frac{11}{12} \log. 2 = 0,2758808 = \log. 1,88739 \qquad — \qquad 1,887$$

$$\frac{12}{12} \log. 2 = 0,3010300 = \log. 2 \qquad — \qquad 2,000$$

La série des douze notes tempérées pour l'octave considérée sera donc :

la$_2$   la$\sharp_2$   si$_2$   do$_3$   do$\sharp_3$   re$_3$   re$\sharp_3$   mi$_3$   fa$_3$   fa$\sharp_3$   sol$_3$   sol$\sharp_3$   la$_3$
   si♭$_2$   do♭$_3$   si$\sharp_2$   re♭$_3$        mi♭$_3$   fa♭$_3$   mi$\sharp_3$   sol♭$_3$        la♭$_3$

$$1 \quad \sqrt[12]{2} \quad \sqrt[12]{2}^{2} \quad \sqrt[12]{2}^{3} \quad \sqrt[12]{2}^{4} \quad \sqrt[12]{2}^{5} \quad \sqrt[12]{2}^{6} \quad \sqrt[12]{2}^{7} \quad \sqrt[12]{2}^{8} \quad \sqrt[12]{2}^{9} \quad \sqrt[12]{2}^{10} \quad \sqrt[12]{2}^{11} \quad 2$$

1   1,059   1,122   1,189   1,260   1,335   1,414   1,498   1,587   1,683   1,782   1,887   2

QUI DONNE EN VIBRATIONS :

Par tempérament égal A :

435   460,7   488,1   517,2   548,1   580,7   615,1   651,6   690,5   731,7   775,2   820,8   870

Par quintes exécutées successivement après corrections :

435   460,2   488,7   516,8   548,8   580,0   $\begin{Bmatrix} 615,6 \\ 614,5 \end{Bmatrix}$   652,5   689,6   732,1   774,3   822,1   870

Mais ces valeurs du tempérament égal de la série A sont purement théoriques et il s'agit de les obtenir pratiquement sur l'instrument, au moyen de l'oreille, connaissant seulement le diapason la$_3$ = 870 vibrations simples par seconde.

Or, le la$_2$ = 435 vibrations peut s'obtenir facilement au moyen de l'oreille, puisque c'est l'octave inférieure du diapason la$_3$. Si l'on prend ensuite la quinte exacte mi$_3$ de la$_2$ qui est $435 \times \frac{3}{2}$ = 652,5, elle sera plus forte que le mi$_3$ tempéré de près d'une vibration. Il y aura donc, pour avoir le mi$_3$ tempéré, à prendre avec la$_2$, non une quinte exacte, mais une quinte plus basse de $\frac{9}{10}$ de vibration, en faisant en-dessous $\frac{9}{10}$ de battement ou environ un battement. Si maintenant on part de ce mi$_3$ = 651,6 ainsi corrigé, et qu'on fasse avec lui la quinte exacte, descendue d'une octave, on aura un si$_2$ = 488,7; il sera encore plus fort de $\frac{6}{10}$ de vibration que le si$_2$ tempéré. Il y aura donc, pour avoir ce dernier, à prendre avec le mi$_3$, non une quinte exacte, mais une quinte plus basse de $\frac{6}{10}$ de vibrations, en faisant environ un demi-battement. Ayant ainsi le si$_2$, on aura d'une manière analogue le fa$\sharp_2$, le do$\sharp_2$, le sol$\sharp_3$, le re$\sharp_3$.

Puis, partant du diapason la$_3$, on aura de même le re$_3$, le sol$_3$, do$_3$, fa$_2$, si♭$_2$, mi♭$_3$.

Ce mi♭$_3$, qui doit se confondre avec le re$\sharp_2$ déjà trouvé, servira de vérification et au besoin de correction.

La dernière ligne ci-dessus présente alors les quintes exactes qui, après corrections successives, donnent de proche en proche, par le procédé indiqué des battements, les différentes notes fixes qui seront soit au-dessus, soit au-dessous de chaque quinte exacte.

Ainsi pour :

mi$_3$ on fera $\dfrac{9}{10}$ $-$ de battements, en restant au-dessous de la quinte exacte.

si$_2$ » $\dfrac{6}{10}$ $-$ » »

fa$\sharp_3$ » $\dfrac{4}{10}$ $-$ » »

do$\sharp_3$ » $\dfrac{7}{10}$ $-$ » »

sol$\sharp_3$ » $\dfrac{13}{10}$ $-$ » »

re$\sharp_3$ » $\dfrac{5}{10}$ $-$ » »

re$_3$ » $\dfrac{7}{10}$ $+$ » en restant au-dessus de la quinte exacte.

sol$_3$ » $\dfrac{9}{10}$ $+$ » »

do$_3$ » $\dfrac{4}{10}$ $+$ » »

fa$_3$ » $\dfrac{7}{10}$ $+$ » »

si$\flat_2$ » $\dfrac{5}{10}$ $+$ » »

mi$\flat_2$ » $\dfrac{8}{10}$ $+$ » »

Dès lors, les élévations ou les abaissements successifs nécessaires des quintes exactes sont indiqués :

Par environ un battement pour mi$_3$-do$\sharp_3$-sol$\sharp_3$-re$_3$-sol$_3$-fa$_3$-mi$\flat_2$ ;
Par environ un demi-battement pour si$_2$-fa$\sharp_3$-re$\sharp_3$-do$_3$-si$\flat_2$.

On a donc ainsi pour les sons tempérés douze sons par octave, qui devront servir à représenter soit les notes naturelles, soit les notes altérées de toutes les séries trouvées plus haut pour tous les tons. Quant à mi$\sharp_3$ et si$\sharp_3$, dont nous n'avons pas parlé, ils s'obtiendront par fa$_3$ et do$_3$ ; le fa$\flat_3$ et le do$\flat_3$ seront donnés par le mi$_3$ et le si$_2$. Cependant ces notes devenant dans les tons appropriés des notes à intervalle d'un ton, comme les autres, en tenant compte des modulations éloignées acceptées aujourd'hui, on aurait pu avoir à s'en préoccuper dans le tempérament, car l'erreur est plus grande pour ces notes que pour les autres, les intervalles mi-fa et si-do étant plus grands qu'un demi-ton tempéré ; mais on a l'habitude d'accepter l'approximation ci-dessus, car il faut aller bien loin dans les modulations, à la sixième par quinte, pour que les cas dont je parle aient une influence sérieuse. En effet par exemple, en partant de do, ce n'est qu'après les tons sol-re-la-mi-si, et quand on arrive à fa#, que le mi# se présente à l'intervalle d'un ton de fa# dans sa gamme.

Ainsi se trouve obtenue la série du tempérament égal pour une octave, que l'on appelle la partition. Les autres notes seraient données par les octaves successives des notes de la partition.

Dans cette gamme tempérée, les intervalles ne seront naturellement plus les mêmes exactement que ceux que nous avons trouvés dans la gamme naturelle $1 - \frac{9}{8} - \frac{5}{4} - \frac{4}{3} - \frac{3}{2} - \frac{5}{3}\ \frac{15}{8} - 2$, comme étant les plus satisfaisants pour l'oreille, mais c'est un compromis voulu par les besoins de la pratique.

Cependant, il serait intéressant d'examiner quelles erreurs on commet ainsi, au moins pour les intervalles principaux de la gamme.

Or les intervalles ci-dessous peuvent se représenter comme il suit :

$$\text{Quinte} = \left(\sqrt[12]{2}\right)^7 = 1,498 = \frac{3}{2}\,(1,498)\,\frac{2}{3} = \frac{3}{2}\,(0,999)$$

$$\text{Quarte} = \left(\sqrt[12]{2}\right)^5 = 1,335 = \frac{4}{3}\,(1,335)\,\frac{3}{4} = \frac{4}{3}\,(1,001)$$

$$\text{Demi-ton} = \left(\sqrt[12]{2}\right) = 1,059 = \frac{16}{15}\,(1,059)\,\frac{15}{16} = \frac{16}{15}\,(0,993)$$

$$\text{Sixte mineure} = \left(\sqrt[12]{2}\right)^8 = 1,587 = \frac{8}{5}\,(1,587)\,\frac{5}{8} = \frac{8}{5}\,(0,992)$$

$$\text{Tierce majeure} = \left(\sqrt[12]{2}\right)^4 = 1,260 = \frac{5}{4}\,(1,260)\,\frac{4}{5} = \frac{5}{4}\,(1,008)$$

$$\text{Sixte majeure} = \left(\sqrt[12]{2}\right)^9 = 1,682 = \frac{5}{3}\,(1,682)\,\frac{3}{5} = \frac{5}{3}\,(1,009)$$

$$\text{Tierce mineure} = \left(\sqrt[12]{2}\right)^3 = 1,189 = \frac{6}{5}\,(1,189)\,\frac{5}{6} = \frac{6}{5}\,(0,991)$$

On voit d'après ce tableau que les quintes et les quartes tempérées sont presque égales aux quintes et aux quartes naturelles $\frac{3}{2}$ et $\frac{4}{3}$. Les intervalles qui s'éloignent ensuite le moins des intervalles naturels sont d'abord le 1/2 ton $= \frac{16}{15}$; puis les tierces et les sixtes qui s'en écartent à peu près également.

Il serait d'ailleurs facile de vérifier que les 1/2 tons, les tierces et les sixtes tempérées se rapprochent plus des intervalles naturels que les mêmes intervalles qu'on obtiendrait, en prenant les notes de la gamme par quintes successives, comme autrefois; seulement les quintes et les quartes sont un peu sacrifiées, mais bien légèrement comme on le voit, et l'oreille qui est très-sûre pour ces intervalles suffit pour rectifier.

On peut du reste, au moyen des battements, recommencer pour

les intervalles tempérés, les mêmes recherches que nous avons faites pour les intervalles consonnants exacts, quand nous avons voulu les classer.

Pour cela, prenons les vibrations de l'octave la$_2$-la$_3$, que nous ramènerons à l'octave do$_2$-do$_3$, comme il suit :

| do$_2$ | do$\sharp_2$ | re$_2$ | re$\sharp_2$ | mi$_2$ | fa$_2$ | fa$\sharp_2$ | sol$_2$ | sol$\sharp_2$ | la$_2$ | la$\sharp_2$ | si$_2$ | do$_3$ |
|---|---|---|---|---|---|---|---|---|---|---|---|---|
|  | re$\flat_2$ |  |  | mi$\flat_2$ |  |  | sol$\flat_2$ |  | la$\flat_2$ |  | si$\flat_2$ |  |
| 258,6 | 274,0 | 290,3 | 307,3 | 325,8 | 345,1 | 365,8 | 387,6 | 410,4 | 435 | 460,7 | 488,1 | 517,2 |

Si l'on calcule les battements dangereux, comme pour les intervalles consonnants, on a :

| | Battements à redouter. | A hauteur et à l'intervalle de | Battements ramenés à la hauteur de do$_2$ et à l'intervalle de | |
|---|---|---|---|---|
| | | | 1 ton. | 1/2 ton. |
| do$_2$ - do$_3$ | 0 | | | |
| do$_2$ - sol$_3$ | 0 | | | |
| do$_2$ - sol$_3$ | 127<br>142 | do$_4$ - re$_4$<br>re$_4$ - mi$_4$ | 63 | » |
| do$_2$ - fa$_3$ | 85<br>77<br>170<br>190 | fa$_3$ - sol$_3$<br>mi$_4$ - fa$_4$<br>fa$_4$ - sol$_4$<br>sol$_4$ - sol$_4$ | 96 | 15,2 |
| do$_2$ - mi$_2$ | 58<br>91 | si$_4$ - do$_4$<br>sol$_4$ - sol$\sharp_4$ | » | 31 |
| do$_2$ - la$_2$ | 95<br>190 | sol$_3$ - la$_3$<br>sol$_4$ - la$_4$ | 64 | » |
| do$_2$ - mi$\flat_2$ | 113<br>73 | si$_3$ - do$_4$<br>mi$\flat_4$ - mi$_4$ | 31 | 15 |
| do$_2$ - la$\flat_2$ | 46<br>73<br>91 | sol$_3$ - la$\flat_3$<br>mi$\flat_4$ - mi$_4$<br>sol$_4$ - la$\flat_4$ | » | 45 |

On voit que pour la gamme tempérée les meilleurs intervalles, à partir de $do_2$, se trouvent à peu près classés dans le même ordre que pour la gamme naturelle. On pourrait examiner comme pour la gamme naturelle ce que deviennent les autres intervalles et quelles modifications y apporte le tempérament. Nous donnerons seulement le tableau présentant les harmoniques à partir de chaque note de la gamme tempérée, par analogie avec ce qui a été fait pour la gamme naturelle; il permettra de se rendre compte de tous les intervalles tempérés, comme nous l'avons expliqué pour les intervalles naturels. Pour mieux voir les différences avec la gamme naturelle, nous reporterons sur le tableau suivant, comparées aux harmoniques de chaque note, en caractères gras pour la gamme tempérée, les notes approchant de ces harmoniques dans chacun des deux systèmes. *(Voir les tableaux N^s 3 et 4 ci-contre.)*

On voit que pour $do_0$, dans la gamme naturelle, sol, coïncide avec l'harmonique 3, et est au-dessous de cette harmonique 3 dans la gamme tempérée. Le $mi_2$, dans la gamme tempérée, passe au contraire au-dessous de l'harmonique 5, qui coïncide encore avec le $mi_2$ naturel.

Le tableau établit suffisamment les différences entre les deux gammes, et permettra de juger, pour chaque intervalle, quand les notes ne correspondent dans aucun système avec les harmoniques, quel est le système qui s'éloigne le moins des harmoniques et est par conséquent le meilleur.

Dans ces intervalles, ou accords de deux notes, on pourra substituer à l'une des notes les redoublements à l'octave ou aux octaves de l'une ou des deux notes, ce qui modifiera les résultats dans des limites peu sensibles qu'il sera du reste facile d'apprécier, et ces intervalles compléteront l'ensemble des intervalles ou accords de deux notes différentes.

Après les intervalles consonnants et quasi-consonnants, il resterait les intervalles dissonnants qui ne pourraient être à partir de do, en dehors des intervalles altérés encore plus dissonnants, que do-re et do-si, c'est-à-dire les dissonnances de seconde ou de septième, que nous retrouverons dans les accords dissonnants avec suppression de notes, et d'où il vaut mieux les déduire, parce que là leur existence se comprend mieux que dans de simples intervalles où rien n'oblige de sortir des consonnances.

TABLEAU N° **3.**

# HARMONIQUES IMPAIRS DES NOTES

### DANS LA GAMME TEMPÉRÉE

abstraction faite de la tonique, mais avec les notes exactes ou approchées qu'ils reproduisent

(Page 80.)

# HARMONIQUES IMPAIRS DES NOTES DANS LA G

abstraction faite de la tonique, mais avec les notes exactes ou appr

|  | do | re | mi | fa | sol | la | si | fa |
|---|---|---|---|---|---|---|---|---|
|  |  |  |  |  |  | $re\#_6$ 45 (1,005) |  |  |
|  |  |  |  | $re_5$ $\frac{27}{1,001}$ |  |  |  | $re$ … |
|  | $si_3$ 15 (1,006) | $fa_4$ $\frac{19}{1,0009}$ | $sol_4$ 19 (1,0003)<br>$fa_4$ $\frac{17}{1,005}$<br>$re\#_4$ 15 (1,007) | $mi_4$ 15 (1,007) |  | $do_5$ 19 (1,003)<br>$sol\#_4$ 15 (1,006) | $re_5$ 19 (1,002)<br>$do_5$ $\frac{17}{1,001}$ | s… |
|  | $re_3$ $\frac{9}{1,003}$ | $mi_3$ $\frac{9}{1,005}$ | $fa\#_3$ $\frac{9}{1,002}$ | $sol_3$ $\frac{9}{1,004}$ | $la_3$ 9 (1,0008) | $si_3$ $\frac{9}{1,001}$ | $do\#_4$ $\frac{9}{1,005}$ | $so$… 9 |
|  | $la\#_2$ 7 (1,017) | $do_3$ 7 (1,018) | $re_3$ 7 (1,021) | $re\#_3$ 7 (1,018) | $fa_3$ 7 (1,0203) | $sol_3$ 7 (1,015) | $la_3$ 7 (1,017) | $r$… 7 (1,017) |
|  | $mi_2$ 5 (1,005) | $fa\#_2$ 5 (1,006) | $sol\#_2$ 5 (1,009) | $la_2$ 5 (1,009) | $si_2$ 5 (1,0121) | $do\#_3$ 5 (1,007) | $re\#_3$ 5 (1,006) | $l$… 5 (1,006) |
|  | $sol_1$ $\frac{3}{1,006}$ | $la_1$ $\frac{3}{1,002}$ | $si_1$ 3 (1,001) | $do_2$ 3 (1,001) | $re_2$ 3 (1,007) | $mi_2$ $\frac{3}{1,003}$ | $fa\#_2$ $\frac{3}{1,003}$ | $do$… 3 |
| Harmoniques | 1<br>$do_0$ | 1<br>$re_0$ | 1<br>$mi_0$ | 1<br>$fa_0$ | 1<br>$sol_0$ | 1<br>$la_0$ | 1<br>$si_0$ | 1<br>$fa$ |

On n'a pas inscrit les notes qui diffèrent des harmoniques de plus de
2 commas pour les 15 premiers harmoniques et de 1 comma pour les
autres.

La₃ est le diapason.

Le comma $= \dfrac{81}{80} = 0{,}0125$.

On n'a pas indiqué le travail pour les bémols, parce que, dans la
gamme tempérée, ils ne font que reproduire les dièses.

...ME TEMPÉRÉE

...s qu'ils reproduisent.

| | $do\#_0$ | $sol\#_0$ | $re\#_0$ | $la\#_0$ | $si\flat_0$ | $mi\flat_0$ | $la\flat_0$ | $re\flat_0$ | $sol\flat_0$ |
|---|---|---|---|---|---|---|---|---|---|
| | | | | $sol_5$ $\frac{55}{1,026}$ | | | | | |
| | | | | $do_6$ $\frac{57}{1,029}$ | | | | | |
| | | | $fa_5$ 27 (1,005) | | | | | | |
| ...$mi_4$ | 19 (1,002) | $fa\#_4$ $la_4$ $\frac{17}{1,005}$ | 17 $mi_4$ | 19(1,001)$do\#_4$ $\frac{17}{1,003}$ | $si_4$ $\frac{19}{1,0005}$ $\frac{17}{1,002}$ | | | | |
| | $re\#_4$ $\frac{9}{1,002}$ | $la\#_4$ $\frac{9}{1,002}$ | $fa_3$ $\frac{9}{1,002}$ | | | | | | |
| ...(1,016)$si_4$ | 7(1,021)$fa\#_3$ | 7(1,017)$do\#_3$ | 7(1,018)$sol\#_3$ | 7 (1,017) | | | | | |
| ...(1,0095)$fa_3$ | 5(1,008) $do_3$ | 5(1,0097)$sol_2$ | 5 (1,006) | | | | | | |
| $sol\#_1$ 3 | $re\#_2$ 3 $\frac{}{1,002}$ | $la\#_1$ 3 (1,0004) | | | | | | | |
| 1 | 1 | 1 | 1 | | | | | | |
| $do\#_0$ | $sol\#_0$ | $re\#_0$ | $la\#_0$ | $si\flat_0$ | $mi\flat_0$ | $la\flat_0$ | $re\flat_0$ | $sol\flat_0$ |

TABLEAU N° 4.

# TABLEAU COMPARATIF

DANS LES DEUX SYSTÈMES (NATUREL ET TEMPÉRÉ)

DES NOTES APPROCHANT DES HARMONIQUES IMPAIRS

pris par rapport à chaque note du ton.

(Page 80.)

# TABLEAU COMPARATIF DANS LES DEUX SYS[TÈMES]

des notes approchant des harmoniques impairs pris par r[...]

(le système tempéré est en caractères [...])

| Harmonique | do | re | mi | fa | sol | la | si | fa$\sharp$ |
|---|---|---|---|---|---|---|---|---|
| 75 | | | | | | | | |
| 45 | | | | | | | | |
| 25 | | | | | | | | |
| 15 | si$_3$ | | re$\sharp_4$ | mi$_4$ | | sol$\sharp_4$ | | |
| 9 | re$_3$ | mi$_3$ | fa$\sharp_3$ | sol$_3$ | la$_3$ | si$_3$ | do$\sharp_4$ | sol$\sharp_3$ |
| 7 | la$\sharp_2$ | do$_3$ | re$_3$ | mi$\flat_3$ | fa$_3$ | sol$_3$ | la$_3$ | mi$_3$ |
| 5 | mi$_2$ | fa$\sharp_2$ | sol$\sharp_2$ | la$_2$ | si$_2$ | do$\sharp_3$ | re$\sharp_3$ | la$\sharp_2$ |
| 3 | sol$_1$ | la$_1$ | si$_1$ | do$_2$ | re$_2$ | mi$_2$ | fa$\sharp_2$ | do$\sharp_2$ |
| Harmoniques | | | | | | | | |
| fondamentales $\uparrow$ | do$_0$ | re$_0$ | mi$_0$ | fa$_0$ | sol$_0$ | la$_0$ | si$_0$ | fa$\sharp_0$ |

...ES (naturel et tempéré)

...à chaque note du ton

...s.

### Tableau N° 4.

Quand, pour une note, un système n'entre pas en comparaison, c'est que sa valeur n'est pas dans les limites d'approximation acceptées, comme commas.

Les positions des notes admises comme harmoniques ne sont point absolues, mais seulement relatives.

| | | | | | | | |
|---|---|---|---|---|---|---|---|
| | | | | ré$_2$ | sol$_2$ | | |
| | | | la$_3$ | | si♭$_3$ | mi$_3$ | la$_3$ |
| la♯$_2$ | fa$_2$ | | do$_2$ la♭$_2$ la$_2$ sol♯$_2$ | fa$_2$ / fa$_3$ | si♭$_2$ | mi♭$_3$ / mi♭$_2$ | la♭$_3$ / la♭$_3$ |
| fa♯$_2$ / fa♯$_3$ | do♯$_2$ / do♯$_3$ | | sol♯$_3$ | do♯$_2$ / do♯$_3$ | fa♯$_2$ / fa♯$_3$ | si$_2$ / do♭$_3$ | mi$_3$ / fa♭$_3$ |
| | | | | | | si$_2$ | mi$_2$ |
| do$_3$ | | | ré$_2$ | sol$_2$ / sol$_2$ | do$_3$ | fa$_2$ / fa$_3$ | si♭$_3$ / si♭$_2$ |
| re♯$_2$ | la♯$_3$ | | | si♭$_3$ / si♭$_2$ | mi♭$_2$ | la♭$_3$ / la♭$_3$ | re♭$_2$ / re♭$_2$ |
| 1 | 1 | 1 | 1 | 1 | 1 | 1 | 1 |
| sol♯$_2$ | re♯$_0$ | la♯$_0$ | si♭$_0$ | mi♭$_0$ | la♭$_0$ | re♭$_0$ | sol♭$_2$ |

# CHAPITRE XVII.

## Accords de trois Notes différentes.

ARTICLE 1ᵉʳ. — ACCORDS CONSONNANTS DE TROIS NOTES.

Après avoir examiné jusqu'ici les intervalles, il s'agit de trouver maintenant les accords de trois notes et d'abord les accords consonnants. Ils ne pourront naturellement se déduire que des combinaisons deux à deux des intervalles consonnants trouvés, car si on supprime une des notes d'un accord consonnant quelconque de trois notes, on doit retrouver un des intervalles consonnants, sinon on en aurait omis. C'est une condition nécessaire pour que l'accord soit bon ; il restera à voir si elle est suffisante, en examinant directement si le mélange de tous les sons harmoniques ou résultants et les groupes de battements ne demandent pas des exclusions.

Reprenons donc les formules des intervalles consonnants :

| 1 | 2 | 3 | 4 | 5 |
|---|---|---|---|---|
| sol | re | do | mi | si |
| mi | si | la | do | sol |
| do | sol | fa | la | mi |

et examinons quels accords de trois notes on peut former. Une note à la basse pouvant être quelconque, supposons d'abord qu'elle soit do ; c'est déjà exclure les formules 2 et 5 qui ne contiennent pas do. Il reste donc 1-3-4 ; admettons qu'une deuxième note soit la meilleure par exemple après do, c'est-à-dire sol ; cela élimine la formule 3 ; il reste alors les formules 1 et 4. Supposons que la troisième note soit encore la meilleure après sol, il y aura alors à choisir entre mi et la, et comme mi est meilleur, cela exclura la formule 4, car la y étant contenu, cela donnerait quatre notes, do-mi-sol-la, et non trois notes comme nous le voulons. Donc l'hypothèse de deux meilleures notes avec do, conduit exclusivement à la formule 1.

On serait amené de même à l'emploi d'une formule unique pour les accords contenant les trois notes sol-si-re, ou les trois notes fa-la-do, etc., et précisément aux formules 2-3-4-5.

Maintenant si l'accord a pour basse do, comme nous l'avons supposé, il ne peut y avoir que les deux combinaisons ci-dessous où l'on ajoute aux intervalles la troisième note à la partie supérieure :

$$\begin{aligned} &\text{mi}_1 \\ \text{sol}_2 - &\text{ou} - \text{sol}_0 \\ &\text{mi}_0 \\ \text{do}_0 \qquad &\text{do}_0 \end{aligned}$$

Si au lieu d'admettre que do$_0$ est à la basse, on y suppose mi , puis sol, on aura de même les deux groupes suivants, les seuls possibles :

| do$_1$ | sol$_1$ | mi$_1$ | do$_2$ |
|---|---|---|---|
| sol$_2$ | do$_1$ | do$_1$ | mi$_1$ |
| mi$_0$ | mi$_0$ | sol$_0$ | sol$_0$ |

C'est-à-dire que ces six accords trouvés, en ajoutant aux six intervalles fournis par la formule 1 la troisième des notes do-re-mi qui manque, se déduiraient également de la même formule 1, en prenant avec la basse do les permutations des notes supérieures, et en agissant de même après avoir fait passer deux fois de suite la basse à l'octave supérieure.

Tout ce que l'on vient de voir pour la formule 1 se répéterait pour les formules 2-3-4-5 dans toute la généralité acceptée pour les intervalles consonnants, c'est-à-dire que les notes mi et la soient naturelles ou bémolisées, ou que sol soit naturel ou dièsé dans la formule 5.

Les formules 1-2-3-4-5 sont donc applicables pour les accords consonnants de trois notes, comme elles l'étaient déjà pour les intervalles consonnants, en se rappelant seulement les conventions.

Il ne faut pas oublier que ces formules et leurs dérivées sont obtenues ici comme pour les intervalles, par la condition d'être les

plus resserrées possible, car sans cela il y en aurait de meilleures ;
ainsi :         $mi_2$

    $sol_4$

    $do_0$

qui n'introduit aucun son étranger au son complexe $do_0$, serait beaucoup meilleur que         $mi_4$

    $sol_0$

    $do_0$

mais cette dernière forme est plus commode dans la pratique.

Cette restriction ainsi faite, on voit que tous les accords contenant
les trois notes do-mi-sol sont de la même famille pour ainsi dire,
puisque les différences ne portent que sur des notes transposées
d'octave et restant ainsi le plus possible égales à elles-mêmes. Tous
ces accords ne sont donc qu'une conséquence du premier, ayant ici
pour basse la note do, la mieux liée avec la tonique, accord qui se
présente du reste sons la forme 1 la plus concentrée, c'est-à-dire
celle d'une superposition de tierces. On verrait d'ailleurs que dans
cette même famille, les accords qui n'ont pas do à la basse peuvent
être supposés l'avoir, dérivant de la formule 1, puisque rien n'empêchait de conserver partout le do au-dessous de l'accord, comme il
est facile de le vérifier. Le son do existe donc en réalité partout à la
basse, bien que parfois difficilement saisissable.

En effet, si l'on s'en tient à la forme primitive et étendue donnée
par les harmoniques, l'accord $do_0$-$sol_1$-$mi_2$, contenant les trois notes
do-mi-sol avec do à la basse, n'est autre que la série :

$$(do_0\text{-}sol_1\text{-}mi_2)\ (do_1\text{-}sol_2\text{-}mi_3)\ (do_2\text{-}sol_3\text{-}mi_4),\ \text{etc.},$$

puisque l'on ne fait ainsi que répéter des harmoniques existant
déjà de fait et malgré nous dans le premier accord de trois notes
$do_0$-$sol_1$-$mi_2$. Or, si l'on retranche des notes à la basse et à la partie
supérieure de cette suite, on ne fera qu'annuler des harmoniques,
ce qui ne saurait nuire à sa valeur, mais on retombera ainsi sur
toutes les formes d'accords de trois notes considérées plus haut. Elles
ne sont donc toutes en réalité que l'équivalent d'un accord ayant do
pour basse. Dans d'autres cas, et pour des raisons identiques, ce
serait une note qui pourrait être considérée comme basse, quoique
n'y étant pas effectivement. Les mêmes considérations s'appliqueront
à des accords d'un plus grand nombre de notes.

Tel est le véritable sens et l'explication de la basse fondamentale en harmonie, si bien pressentie, mais pressentie seulement par Rameau, qui suppose ainsi toutefois que les notes de l'accord sont les harmoniques de l'une d'elles, qui est alors la basse fondamentale de l'accord, quelle que soit d'ailleurs la position apparente que cette fondamentale occupe dans l'écriture.

Les trois premiers types sous leur forme resserrée de tierces superposées, et le cinquième avec sol♯, sont appelés accords parfaits majeurs de la basse do-sol-fa ou mi. Les deux derniers types, ou le premier et le troisième avec mi♭ et la♭, sont appelés accords parfaits mineurs de leur basse. Les noms majeurs et mineurs viennent de la nature majeure et mineure de la première tierce avec la basse. Chacune des espèces d'accords s'emploiera généralement selon son caractère spécial et l'effet à produire, la première dans le ton de do majeur, la seconde dans le ton de la mineur, qui déjà précisent chacun cette nature d'effets appelés majeurs ou mineurs. Les types, qui sont les mêmes que pour deux notes, donnent toujours de bons accords, mais il resterait cependant, pour les classer, à examiner les sons résultants et les battements. Les meilleures formes seront celles qui ne donneront pas de sons résultants non compris dans l'accord, et elles pourront être classées pour les deux modes comme dans le tableau suivant :

### CLASSEMENT DES ACCORDS CONSONNANTS DE TROIS NOTES.

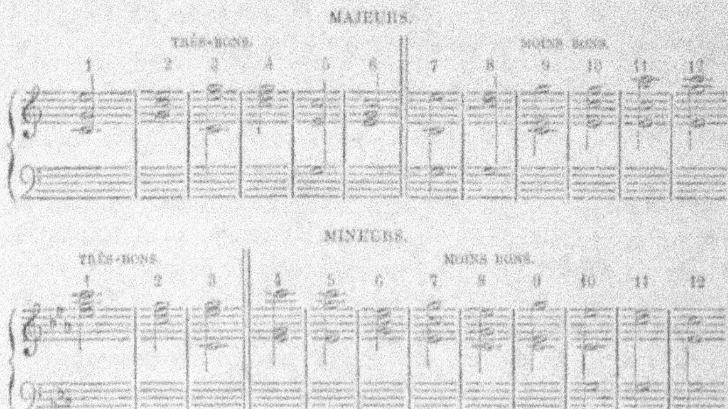


Pour les accords majeurs de trois sons de 1 à 6, tous les sons résultants sont compris dans l'accord; de 7 à 10, les accords ont à peu près la dureté des accords mineurs; quant aux formes 11 et 12, elles sont inférieures aux meilleurs accords mineurs.

Pour les accords mineurs de trois sons, les sons résultants ne sont jamais tous compris dans l'accord. Les formes de 1 à 3 ont un son résultant faux; de 4 à 10, il y a deux sons résultants faux; les formes 11 et 12 ont trois sons résultants faux.

Le tempérament où tous les sons sont faussés a pu rendre moins tranchées les nuances entre ces différentes formes d'accords, mais le sentiment de la différence reste encore saisissable pour des oreilles délicates.

On avait vu, à propos des intervalles harmoniques, que le meilleur intervalle harmonique, dans l'étendue d'une octave, formé avec une note, était la quinte, c'est-à-dire l'intervalle formé avec le premier harmonique impair descendu d'une octave.

Le même principe s'applique aux accords de trois notes. Ainsi les deux meilleures notes à prendre avec une note $do_0$, par exemple, sont la quinte $sol_0$, ou le premier harmonique impair descendu d'une octave, et la tierce majeure $mi_0$, ou le deuxième harmonique impair descendu de deux octaves, pourvu que cette tierce majeure soit une note de l'échelle musicale. La tierce mi n'est pas l'intervalle le meilleur après la quinte, mais la quarte, par exemple, ne pourrait exister avec la quinte qui y est déjà, la tierce est donc le meilleur intervalle pouvant accompagner également la quinte. Lorsque, comme pour la quinte par exemple, la tierce majeure $do\sharp$ n'existe pas dans l'échelle naturelle, on accepte la-do, parce que la-do est déjà un intervalle simple, $\frac{8}{5}$, c'est-à-dire n'introduisant aucun son étranger. On ne prend plus alors un harmonique de la, mais une note do, ayant un harmonique commun avec la, c'est-à-dire qu'on s'en tient à la coïncidence des sixième et cinquième harmoniques, donnant également de bons intervalles. D'ailleurs, une tierce mineure est toujours un accord parfait majeur, dont la basse d'une tierce majeure au-dessous de la basse est sous-entendue, comme son résultant. Ainsi fa est sous-entendu comme son résultant de la-do et donne l'accord parfois majeur fa-la-do.

Nous retrouvons donc pour les accords de trois notes l'extension du principe de la constitution des meilleurs intervalles par le premier harmonique impair de la note de basse; ici intervient le troisième harmonique impair, c'est-à-dire l'harmonique 5 avec l'harmonique 3.

On verra ce principe se généraliser pour les harmoniques impairs suivants, les harmoniques pairs ne donnant que des répétitions de notes.

### ARTICLE 2. — ACCORDS CONSONNANTS DE PLUS DE TROIS NOTES.

Il est facile de voir que les accords consonnants ne peuvent avoir plus de trois sons différents et que, par conséquent, si le nombre des sons est supérieur à 3, ceux qui excèdent ne sont que la répétition de l'un ou de plusieurs d'entre eux à une distance d'une ou plusieurs octaves.

Considérons, en effet, trois sons différents de cet accord et transportons-les, en leur conservant l'une des formes trouvées par les accords consonnants de trois sons compris dans l'octave, ce qui ne changera pas leurs noms, à des octaves telles qu'un des autres sons A soit compris entre le son grave et son octave. Ces cinq notes formeront quatre intervalles dans une octave, c'est-à-dire pour douze demi-tons. Or, comme les trois notes consonnantes n'ont pas d'intervalle inférieur à la tierce mineure ou à trois demi-tons, et en ont au moins un supérieur, il y en aura nécessairement un formé avec la note A qui sera inférieur à la tierce mineure et donnera par conséquent une dissonnance, à moins que A ne soit précisément l'octave de la note grave consonnante.

Comme nous aurions pu déplacer les trois sons différents en les laissant toujours compris dans l'octave, de manière à avoir à la basse un quelconque d'entre eux, le son A, octave de la note grave, pourra alors être l'un quelconque des trois sons. Ce que nous avons dit du son A, en dehors des trois sons différents choisis, s'appliquant évidemment à tout autre son différent, il en résulte que pour que l'accord reste consonnant, il ne peut y avoir que trois sons différents et que tous les autres ne sont que leur répétition à des octaves diverses.

Le tableau suivant donnera, en tenant compte des sons résultants, comme pour les accords consonnants de trois notes différentes, le classement des intervalles consonnants de quatre notes, dont une est la répétition d'une des autres à l'octave.

## ACCORDS CONSONNANTS DE QUATRE NOTES, DONT UNE RÉPÉTÉE.

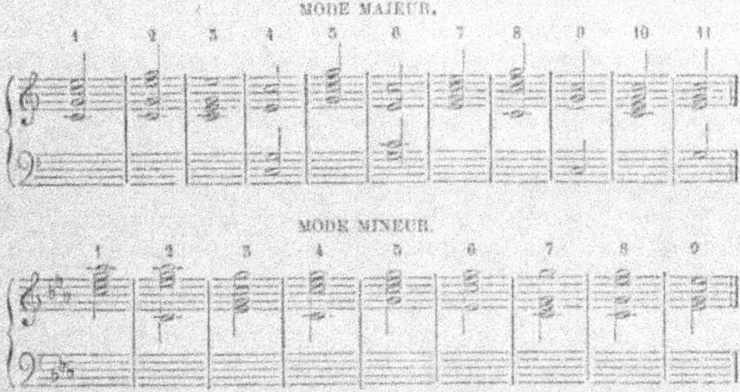


### ARTICLE 3. — ACCORDS NON CONSONNANTS DE TROIS NOTES.

Ayant trouvé les accords consonnants de trois notes, on pourrait obtenir les meilleurs accords de trois notes non consonnants, en remplaçant une des consonnances par un intervalle quasi-consonnant, mais nous les déduirons des accords de quatre sons, une quasi-consonnance ayant là sa raison d'être, plutôt qu'avec trois notes, où l'on peut généralement prendre un accord consonnant.

On pourrait également déduire les accords les moins dissonnants après ces derniers, c'est-à-dire ayant une seule dissonnance de seconde ou de septième, par la substitution de cette dissonnance à une des consonnances des bons accords consonnants. Or, dans trois notes A B C superposées, cette dissonnance peut être, soit de seconde entre B et C, et alors A C et A B seront consonnants, en reproduisant une de nos consonnances trouvées, puisqu'il ne peut y en avoir d'autre; soit de septième entre A et C, et par suite A B et B C seront consonnants; ou enfin entre A et B, et alors A C et B C seront consonnants. Cela donne, en supposant que la basse soit la tonique do, les six familles suivantes d'accords :

|     |     |     |     |     |     |
|-----|-----|-----|-----|-----|-----|
| fa  | sol | la  | si  | si  | sol |
| mi  | fa  | sol | mi  | sol | re  |
| do  | do  | do  | do  | do  | do  |

Il y aurait également à examiner les accords à une dissonnance, à partir d'une autre note que do.

Le deuxième accord est à peu près le seul employé comme retard de la tierce mi par la quarte fa, dans la résolution de l'accord sur do-mi-sol. Quant à do-mi-si, et do-sol-si, ils seront donnés par la suppression d'une note dans les accords dissonnants de quatre notes, où nous les examinerons, parce que là on verra mieux l'origine et le sens de ces accords.

En ce qui concerne les accords à deux dissonnances de seconde ou de septième, ils donneraient trois notes de suite à l'intervalle de seconde, ce qui ne saurait généralement constituer un accord.

# CHAPITRE XVIII.

## Accords de quatre notes différentes.

On a vu déjà que ces accords ne sont plus consonnants puisqu'ils ont plus de trois notes différentes. Mais parmi ces accords non consonnants ne pourrait-il pas y en avoir de moins désagréables que les autres, de même que nous avons trouvé parmi les intervalles non consonnants des intervalles moins désagréables que les autres et que nous avons appelés quasi-consonnants? L'introduction des accords quasi-consonnants se trouve donc tout naturellement amenée, et l'on aura les accords de quatre notes les moins désagréables, en surmontant d'une quasi-consonnante, les meilleurs accords consonnants de trois notes, c'est-à-dire ceux qui présentent déjà le son complexe de leur basse, car alors les quatre sons représenteront encore à peu près ce même son complexe, moins la note ajoutée qui différera du 7e harmonique seulement d'un comma environ, si l'on s'en tient à cette approximation acceptée dans la pratique.

On a donc à considérer les meilleurs accords do-mi-sol, sol-si-re, fa-la-do, mi-sol♯-si, la♭-do-mi♭. Or ce tableau des intervalles quasi-consonnants de quatre notes que nous avons considérés, montre

qu'il n'y en a pas avec le son do ; le premier accord ne fournira donc
pas de bons accords de quatre notes. On voit de même qu'avec la
basse sol, on trouve sol-fa ; avec la basse fa, il y a re♯, avec la basse
mi, on a re♭. Au lieu de re♭, l'usage a fait prendre le re naturel,
bien qu'il soit plus éloigné du 7ᵉ harmonique, mais parce que la note
re est dans le ton, et s'enchaîne mieux avec l'accord suivant, et à
cause de l'analogie avec l'accord majeur sol-si-re-fa où la note fa est
naturelle. Si donc on surmonte les accords ci-dessus de ces intervalles
quasi-consonnants, on obtient les suivants :

fa  – la  – do  – re♯ représenté par les harmoniques 1 – 3 – 5 – 7̅̅
la♭ – do  – mi♭ – fa♯           —                —      1 – 3 – 5 – 7
sol – si  – re  – fa            —                —      1 – 3 – 5 – 7̅
mi  – sol♯ – si  – re           —                —      1 – 3 – 5 – 7̅

qui donnent, par toutes les combinaisons et permutations dont sont
susceptibles les accords consonnants de trois notes, toutes les variétés
possibles. Dans cette forme de tierces superposées, la note ajoutée
vient tout naturellement à la partie supérieure comme septième harmonique, après le 3ᵉ et le 5ᵉ harmonique. Bien que fa soit un peu
moins près du 7ᵉ harmonique de sol, que re♯ et fa♯ ne le sont des
7ᵉˢ harmoniques de leur basse, il n'en diffère pas de beaucoup plus
d'un comma, que nous négligeons souvent ; or la note fa est naturelle, et permet ainsi plus facilement la liaison avec les autres
notes du ton, aussi cet accord est-il plus employé que les précédents.
Le re de l'accord diffère de plus de deux commas du 7ᵉ harmonique
de la basse mi, mais comme il est employé dans le mode mineur,
où il y a déjà des notes altérées et où par conséquent tout est moins
consonnant en général, il peut être accepté dans ce mode, à l'égal du
précédent en mode majeur, et un peu peut-être par imitation, comme
dans certains autres cas, pour faire en mineur ce qu'on fait en
majeur.

Ces accords diffèrent d'abord des meilleurs accords consonnants,
en ce qu'une des notes n'est plus reproduite exactement par un harmonique de la basse, et ensuite des accords consonnants moins bons,
en ce que la 4ᵉ note ajoutée n'a plus d'harmoniques exactement
communs avec la basse. Ces notes ajoutées forment d'ailleurs un intervalle de seconde fa-sol, re-mi, do-re♯, mi♭-fa♯, plus ou moins
dissonnant. Or, il est de principe général, et l'oreille le veut ainsi,

que des dissonnances ne soient admises dans les accords, qu'à la condition d'avoir été préparées et résolues, c'est-à-dire après avoir été entendues à l'état de consonnance dans l'accord précédent et dans l'accord suivant. On comprend très-bien que, sous ces conditions préparatoires et de conclusion, l'oreille puisse être moins désagréablement affectée, et c'est ce qui arrive. Cependant pour les dissonnances ci-dessus, qui sont si près de reproduire un harmonique de la basse, quand les autres notes supérieures en sont déjà des harmoniques exacts, il y a une exception. Elles demandent également à être résolues, mais elles sont acceptées sans préparation. Ainsi se trouve expliquée tout naturellement cette différence entre les accords ci-dessus que nous appelons accords quasi-consonnants de quatre sons et les accords réellement dissonnants, dont nous allons parler, et ainsi disparaît le mystère dont semblait entouré jusqu'ici l'accord de sixte augmentée fa-la-do-re#, attaqué sans préparation.

De ces quatre accords on déduirait, par suppression de notes, nos meilleurs intervalles quasi-consonnants, ou les meilleurs accords de trois notes que nous aurions pu trouver en dehors des accords consonnants, si nous n'avions préféré les déduire des accords de quatre notes. De sol-si-re-fa on tirera par exemple l'accord quasi-consonnant si-re-fa et ses variétés, par la suppression du sol de la basse. Si quelquefois ces derniers accords sont employés comme consonnants, c'est-à-dire sans résolution, cela tient à ce que le tempérament a détruit les nuances délicates, mais dans la gamme naturelle exacte, la différence serait tranchée et la résolution serait nécessaire, comme dans sol-si-re-fa, dont ils dérivent. Les mêmes observations s'appliquent aux autres accords qui ont également leurs dérivés. Dans les deux premiers, comme la note altérée est moins intimement reliée au ton, l'intervalle de cette note altérée avec la basse devra être aussi grand que possible et surtout se présenter, dans l'ordre des harmoniques, c'est-à-dire à l'état de sixte augmentée, et non de tierce diminuée, de manière que re# et fa# soient maintenus au-dessus de fa et la♭.

Voyons maintenant les accords réellement dissonnants. Or quatre notes différentes donnant au moins une dissonnance de seconde ou de 7e, les accords les moins dissonnants seront ceux qui n'auront qu'une seule dissonnance de seconde ou de 7e. Donc, si l'on supprime cette note dissonnante, on devra retomber sur les accords consonnants trouvés, puisqu'on les a tous. Si l'on suppose le cas où l'accord

primitif a ses trois notes consonnantes sous la forme de tierce, la
quatrième note devra être au-dessus, car si elle divisait une des deux
tierces, elle fournirait deux dissonnances de seconde, tandis qu'il
n'y en a qu'une.

Donc les accords dissonnants de quatre sons sont donnés par les
formules suivantes :

|     | si  |     | fa  |     | mi  |     | sol |     | re  |
|-----|-----|-----|-----|-----|-----|-----|-----|-----|-----|
| la  |     | mi  |     | re  |     | fa  |     | do  |     |
| sol | sol | re  | re  | do  | do  | mi  | mi  | si  | si  |
| mi  | mi  | si  | si  | la  | la  | do  | do  | sol | sol |
| do  | do  | sol | sol | fa  | fa  | la  | la  | mi  | mi  |

Dans lesquelles il y aurait naturellement lieu d'appliquer toutes
les transpositions d'octave ou les altérations de notes acceptées pour
les formules consonnantes de trois notes.

Si l'on fait abstraction des accords :

$$\text{sol} - \text{si} \ - \text{re} - \text{fa}$$
$$\text{mi} - \text{sol}^\sharp - \text{si} - \text{re}$$

déjà trouvés pour les accords que nous avons appelés quasi-consonnants;

Ces formules se réduisent, avec transposition d'octave, à :

do - mi - sol - si, avec battements d'un demi-ton.

fa - la - do - mi             —

sol - si - re - mi avec battements du ton $\frac{10}{9}$

do - mi - sol - la             —

fa - la - do - re avec battements du ton $\frac{9}{8}$

Les deux premiers accords donnent les battements très-dangereux
du demi-ton si-do, mi-fa.

Dans les autres, il n'y a que les battements du ton, mais encore
ces tons ne sont pas égaux, $\frac{9}{8}$ étant plus grand que $\frac{10}{9}$, et par
conséquent plus près de la tierce mineure, c'est-à-dire de l'intervalle
où les battement cessent d'être dangereux.

La formule fa - la - do - re est donc le meilleur accord; il est
ordinairement considéré par les harmoniques sous la forme princi-

paie re-fa-la-do, et nous en reparlerons à l'occasion de la résolution des dissonnances.

Tels sont les accords de quatre sons à une seule dissonnance de seconde ou de 7e. Si l'on partait de moins bons accords de trois sons, ou si l'on admettait des notes altérées comme quatrième note ajoutée, la discordance serait naturellement augmentée.

Les accords de quatre notes à deux dissonnances de seconde ou de 7e donneraient trois notes de suite à l'intervalle de seconde, ce qui est habituellement inadmissible.

Par suppression de note, on déduirait les accords dissonnants de trois notes. Ainsi, do - mi - sol - si, donnerait do - mi - si ou do - sol - si, par la suppression du sol ou du mi, etc.

# CHAPITRE XIX.

## Accords de cinq notes différentes.

Par analogie avec ce qu'on a dit pour les accords de quatre notes, on déduirait les meilleurs accords de cinq notes des meilleurs accords de quatre, que l'on surmonterait d'une quasi-consonnance.

Or, les meilleurs accords de quatre notes sont :

$$\text{sol - si - re - fa}$$
$$\text{mi - sol}^\sharp\text{ - si - re}$$

dont les trois notes supérieures sont les 3e, 5e et 7e harmoniques de la basse, le 7e étant seulement approché.

Mais on voit sur nos tableaux que le 9e harmonique de sol sera la, à un comma près, de sorte que sol-si-re-fa-la, avec cinq notes, sera à peu près le son complexe de la basse sol : ce sera donc encore un accord quasi-consonnant dans les mêmes conditions que les autres.

On verrait de même que fa$^\sharp$ reproduirait à peu près le 7e harmonique de mi, de sorte que mi - sol$^\sharp$ - si - re - fa$^\sharp$ serait encore un accord quasi-consonnant ; seulement comme fa$^\sharp$ est une note altérée, qui devra d'ailleurs se résoudre sur mi, dans l'accord la - do - mi, comme on le verra plus loin, on le remplace par la note naturelle fa, sacrifiant un peu ici la consonnance des notes à leur enchaînement : la note naturelle fa s'enchaîne mieux avec les autres accords et de plus elle est déjà ainsi rapprochée de sa résolution mi. Ce sont de ces compromis acceptés en mode mineur, où les consonnances déjà moins pures rendent moins difficile. Quant à la dissonnance, elle sera toujours sous forme de 9ᵉ, c'est-à-dire dans l'ordre donné par les harmoniques, ce qui évite du reste trois notes de suite, fa - sol - la.

Des deux autres accords quasi-consonnants de quatre notes donneraient :

$$\text{fa } - \text{la } - \text{do } - \text{re}^\sharp - \text{sol}$$
$$\text{la}^\flat - \text{do } - \text{mi}^\flat - \text{fa}^\sharp - \text{si}^\flat$$

qui sont peu usités, peut-être à cause de la difficulté d'enchaînement avec les autres accords, ou du grand nombre de notes altérées, du moins pour le deuxième, mais ils pourraient aussi fort bien être utilisés. Les autres accords de cinq notes laisseraient trop à désirer.

Ainsi, en résumé, toutes les formules d'accords peuvent se déduire, par des suppressions convenables, des accords ci-dessous de cinq ou de quatre notes ; en ne conservant que les trois notes inférieures on a des accords consonnants ; dans tous les autres cas, il y a lieu de résoudre la dissonnance, c'est-à-dire de la faire entendre dans l'accord suivant à l'état de la consonnance ; pour la préparer, quand il y a lieu, comme pour les accords réellement dissonnants, il faut la faire entendre également à l'état de consonnance dans l'accord précédent.

On a donc :

| | | |
|---|---|---|
| sol - si - re - fa - la<br>mi - sol♯ - si - re - fa | Ne demandant pas la préparation et appelés pour cette raison quasi-consonnants | Demandant la dissonnance sous forme de 9ᵉ, c'est-à-dire dans l'ordre des harmoniques pour éviter trois notes de suite, fa-sol-la ou re-mi-fa. |

sol - si - re - fa  
mi - sol♯ - si - re  
fa - la - do - re♯  
la♭ - do - mi♭ - fa♯  }    —

fa - la - do - re     Demandant la préparation.

sol - si - re - mi  
do - mi - sol - la  }    —

fa - la - do - mi  
do - mi - sol - si  }    —

Dans tous ces accords les dissonnances doivent être résolues.

En outre, comme on l'a vu, plus on se rapproche de la forme étendue, donnée par les harmoniques mêmes, c'est-à-dire par exemple pour le troisième accord de quatre notes, de la forme

sol$_6$ – re$_2$ – si$_3$ – fa$_3$, ou de la forme resserrée acceptée en pratique,

sol – si – re – fa

meilleur est l'accord, puisqu'il se rapproche davantage du son complexe de la note de basse sol.

Les accords réduits qui ne ramènent pas aux trois seules notes inférieures doivent suivre la loi que nous exposerons plus loin, de résolution, ou de préparation et de résolution, des accords d'où ils dérivent, et si, comme nous l'avons dit, on voit des exceptions, cela tient au tempérament qui a détruit les nuances délicates, qu'on sentirait très-bien dans la gamme naturelle.

# CHAPITRE XX.

## Prolongation — Retard. — Suspension. — Anticipation.

Nous avons énuméré les seuls accords véritables, c'est-à-dire jouissant des propriétés examinées de renversement. Seulement, parfois et sous certaines conditions que nous indiquerons en parlant des résolutions des accords, une note de l'un peut se prolonger dans le suivant, en y introduisant momentanément une dissonnance, qui se résoudra de suite sur l'accord suivant, où seulement cette dernière note avait à être bonne. C'est ce qu'on appelle une prolongation, un retard ou une suspension. D'autres fois une note paraîtra de suite comme à tort dans un accord ainsi inusité, parce qu'elle sera bonne dans l'accord suivant sur lequel elle se prolongera, on aura alors une anticipation.

Les notes dissonnantes sont ainsi acceptées par l'oreille momentanément parce qu'elles viennent d'être entendues, à l'état de consonnances, ou qu'elles vont l'être. Elles ne doivent pas faire un grand écart avec les notes vraies dans la partie où elles existent.

# CHAPITRE XXI.

## Enchaînement des accords.

Les traités d'harmonie expliquent ce que l'on entend par mouvement parallèle, oblique, contraire ou semblable et les précautions à prendre dans chaque cas. Cela permet de comprendre ce que peut signifier l'enchaînement des accords.

Les accords à accepter en musique étant trouvés, il y a lieu de savoir comment on les emploiera. Ce qui serait naturel serait de prendre toujours les meilleurs. Mais quand il y a un certain nombre de parties dans l'harmonie, l'oreille éprouve une immense difficulté à saisir brusquement plusieurs sons nouveaux, elle a besoin dans le passage d'un accord à l'autre d'une ou plusieurs notes communes pour se retrouver. Donc, quand les meilleurs accords auront des notes communes, ils pourront s'enchaîner et alors il suffira de placer les notes communes dans les mêmes parties pour les lier. Parfois, cependant, on sera obligé de sacrifier les meilleurs accords, pour les remplacer par des accords moins bons, mais donnant des notes communes dans la succession. On dit dans tous les cas que la liaison s'effectue au moyen d'une tenue. La tenue à la basse est la meilleure; elle donne le mouvement oblique entre la partie principale, la basse et les autres parties. Mais il faut éviter les tenues à la basse sur d'autres notes que la tonique et la dominante, car une note longtemps répétée, surtout à la partie principale, la basse, tend à devenir tonique ou dominante.

Si, au contraire, deux accords dans notre nomenclature d'accords bons ou moins bons n'ont pas de note commune, on peut alors les relier au moyen des prolongations, retards, suspensions et anticipations.

Quand la tenue ne convient pas, au point de vue des accords véritables, à tous les accords qu'elle lie, elle prend le nom de pédale. Les notes au-dessus des pédales ne doivent pas sortir des vrais accords, afin d'avoir le moins possible d'intervalles mauvais.

Dans l'harmonie à deux parties, le besoin de liaisons se fait peu sentir, l'oreille suivant assez aisément deux sons nouveaux à la fois. Mais quand le nombre des parties augmente, les liaisons sont indispensables. Habituellement on en a une pour l'harmonie à trois parties, et deux pour l'harmonie à quatre ou cinq parties, selon toutefois le besoin de l'oreille que le compositeur apprécie.

La liaison entre les bons accords trouvés est déjà assez facile, car ils ont un assez grand nombre de notes communes, dont on peut profiter, en les mettant dans la même partie, comme nous l'avons dit plus haut, et employant pour cela le renversement convenable de l'accord.

## CHAPITRE XXII.

### Emploi et résolution des accords non consonnants.

Nous avons vu comment doivent s'enchaîner les accords consonnants, en profitant des notes communes, mais les accords qui ont besoin, soit de résolution seulement, soit de préparation et de résolution, c'est-à-dire les accords quasi-consonnants et les accords dissonnants demandent des conditions particulières, comme nous l'avons déjà dit. Pour les derniers, il faut que la dissonnance soit préparée; cela exige que l'accord précédent renferme déjà sa dissonnance à l'état de consonnance et dans la même partie, et ne demande en définitive qu'un certain choix d'accord à faire. En général, il sera bon que cet accord de préparation soit de bonne qualité, afin de bien affirmer dans le ton cette consonnance qui va devenir dissonnance, pour que cela n'ait pas l'air d'une faute échappée par inadvertance. Mais pour les deux catégories d'accords, il faudra que l'accord ayant la quasi-consonnance ou la dissonnance soit suivi d'un accord de résolution. Il s'agit donc de déterminer dans chaque cas l'accord de résolution. Voyons alors quel sera le principe de ces résolutions, d'abord pour les accords quasi-consonnants où la quasi-consonnance fera habituellement son mouvement de résolution par un mouvement de seconde, c'est-à-dire le plus petit possible, et descendant comme plus facile.

Or nous avons vu que les accords sont rangés par famille, dont la meilleure forme est généralement une série d'harmoniques de la note de basse, et représente alors pour ainsi dire la seule note de basse.

Ainsi pour l'accord de septième de dominante, par exemple,

La meilleure forme est :

$$\text{sol}_4 - \text{re}_2 - \text{si}_1 - \text{fa}_2,$$

représentée en vibrations par  $1 - 3 - 5 - 7$ environ.

Sous cette forme, ces quatre notes se réduisent à peu près à la seule note complexe $\text{sol}_4$, de sorte que la meilleure marche de l'accord n'est autre que celle d'une de ses notes, la basse, vers celle qui se relie le mieux à elle-même, par conséquent vers sa quinte, et vers sa quinte inférieure, le mouvement descendant demandant moins d'effort que le mouvement ascendant; c'est-à-dire que tout l'accord, ou ce qui est la même chose sa basse sol, ira à do et les notes au-dessus de la basse, qui ne sont en quelque sorte que la répétition de ses parties, se porteront également vers les parties du son complexe do, ou vers do-mi-sol, comme il suit :

Les notes si et fa qui n'ont qu'un demi-ton à franchir pour trouver les notes do et mi, se résoudront sur elles par le chemin le plus court, et la note re, placée entre ces deux notes do et mi de résolution et à un ton d'elles seulement, aura le choix entre les deux résolutions. Quand la basse sol sera répétée, n'étant plus alors comme la basse une note principale, elle n'aura plus comme elle à prendre la marche importante et la plus facile de quinte, mais à faire comme les notes supérieures le moindre trajet possible. Or cette note sol est, avec les deux premières notes de résolution do et mi, précisément dans le son complexe de do ou dans l'accord parfait do-mi-sol, elle n'a donc pas de raison de changer ; elle restera alors à sa place et donnera ainsi la troisième note sol, qui manquait pour constituer comme résolution le meilleur accord de la tonalité. Dans ce cas particulier, on peut remarquer combien l'accord et sa résolution affirment le ton, puisque ces deux accords successifs à eux seuls, sol-si-re-fa et do-mi-sol, contiennent précisément toutes les notes de la gamme.

Ordinairement l'accord ne se présente pas sous une forme aussi étendue, qui ne serait pas commode pour la pratique, mais bien sous la forme resserrée, sol-$_6$-si$_5$-re$_4$-fa$_1$, un peu moins bonne comme harmonie que la précédente, mais qui rachète cela par un emploi plus facile. Comme ce dernier accord ne diffère du premier que par une transposition d'octaves de certaines notes, qui l'altère peu, il se traite de la même manière. Quant aux autres formes de cet accord, si-re-fa-sol, re-fa-sol-si, fa-sol-si-re, elles peuvent être regardées comme obtenues par la suppression d'une ou plusieurs notes de basse de l'accord, après qu'on a répété les premiers harmoniques de chaque note ou leur octave, de sorte que cela ne change rien aux propriétés et aux résolutions. Ainsi on aura dans ce cas à considérer l'accord, sol-si-re-fa-sol-si-re-fa, qui existe réellement, puisqu'on sait que les premiers harmoniques ou les octaves de notes sont même entendues. Or la suppression à la basse de sol, puis de sol-si, puis de sol-si-re, donne, en ne gardant que les quatre notes inférieures, les trois accords :

|     |     |     |     |
|-----|-----|-----|-----|
| si  | re  | fa  | sol |
| re  | fa  | sol | si  |
| fa  | sol | si  | re  |

qui se résolvent naturellement comme ils le feraient dans l'accord ci-dessus avec sept, six et cinq notes. Les accords seront habituellement d'autant meilleurs qu'ils s'éloigneront moins de la forme primitive représentant le son complexe de la basse sol$_5$-re$_2$-si$_2$-fa$_3$, ou de la forme reçue dans la pratique, sol-si-re-fa.

Tel sera en général le principe des résolutions. On cherchera pour les notes de l'accord, c'est-à-dire de la famille considérée, s'il y a une forme où les intervalles avec la basse soient une tierce majeure, une quinte juste et une 7e mineure. Si alors la deuxième et la troisième notes sont exactement les 3e et 5e harmoniques de la basse, et si la quatrième note en est à peu près le 7e harmonique, puisqu'elle ne peut l'être exactement, cet accord sous cette forme ne représentera plus pour ainsi dire que le son complexe de la basse, c'est-à-dire qu'une seule note, celle de basse, dont la marche devra être la meilleure, c'est-à-dire vers la quinte inférieure, tandis que les autres notes iront par le chemin le plus court chercher les notes représentant le son complexe de la nouvelle basse de résolution, ou du moins formant un bon accord sur cette basse. Les renversements, comme nous l'avons dit ci-dessus, suivent naturellement la même loi de résolution, puisque c'est toujours le même accord avec toutes les notes doublées, dont on supprime seulement une ou plusieurs notes du bas.

L'accord sol – si – re – fa, n'étant formé que de notes naturelles et se trouvant placé sur une des meilleures notes du ton, le sol, et se résolvant d'ailleurs sur la tonique do, sera très-employé dans le mode majeur.

Examinons maintenant l'accord mi – sol# – si – re. On verrait de même que ce n'est autre chose à peu près que le son complexe mi de sa basse. Sa résolution sera alors tout à fait analogue à celle de sol – si – re – fa, auquel il ressemble comme forme ; seulement comme il renferme la note altérée sol#, caractérisant le mode mineur, il sera employé dans ce mode. La basse se résoudra donc sur la quinte inférieure la, qui donnera lieu à l'accord mineur de résolution la – do – mi.

L'accord sol – si – re – fa – la est aussi à peu près la même chose que le son complexe sol ; sa basse se résoudra donc également sur la quinte inférieure do, et les autres notes comme dans l'accord de quatre notes sol – si – re – fa ; quant à la note la, elle descendra naturellement d'un degré sur le sol, tout indiqué comme complétant le meilleur accord de la basse do, ayant déjà do et mi. Il s'emploiera dans le mode majeur par les mêmes raisons que son analogue de quatre notes.

L'accord mi – sol# – si – re – fa, est également à peu près la même chose que le son complexe mi ; sa basse se résoudra donc sur la quinte inférieure la, et comme il a la note altérée sol# caractérisant le mode mineur, il sera employé dans ce mode. La basse la indique naturellement la – do – mi pour l'accord entier de résolution, fa devant déjà descendre à mi.

Les accords de sixte augmentée acceptés :

$$\text{fa} \qquad \text{la} \qquad \text{do} \qquad \text{re}\sharp$$
$$\text{la}\flat \qquad \text{do} \qquad \text{mi}\flat \qquad \text{fa}\sharp$$

contenant des notes étrangères à la tonalité, et ayant ainsi moins de consistance, demanderont que la basse fasse moins de trajet ; elle se portera ordinairement vers la note voisine, par exemple le fa de fa – la – do – re# sur le mi voisin ; et comme cet accord a une note altérée re#, on l'emploiera dans le mode mineur. Quant à l'accord de résolution dont la basse est déjà mi, il se trouve tout indiqué, mi – sol# – si pour le mode mineur, afin de contenir la note sol#, caractéristique du ton mineur.

L'accord la$\flat$ – do – mi$\flat$ – fa$\sharp$ donnant, pour la résolution la plus facile de la$\flat$, la note sol très-voisine, qui est importante dans le ton de do majeur, indiquera l'emploi de cet accord en majeur. L'accord de résolution dont sol est la basse est tout marqué, il sera le meilleur accord sur sol ou sol – si – re, les notes sol et re étant d'ailleurs les résolutions tout indiquées de fa$\sharp$ et de mi$\flat$.

Les notes formant sixte augmentée, devront rester à cette distance et non être placées à la distance de re$\sharp$-fa de tierce diminuée, intervalle trop dissonnant, puisqu'il est plus petit que la tierce mineure.

L'usage a fait accepter cet accord de sixte augmentée avec quarte au lieu de quinte, fa – la – si – re$\sharp$, quand il vient après fa – la – do – re$\sharp$, c'est-à-dire qu'alors le do, qui doit se résoudre sur le si, commence déjà cette partie de résolution pour la note do, en attendant la résolution des autres notes sur l'accord mi – sol$\sharp$ – si. Cependant, dans le cas de cadence parfaite, on fait même précéder l'accord de sixte augmentée avec quinte du même accord avec quarte; c'est une sorte d'anticipation, qui est acceptée du reste dans quelques cas particuliers.

Tous les accords quasi-consonnants en général peuvent, comme les accords consonnants, donner de nouveaux accords par la suppression d'une ou plusieurs notes de basse, comme nous l'avons déjà montré pour sol – si – re – fa. En effet, dans un accord formé à peu près du son complexe 1 – 3 – 5 – 7, qu'on peut toujours considérer comme 1 – 3 – 5 – 7 – 1 – 3 – 5 – 7..., puisque le premier harmonique existe toujours, rien n'empêche de supprimer par exemple la basse 1 et les notes supérieures 3 – 5 – 7, car cela revient à supprimer seulement 1 et 3 – 5 – 7 et leurs harmoniques dans l'ensemble des harmoniques. On amène il est vrai la prééminence, au point de vue de l'intensité du son, à la note de basse 3, ce qui contribue à donner à cet accord un effet différent, mais on n'ajoute aucun son nouveau; par conséquent on n'introduit aucune dissonnance qui n'existait pas dans l'accord primitif.

En passant en revue les différents accords ci-dessus quasi-consonnants, on aura donc encore par suppression de notes comme quasi-consonnants les suivants :

Sol – si – re – fa, par la suppression de sol, donnera l'accord quasi-consonnant si – re – fa, nommé accord de quinte diminuée. En majeur, on ne l'emploie que dans les progressions, et alors, au lieu de se résoudre comme dans l'accord d'origine sol – si – re – fa, il se résout

presque toujours sur la quinte inférieure mi, et par suite donne
l'accord de résolution mi-sol-si. Cette résolution est due à une sorte
d'imitation de résolution dans les progressions pour les différents
accords successifs. Si parfois on emploie cet accord comme consonnant, cela tient au tempérament qui a fait disparaître les nuances
délicates.

Dans le mode mineur, la même marche de quinte inférieure de la
basse si au mi, détermine avec le sol♯ caractéristique du ton, l'accord de résolution mi-sol♯-si.

La suppression des deux notes de basse sol et si conduirait à l'intervalle quasi-consonnant re-fa, qui ne serait réellement pas consonnant dans la gamme naturelle, la gamme exacte.

L'accord mi-sol♯-si-re donnerait lieu à des remarques analogues.

Il en serait de même des accords quasi-consonnants de sixte augmentée.

L'accord sol-si-re-fa-la donne, par la suppression du sol, l'accord
quasi-consonnant si-re-fa-la, qui en majeur prend le nom de septième
de sensible. Seulement en mineur, il se présente une circonstance
particulière; le sol♯, que l'on entend à tout instant dans ce ton,
forme avec le la une dissonnance de seconde mineure très-choquante,
et le la devenu ainsi très-dissonnant devra être préparé. Mais il ne
faut pas en conclure, comme on le dit à peu près dans tous les
ouvrages, que ces deux accords si-re-fa-la aient une origine différente, ils ne se déduisent tous deux que de sol-si-re-fa-la, ou plutôt
ne sont qu'un même accord, et c'est uniquement parce qu'elle existe
dans le son complexe sol, que cette agrégation de notes a sa valeur;
peu importe que dans le ton, sol soit accepté comme naturel ou
comme altéré, c'est toujours en réalité la tonique do qui est le départ
des notes, comme on l'a vu, et il n'y a de différence que dans
l'emploi de l'accord. L'audition constante du sol oblige en mineur à
préparer le la; l'audition du sol en majeur, bien que sol-la soit aussi
une seconde, mais majeure toutefois, n'oblige pas à la préparation du
la, parce que ce sol ne fait que donner avec la le sentiment du son
complexe sol-si-re-fa-la, accord quasi-consonnant, comme on l'a vu,
ne demandant pas ainsi de préparation. Le la à la basse ne sera
pas bon, parce que la dissonnance produite par l'audition du sol♯ est
plus dangereuse à la basse, que dans toutes les autres parties, comme
on le sait. En mineur, la résolution du la sur sol♯ et du fa sur mi,
indique l'accord mi-sol♯-si, et exclut par conséquent le do comme

résolution du si, qui ira très-bien vers mi, par quinte descendante. D'autres suppressions de notes donneront toujours des accords quasi-consonnants, tant qu'ils ne feront pas retomber absolument sur des accords classés dans les accords consonnants; si parfois on les accepte comme consonnants, cela tient, comme nous l'avons dit, pour les accords non consonnants de quatre notes, à ce que notre gamme n'est habituellement qu'une gamme approchée, tempérée, et non la gamme naturelle.

L'accord mineur mi-sol#-si-re-fa donne lieu de même, par la suppression de la basse mi, à l'accord: sol#-si-re-fa, appelé septième de sensible du mode mineur, ou, par d'autres suppressions, à d'autres accords qui se résolvent comme l'accord primitif.

Tels sont les accords quasi-consonnants parmi lesquels un, si-re-fa-la, bien que quasi-consonnant par origine, puisqu'il n'existe que par la condition d'être le haut du son complexe sol, ne demande pas moins, en mineur, une préparation, à cause de l'audition constante, dans ce ton, de la note sol#, formant dissonance très-dure avec la. Il y a là une différence très-sérieuse avec les accords dissonnants en principe, c'est-à-dire de constitution, dont nous allons parler.

On a vu que les intervalles dissonnants, en laissant de côté les notes altérées, se réduisaient aux intervalles do-re et do-si de seconde et de septième. Dans l'intervalle do-re, c'est la note *do* de la basse qui est regardée comme la dissonance, bien que dans un intervalle les deux notes sonnent toutes deux mal ensemble, parce que, dans l'audition de notes simultanées, la basse l'emporte comme effet, par ses harmoniques plus nombreux entendus dans l'accord. Dans la septième, do-si, c'est si qui est regardée comme la dissonance, parce qu'elle forme avec le premier harmonique de la basse la dissonance de seconde si-do, où si est alors à la basse.

Maintenant la pratique démontre que des dissonances de cette nature peuvent être acceptées par l'oreille, à la condition que la note dissonante soit préparée, c'est-à-dire entendue dans l'accord précédent à l'état de consonance, et résolue comme pour les accords quasi-consonnants, c'est-à-dire entendue dans l'accord suivant également à l'état de consonance. Ce mouvement de résolution se fait habituellement par un mouvement de seconde descendant et ainsi plus facile. Cependant la sensible peut se résoudre sur la tonique en montant, grâce à l'attraction de la tonique, qui aide pour ainsi dire dans l'ascension.

En ce qui concerne les accords de trois sons, nous avons vu que ceux à une seule dissonance de seconde ou de septième sont inusités ou se déduisent des accords à quatre notes, si ce n'est do-fa-sol qui se résout sur do-mi-sol, et que les accords à deux dissonances sont généralement inadmissibles pour l'oreille, comme donnant trois notes de suite à intervalle de seconde.

Nous avons trouvé que les accords dissonants de quatre notes, considérés sous la forme se rapprochant le plus du son complexe de la basse, sont donnés par les formules :

$$fa - la - do - re$$

puis :

$$sol - si - re - mi$$
$$do - mi - sol - la$$

enfin :

$$fa - la - do - mi$$
$$do - mi - sol - si$$

et sont, moins la dernière note, le son complexe de leur base.

Le dernier accord, do-mi-sol-si, est donc le son complexe de la base do surmonté d'une note si ; or la dissonance si étant la sensible du ton, sa marche naturelle et ascensionnelle par exception serait vers do, en raison de la propriété commune de la sensible. Mais le reste de l'accord se trouvant précisément être l'accord de la tonique do, pourrait difficilement se déplacer, étant par lui-même le meilleur possible. Or le déplacement d'une seule note si, dans la résolution de l'accord dissonant do-mi-sol-si, sur l'accord parfait, do-mi-sol-do, ne donnerait aucun mouvement à l'harmonie ; cette attaque du si, obligé de se résoudre tout seul, précisément dans l'accord des notes de la basse, aurait l'air d'une faute commise et non d'une dissonance introduite avec intention, comme cela doit être bien indiqué, et l'est du reste par la préparation qui se fait de cette note dans l'accord précédent. Enfin la dissonance, si-do, serait en outre une dissonance très-dure de septième mineure. Toutes ces raisons font que cet accord est peu employé. Par la suppression du sol ou du mi, il reproduit les deux accords dissonants à une seule dissonance do-mi-si, do-sol-si dont nous avons parlé.

L'accord fa-la-do-mi est constitué d'une manière analogue par les trois premières notes fa-la-do donnant précisément le son complexe de fa auquel une note mi est ajoutée. Seulement, l'accord fa-la-do peut être plus facilement quitté dans la résolution que l'accord fondamental du ton do-mi-sol, aussi l'accord fa-la-do-mi est-il plus employé que l'accord précédent. Mais, comme sa dissonnance, également d'un demi-ton mi-fa, est très-dure aussi, on n'emploie cet accord que dans le ton mineur, où les consonnances sont moins parfaites que dans le mode majeur, ou du moins si on l'emploie en majeur, on suppose que, par le seul fait de cette attaque, on s'oblige au ton mineur, ce qui revient au même. Alors la descente de la basse fa vers la quinte si, et celle de la dissonnance mi vers le re, indiquent déjà l'accord si-re-fa-la du mode mineur. Le la n'aura pas à bouger et sa préparation utile sera faite; quant au do, il n'aura qu'un saut de demi-ton pour aller à si, et le redoublement de la basse à la partie supérieure n'aura, comme d'habitude, qu'à rester à sa place. Maintenant, puisqu'on se trouve en mineur, la résolution de si-re-fa-la est connue sur mi-sol♯-si. La résolution sur sol♯ ne pouvait se faire de suite, la quasi-consonnance mi devant devenir re en descendant d'un degré et la basse fa devant d'ailleurs aller à si comme basse d'accord. Il a donc fallu deux accords successifs.

Les accords do-mi-sol-la et sol-si-re-mi n'ont plus qu'une dissonnance de seconde majeure sol-la et re-mi, seulement cette seconde qui est de $\frac{10}{9}$ est plus éloignée de la tierce mineure que la seconde do-re égale à $\frac{9}{8}$, et par conséquent elle est un peu plus dure que la dissonnance do-re du premier accord ci-dessus fa-la-do-re dont nous parlerons tout-à-l'heure.

Mais ces accords représentent tous deux le ton complexe de leur basse do ou sol, qui sont d'ailleurs les meilleures notes de la gamme, avec l'addition, pour le premier du la et pour le second du mi; aussi peuvent-ils être convenablement employés.

Les harmonistes considèrent comme formes principales de ces accords les formes suivantes:

$$\text{la} - \text{do} - \text{mi} - \text{sol}$$
$$\text{mi} - \text{sol} - \text{si} - \text{re}$$

Ils font ainsi ressortir le son de leur tierce do ou sol par une note la ou mi à laquelle semble ajouté l'accord do-mi-sol ou sol-si-re, représentant, comme nous l'avons dit, le son complexe do ou sol, c'est-à-dire les meilleures notes de la gamme; comme ces accords do-mi-sol et sol-si-re se présentent très-souvent et sont les meilleurs, on com-

prend que les notes la ou mi produisent par le contraste un effet
saisissant. En outre, les sons fondamentaux la et mi ne sont pas mal
placés dans ces accords, car, ainsi qu'on peut le voir sur nos tableaux
Nᵒˢ 1 et 2, page 46 et 56, la quinte mi et la 7ᵉ sol sont le troisième et à
peu près le septième sons partiels du son complexe de la basse la ; la
quinte et le septième son re sont le troisième et à peu près le septième
sons partiels de la basse mi. D'ailleurs la tierce do ou sol, quand elle est
mineure, n'est plus en effet le 5ᵉ harmonique de la basse la ou mi, mais
on sait que la tierce mineure a encore avec sa basse les 5ᵉ et 6ᵉ harmoniques communs, ce qui rend la tierce mineure très-bonne également.
Ces notes la et mi ne sont pas dès lors absolument condamnées au seul
mouvement mélodique des dissonnances ; aussi a-t-on pu les considérer
comme basses des accords ; cependant, do et sol en seraient plutôt les
véritables basses. Mais cette possibilité d'une double acception devient
une ressource dans les modulations, où le la et le mi seront les éléments
essentiels de transition, et serviront à arriver aux notes la et mi qui
n'ont pas de rapports faciles avec do-mi-sol et sol-si-re. Ainsi de l'accord
sol-si-re, pour aller à la-do-mi, le saut serait brusque, il n'y aurait pas
de note commune ; au contraire, de sol-si-re-mi à la-do-mi, il y aura
un passage plus facile, qu'aura procuré cette considération, possible
du reste, du mi à la basse, entraînant plus qu'une note supérieure.
Seulement ces accords, sous cette forme, n'étant plus exactement le
son complexe de la basse et ayant ainsi moins de consistance, on
fera faire aux notes le moins de chemin possible ; la dissonnance sol
devant descendre à fa, donnera la résolution de suite, en laissant en
place la et do, car mi n'aura qu'un demi-degré pour aller à fa ; mi-
sol-si-re donnera de même mi-sol-do.

Il reste à examiner l'accord fa-la-do-re.

Sous cette forme, il se trouve représenter la note complexe fa de la
basse, à laquelle on a ajouté le son étranger re, qui est même le 27ᵉ
harmonique de fa, et donne ainsi la dissonnance do. Cet accord est
ordinairement considéré par les harmonistes comme ayant pour
forme principale re-fa-la-do, où aucune des notes n'est le son partiel
de la basse, de sorte qu'en ce sens l'accord ne serait aucunement le
son complexe de sa basse, aussi la forme principale fa-la-do-re
nous paraît-elle préférable ; c'est, d'ailleurs, ainsi que l'admet
Rameau, et qu'il apparaît ordinairement dans la cadence d'ut majeur. Mais il faut remarquer cependant que re-fa-la est un des accords
quasi-consonnants que nous avons déduits de sol-si-re-fa-la ; donc

re-fa-la, bien que non consonnant en réalité, peut être attaqué sans préparation, comme faisant partie constitutive du son complexe sol ; c'est ce qui a motivé cette portion re-fa-la de l'accord à la partie inférieure, ayant alors re pour basse, et son importance dans l'harmonie. D'ailleurs, la dissonnance de l'intervalle do-re, qui est égal à $\frac{9}{8}$, est la moins dure des dissonnances de seconde, et nous avons même vu, en traitant des intervalles, que do était presque le 7e harmonique de re, puisque nous avons admis re-do comme intervalle quasi-consonnant ; donc, re-fa-la est quasi-consonnant, re-do est également quasi-consonnant, de sorte que tout, par rapport à la basse re, semble quasi-consonnant et fait comprendre son emploi sous la forme re-fa-la-do.

Maintenant, dans la résolution, le do descendant d'un degré sur le si, si l'on admet en outre pour la basse re la marche la plus simple de quinte inférieure, on a déjà les deux notes si et sol à la basse, ce qui détermine naturellement l'accord sol-si-re.

On ne considère pas les accords dissonnants de quatre sons à plus d'une dissonnance de seconde ou de 7e, qui donneraient au moins trois notes de suite à intervalle de seconde, ce que l'oreille n'accepterait pas, du moins dans les circonstances habituelles, et par conséquent ces formes ne peuvent constituer de véritables accords.

On a vu que les accords dissonnants de cinq sons ne sont pas usités ; on n'a trouvé même qu'un seul accord quasi-consonnant pour chaque mode, l'accord de 9e de dominante majeur ou mineur.

En dehors des résolutions indiquées ci-dessus, qui sont les résolutions principales, on comprend que les accords quasi-consonnants, qui, au même titre que les accords consonnants, s'attaquent sans préparation, puissent servir à une première résolution des dissonnances des accords dissonnants, étant placés immédiatement après eux, pourvu que la dissonnance de l'accord dissonnant se résolve sur une consonnance de l'accord quasi-consonnant, dont la dissonnance à son tour aura ensuite à se résoudre.

Ainsi, fa-la-do-re peut résoudre sa dissonnance do sur le si de l'accord quasi-consonnant fa-sol-si-re, sauf à ce dernier à résoudre lui-même sa dissonnance, suivant les règles connues, sur l'accord mi-sol-do-sol.

Enfin, en dehors de tous ces accords dissonnants, on rencontrera des formes contenant accidentellement des dissonnances qui ne seront alors que des retards ou anticipations dans le sens déjà expliqué. Cela arrivera quand, dans les successions d'accords véritables examinés ci-dessus, il y aura, dans une même partie, une note descendant d'un degré sur une autre, alors la note prolongée fera naturellement son mouvement descendant de résolution sur la note du deuxième accord, en engendrant ainsi par le fait un accord tout provisoire et non classé dans la nomenclature.

Certains harmonistes ont voulu déduire ces accords momentanés d'une classification générale d'accords formés de quintes successives avec suppression de notes.

D'abord cette classification est tout arbitraire et n'est aucunement fondée sur la nature des choses, et ici des sons. Si nous avons trouvé pour quelques accords une forme principale, les classant par tierces successives en effet, nous avons vu que cette forme n'est pas déjà la meilleure, qu'elle est admise seulement comme plus commode dans la pratique, étant resserrée, et que la véritable forme principale serait celle les donnant dans l'ordre exact des harmoniques impairs. De plus, cela n'est vrai que pour quelques accords, ainsi qu'on l'a expliqué, et dans tous les cas nous avions pris nos déductions dans la nature même des sons et dans les effets produits sur notre organisation, et non dans une convention tout arbitraire, comme celle des harmonistes dont nous parlons. Ils se fondent, il est vrai, sur ce qu'en considérant un assez grand nombre de tierces superposées, ils peuvent en effet reproduire toutes les formes d'accords, aussi bien ceux examinés plus haut que ceux provenant des retards. Cela est exact, mais c'est tout simplement une question de chiffres, pour ainsi dire, et n'ayant aucun rapport avec la nature des sons, ni avec la satisfaction à produire sur notre organisation.

En effet, quand on a sept quantités différentes, do-re-mi-fa-sol-la-si, se reproduisant périodiquement et indéfiniment :

do-re-mi-fa-sol-la-si-do-re-mi-fa-sol-la-si-do-re-mi-fa-sol-la-si.....

Il est clair qu'en partant de do par exemple et procédant par tierce, c'est-à-dire de deux en deux notes, on aura d'abord do-mi-sol-si-re qui donneront quatre tierces et dont la dernière note re sera un degré au-dessus de l'octave de do, puisque ces quatre tierces embrassant huit intervalles de seconde conduiront à une note après l'octave do qui ne contient que sept de ces intervalles. En repartant de re, ainsi d'un degré plus loin que do, comme on était parti de do, pour les quatre tierces suivantes, on arrivera à la deuxième note mi après la deuxième octave de do, etc., en avançant ainsi d'un nouveau degré, jusqu'à ce qu'on retombe de nouveau sur do pour origine des quatre tierces, ce qui donnera la série indéfinie périodique

do-mi-sol-si-re-fa-la-do

où se trouveront toutes les notes de la gamme.

Si l'on avait commencé à mi, on aurait trouvé de même mi-sol-si-re-fa-la-do-mi, et de même à partir de chaque note.

Par conséquent, un accord d'un nombre quelconque de notes et sous une forme quelconque sera toujours reproduit par une série de tierces ainsi prises, en s'arrêtant après avoir épuisé toutes les notes, répétées au besoin, et en avoir supprimé le nombre convenable.

Mais, je le répète, c'est là une question algébrique de progressions, n'intéressant en aucune façon les sons et encore moins la satisfaction à en retirer. Tout au plus peut-être pourrait-on chercher si, à l'état de pure convention, ce procédé pratique n'aurait pas quelque avantage pour faciliter la mémoire; mais cela ne serait même pas probable, car étant tout conventionnel, il pourrait même conduire à des erreurs d'appréciation sur la valeur des différents accords. Quant à cette suppression même de notes, rien ne dit qu'elle ait un sens, si on ne la justifie pas comme nous par la considération d'un accord entendu réellement dans la nature, grâce au doublement des notes par leur premier harmonique, et présentant alors les notes de l'accord dans l'ordre indiqué, après une élimination de notes réellement existantes.

Tout mouvement descendant de seconde dans la succession de nos bons accords peut donner lieu à la prolongation de la note descendante, parce qu'elle n'introduira jamais ainsi qu'une dissonance satisfaisant déjà à la loi de résolution; il pourra en être de même dans le mouvement ascendant, s'il a lieu de la sensible à la tonique.

Dans le mouvement ascendant d'un degré, on peut diéser la note ascendante, car la note altérée ne saurait changer la succession, mais seulement la modifier en donnant à cette note altérée une tendance plus forte même vers la note supérieure qui existe et dont on la rapproche.

Dans le mouvement descendant d'un degré, on peut bémoliser la note descendante, car la note altérée ne saurait changer la succession, mais seulement la modifier en donnant à cette note altérée une tendance plus forte même vers la note inférieure qui existe et dont on la rapproche.

Ces notes altérées pourront même se prolonger.

Mais tout cela ne donnera que des modifications passagères de nos bons accords trouvés, déduits des harmoniques, auxquels on devra revenir le plus vite possible, les notes faisant le trajet minimum.

Quoi qu'il en soit, dans cette multitude d'accords provisoires ainsi possibles, en dehors des vrais accords trouvés plus haut, il y aura toujours lieu, pour se renseigner sur leur valeur absolue, de consulter nos tableaux N°ˢ 1 et 2, pages 46 et 56, pour savoir au moyen des harmoniques au moins, si l'on fait toujours abstraction des sons résultants, de combien ils s'éloignent du véritable son complexe de la basse, qui est le meilleur accord sur cette basse. On pourra même, au moyen d'un calcul facile de battements analogue à ceux que nous avons déjà indiqués, se rendre un compte sérieux de la valeur harmonique absolue d'un accord donné, et, en tenant compte ensuite de la simplicité du rapport des vibrations de sa basse avec les notes de basse voisines ou au besoin de deux notes quelconques, sans oublier l'influence de la tonique, on aura les éléments pour apprécier l'opportunité de son emploi, dans les conditions où l'on se trouvera.

Telles sont les considérations générales sur les accords qui nous paraissent de nature à faire apprécier *à priori* un accord donné et à indiquer des règles générales pour leur emploi, et qui nous semblent manquer dans la plupart des ouvrages d'harmonie. Tout y est généralement donné comme un fait à se rappeler, en constituant ainsi un nombre infini de cas, qu'on pourrait appeler le chaos harmonique, dans lequel la mémoire la plus heureuse a de la peine à se retrouver. Quant aux détails, ils se trouvent dans tous les traités actuels d'harmonie, et notre but n'était pas d'y revenir ici.

# DIFFICULTÉS PRATIQUES

## CONSIDÉRABLEMENT RÉDUITES.

Dans la première partie, on a vu comment, avec le simple concours de la science et le seul raisonnement, on était arrivé, abstraction faite de toutes connaissances musicales :

1° A trouver le système musical le meilleur, c'est-à-dire le plus satisfaisant pour notre organisation, qu'il s'agisse de la gamme naturelle ou de la gamme tempérée indispensable pour la plupart des instruments;

2° A indiquer un système de notation qui apporterait des avantages incalculables, tant au point de vue de la lecture des notes que de leur mesure;

3° A faire connaître la note qui aurait dû être choisie comme diapason, au lieu du *la;*

4° A donner des règles générales pour le bon emploi et la résolution des accords, et un moyen sûr de reconnaître *a priori* la valeur d'un accord quelconque que l'on n'aurait jamais entendu, par la considération des sons résultants et des harmoniques, éclaircissant enfin ce mystère pressenti par Rameau, mais imparfaitement expliqué jusqu'ici, de la basse dominante des accords, qui reste basse bien qu'en en occupant les parties supérieures.

Dans la deuxième partie, renonçant pour le moment aux progrès immenses que la notation musicale ci-dessus indiquée apporterait à l'art musical, toujours guidé par le seul raisonnement, et nous renfermant dans la pratique actuelle de la musique et dans la forme de notation usitée, nous présentons :

1° Des procédés de lecture pour l'intonation et la mesure, qui resteraient les mêmes avec les progrès annoncés de la musique, mais permettant déjà à un enfant, de trois mois d'étude, de déchiffrer, à première vue, ce qu'aucun musicien ne saurait lire actuellement, par les procédés connus, dont les causes d'infirmité sont du reste expliquées ;

2° Un système de clavier réduisant à un temps six fois moindre l'étude de l'élève, comme le travail journalier de l'artiste, avec des avantages de transposition dans tous les tons, sans déplacement de clavier, de suppressions des accidents de la clef et autres qui seront démontrés et précisés ;

3° Le principe qui apporterait, à tous les instruments, les avantages ci-dessus qui ont été rendus pratiques pour les instruments à clavier, en donnant déjà le moyen de réduire dès aujourd'hui à un mois environ les deux premières années d'étude des instruments à archet.

# CHAPITRE PREMIER.

## Intonation.

Après avoir trouvé les meilleures notes à employer soit successivement, soit simultanément, après avoir indiqué le meilleur moyen de représenter ces notes sur le papier, il y a lieu de songer à exécuter ces notes sur les différents instruments et d'abord avec la voix, c'està-dire à apprendre l'intonation. Nous allons expliquer un procédé conduisant en très-peu de temps à donner, avec la plus grande exactitude, les intonations même les plus inabordables aujourd'hui. Ce moyen ne suppose d'ailleurs aucun changement de notation dans la musique actuelle.

Occupons-nous d'abord des notes naturelles du ton de do :

do-re-mi-fa-sol-la-si-do.

Pour émettre les notes avec la voix, comme toutes les fois qu'on passe de la théorie à la pratique, il faut nécessairement les mesurer et dès lors la question est de chercher le meilleur procédé de mesure.

Or, puisque les différents degrés de notre échelle musicale ont été trouvés par la condition de faire les intervalles les plus simples avec la tonique, cette dernière note est tout naturellement indiquée comme celle qui doit servir à mesurer toutes les autres et alors il ne devra plus y avoir d'intonation difficile, car sans cela la note n'aurait pas été acceptée dans notre échelle; de plus il n'y aura jamais d'hésitation sur le point de départ des mesures, parce que ce sera toujours la tonique, tandis qu'aujourd'hui le point de départ est constamment changé, dépendant de la note variable qui précède. Cela est si clair qu'on s'explique difficilement qu'on ait pu jamais songer à tout autre moyen, et c'est en effet ainsi que nous allons procéder. Cherchons d'abord la première note, mi de l'exemple ci-dessous :

En opérant comme aujourd'hui, si l'on veut chanter exactement, il faut partir du diapason la et arriver par quintes successives descendantes la-re, re-sol, sol-do à la tonique do du morceau, qui donnera do-mi. Maintenant, du mi nous ne passerons pas au sol par l'intervalle mi-sol comme aujourd'hui, mais nous supposerons par la pensée au-dessous du sol, comme au-dessous de toutes notes, une tonique do, et alors du mi il y aura à revenir au do par l'intervalle mi-do, et une fois à la tonique à donner l'intervalle do-sol, en passant ainsi d'une note à la suivante toujours par l'intermédiaire de la tonique imaginaire. Mais comme ce point de départ de l'intervalle à prendre pour chaque note est constant, on peut même ne pas se préoccuper de l'intervalle descendant, en tachant de conserver dans la mémoire l'intonation de la tonique, résultat qui est bientôt obtenu par quelques exercices préalables que nous indiquerons.

Il reste alors simplement pour apprendre les notes naturelles à se familiariser avec les intervalles ascendants

do-re, do-mi, do-fa, do-sol, do-la, do-si,

c'est-à-dire à apprendre six intervalles des plus faciles, puisque les notes, comme on le sait, ont été trouvées par cette condition de faire les intervalles les plus simples précisément avec cette tonique.

Quand on possédera bien l'intonation pour l'échelle naturelle, il restera bien peu à faire pour apprendre, par notre méthode, les intervalles altérés. En effet, pour chanter un fa# par exemple, on aura à prendre d'abord le fa naturel au moyen de la tonique do, comme on vient de le voir, c'est-à-dire à faire l'air connu do-fa, puis à s'habituer à prendre ensuite avec cette note l'intervalle ascendant $\frac{25}{24}$, c'est-à-dire l'air fa-fa#, prononcé fa-fa. Pour chaque dièse, on aura le même air $\frac{25}{24}$ à prendre avec la note naturelle préalablement trouvée par la tonique. Pour les bémols, ce sera le même intervalle constant, mais renversé, $\frac{24}{25}$, que l'on devra faire en descendant avec la note naturelle, toujours déduite préalablement de la tonique.

Cet air $\frac{25}{24}$ ou $\frac{24}{25}$ pourra être utilement donné comme type, sur la note la, à côté de ce diapason qui se composera alors des trois notes la♭, la, la# ; mais dans tous les cas le professeur y habituera facilement ses élèves.

Une corde tendue de manière à faire entendre par exemple le $do_2$, exactement déduit du diapason $la_3$ par les quintes descendantes $la_3$-$re_3$, $re_3$-$sol_2$, $sol_2$-$do_2$, serait aussi très-avantageusement employée pour donner à l'élève les intervalles justes ou altérés dans le ton de $do_2$.

Les points correspondants aux différentes notes seraient alors marqués à côté de la corde pour que l'élève pût trouver tout seul les sons. Si l'on suppose une corde ayant à peu près la longueur des cordes de violon, soit 326 $^m/_m$, quand la corde à vide sera tendue de manière à donner le do exact pour le diapason normal, ce qui s'obtiendra facilement avec la corde re du violon un peu moins tendue que d'habitude, les autres notes naturelles seront données en mettant le doigt aux points éloignés du sillet des distances indiquées ci-dessous :

pour do –    re –   mi –   fa –   sol –   la –   si –   do

0 – 36$^{m}/_{m}$,2 – 65$^m$,2 – 81$^m$,5 – 108$^m$,7 – 130$^m$,4 – 155$^m$,1 – 163$^m/_m$.

Une bande de papier collée sur la touche, reportant les divisions exactes ci-après, indiquerait déjà les notes do, re, mi, fa, sol, la, si, do, dans la gamme exacte, pour une octave.

do — re — mi — fa — sol — la — si — do

Pour les notes accidentées on aurait à prendre à partir du sillet, et en nombres ronds :

Pour do♯............ 13$^{m/m}$          Pour ré♭............ 24$^{m/m}$

— ré♯............ 48                  — mi♭............ 54

— mi♯............ 76                  — fa♭............ 71

— fa♯............ 91                  — sol♭............ 100

— sol♯............ 117                — la♭............ 122

— la♯............ 138                 — si♭............ 145

— si♯............ 159                 — do♭............ 156

do — do♯ — ré♭ — re — ré♯ mi♭ — mi fa♭ mi♯ fa — fa♯ sol♭ — sol — sol♯ la♭ — la — la♯ si♭ — si do♭ si♯ do

Cette même division servirait d'ailleurs également pour les autres tons donnés par les cordes sol — re — la — mi... du violon, en mettant les noms des notes du ton : sol – sol♯–la♭ – la, etc.

re – re♯ – mi♭ – mi, etc.

la – la♯ – si♭ – si, etc.

mi, etc.

Les tons qui restent ne présenteraient plus aucune difficulté; on procéderait par imitation, et les intervalles seraient donnés sans même qu'on s'en préoccupât, en partant toujours de la tonique.

D'ailleurs, dans tous ces tons : si – fa♯–do♯– fa – si♭ – mi♭–la♭ re♭-sol♭-do♭, on pourrait opérer de la même manière que pour les cinq qui précèdent, en se servant toujours des quatre cordes du violon. Il suffirait de prendre, pour chaque tonique, la corde du violon dont le son à vide s'en éloigne le moins. Pour le ton de si, par exemple, on retrouverait la corde re qui a déjà servi pour le ton de do, et qui serait encore facilement utilisée un demi-ton plus bas. Pour le ton de fa♯, on prendrait la corde sol, etc. Il n'y aurait plus alors qu'à trouver avec la voix la tonique en question par l'échelle exacte des quintes, et à accorder ensuite sur cette note la corde à vide appropriée au ton considéré. La division marquée sur la touche serait applicable à toutes ces gammes, puisqu'il s'agirait toujours d'une gamme ayant pour tonique la corde à vide.

J'ai fait construire, dans une caisse résonnante, une série de vingt-deux diapasons correspondant exactement aux divisions indiquées ci-dessus pour le ton de do, et au diapason normal la$_2$, avec lesquels je puis contrôler chaque note émise par la voix, en étouffant les autres diapasons. Cela nous a permis de vérifier la parfaite exactitude de notre procédé si rapide, indiqué pour l'étude de l'intonation dans des conditions si étendues. Cette série de diapasons, partant ainsi du do de la clef d'ut, est exactement dans le registre de la femme, et à une octave au-dessus de la voix d'homme lisant la clef de sol, comme nous l'avons vu, mais elle n'en est pas moins très-sure pour la vérification de cette dernière, les transpositions d'octaves offrant si peu de difficultés, que plus d'un artiste aujourd'hui est peut-être loin de soupçonner qu'en chantant, sur la clef de sol, le do, immédiatement au-dessous de cette clef, il n'est point à l'unisson du piano, par exemple, donnant cette note, mais bien une octave plus bas.

Il y aura donc, en définitive, à apprendre en tout $6 + 2 = 8$ intervalles, et encore les plus simples possibles, pour rendre tous les intervalles naturels ou altérés, quelqu'inabordables qu'ils soient aujourd'hui, en les déduisant à tort de la note précédente.

Pour s'habituer à rendre ces huit airs de deux notes dans tous les tons, nous avons formé un *Exercice préliminaire d'intonation* et des *Exercices journaliers* que l'on étudiera, comme nous l'expliquerons, jusqu'à ce que l'on en soit parfaitement maître. Ces derniers exercices, assez convenables pour une voix de ténor, pourront, d'ailleurs, être appropriés aisément à la voix de chacun, selon le registre, par suppression ou au besoin par addition de quelques notes.

Maintenant nous avons dit que les dièses et les bémols se trouvent, par une superposition de deux airs, de deux notes chacun, le premier formé par la tonique et la note naturelle, le deuxième par cette dernière et la note altérée. C'est-à-dire que pour les dièses, par exemple, on a les appellations ci-dessous :

> (do–ré ) (ré –ré♯) se prononçant (do–ré) (ré –ré )
> (do–mi) (mi–mi♯)         —         (do–mi) (mi–mi)
> (do–fa ) (fa – fa♯)       —         (do–fa) (fa –fa )

Pour le do dièsé, on pourrait prendre seulement le deuxième intervalle, si pour l'uniformité il ne nous semblait préférable de se conformer à la loi des autres dièses.

Mais la succession de trois syllabes de même nom, ré-ré-ré, mi-mi-mi, fa-fa-fa, etc., pourrait, surtout dans la rapidité de la lecture, amener de la confusion, et, dans tous les cas, un certain embarras, pour savoir si l'on a bien songé trois fois de suite à re, à mi, à fa, en donnant à la dernière appellation une intonation plus élevée. C'est une difficulté qui se présente toujours, quand on a le tort de donner le même nom à des choses différentes. Il faut alors compter le nombre de re, de mi, de fa, etc., opération délicate et sujette à erreur dans la rapidité de l'exécution et dont dispenserait naturellement une différence de nom. Si l'on arrivait aux doubles dièses et aux doubles bémols, la confusion serait encore plus à redouter. Une fois même l'intonation obtenue pour une note altérée, fa♯, si l'on oublie un instant la manière dont elle a été prise, par deux opérations au lieu d'une, on peut très-bien, grâce à l'identité de nom et avec un peu de distraction, revenir à l'autre fa, ou du moins y tendre insensiblement par l'hésitation, cette note de nom semblable demandant même, comme moins élevée et surtout comme faisant partie du ton, un moins grand effort pour la voix. Ce phénomène ne serait peut-être pas étranger à cette tendance si connue et si peu expliquée des voix à descendre en chantant.

On est donc conduit à donner à la note altérée un autre nom, assez court pour ne pas compliquer l'appellation, assez différent pour qu'il n'y ait pas confusion dans la pensée, et assez semblable pour qu'il n'y ait aucune préoccupation pour le déduire du nom de la note naturelle. Ces conditions sont très-bien remplies pour le re♯, par exemple, par la syllabe *ré*, conservant la même consonne que *ré*, mais s'en distinguant suffisamment par la terminaison *é*, que l'on donne également à tous les dièses, pour que la préoccupation ne résulte jamais d'une opération aussi uniforme. La terminaison *eu* s'applique aux bémols, en réservant les finales *és* et *u* pour les doubles dièses et les doubles bémols.

On aura alors les appellations suivantes :

| *Pour les dièses :* | | | *Pour les bémols :* | |
|---|---|---|---|---|
| do-do | — | do-dé | do-do | — do-deu |
| do-ré | — | ré-ré | do-ré | — ré-reu |
| do-mi | — | mi-mé | do-mi | — mi-meu |
| do-fa | — | fa-fé | do-fa | — fa-feu |
| do-sol | — | sol-sé | do-sol | — sol-seu |
| do-la | — | la-lé | do-la | — la-leu |
| do-si | — | si-sié | do-si | — si-sieu |

Bientôt la pratique permettra de répéter sans effort la note du milieu : do-re-mi-fa-sol-la-si, de sorte que les appellations se réduiront pour ainsi dire aux suivantes :

| *Pour les dièses :* | *Pour les bémols :* |
|---|---|
| do-do-dé | do-do-deu |
| do-ré-ré | do-ré-reu |
| do-mi-mé | do-mi-meu |
| do-fa-fé | do-fa-feu |
| do-sol-sé | do-sol-seu |
| do-la-lé | do-la-leu |
| do-si-sié | do-si-sieu |

Ces notes altérées auront donc, en définitive, pour ainsi dire un nom de trois syllabes, comme les notes naturelles en ont un de deux, mais commençant toujours par la tonique.

Pour les accidents véritablement doubles, et non quand un est déjà à la clef, car alors ce n'est plus qu'un accident simple, c'est-à-dire pour les cas très-rares, on aura les appellations suivantes :

| *Pour les doubles dièses :* | *Pour les doubles bémols :* |
|---|---|
| do-do-dè-dès | do-do-deu-du |
| do-ré-rè-rès | do-ré-reu-ru |
| do-mi-mè-mès | do-mi-meu-mu |
| do-fa-fè-fès | do-fa-feu-fu |
| do-sol-sè-sés | do-sol-seu-su |
| do-la-lè-lès | do-la-leu-lu |
| do-si-siè-siès | do-si-sieu-siu |

Dans le ton de sol, on commencera également par la tonique et les appellations seront :

| *Pour les dièses :* | *Pour les bémols :* |
|---|---|
| sol-do-dè | sol-do-deu |
| sol-ré-rè | sol-ré-reu |
| sol-mi-mè | sol-mi-meu |
| sol-fa-fè | sol-fa-feu |
| sol-sol-sè | sol-sol-seu |
| sol-la-lè | sol-la-leu |
| sol-si-siè | sol-si-sieu |

Dans tous les tons, les appellations suivront la même loi, la tonique :

$$\text{do — sol — re — la — mi — si — fa — do}$$
$$\text{fa — si — mi — la — re — sol — do}$$

donnant toujours la première syllabe, selon que l'on sera dans les tons majeurs :

$$\text{do} \quad \text{sol} \quad \text{re} \quad \text{la} \quad \text{mi} \quad \text{si} \quad \text{fa}^\sharp \quad \text{do}^\sharp$$
$$\text{fa} \quad \text{si}^\flat \quad \text{mi}^\flat \quad \text{la}^\flat \quad \text{re}^\flat \quad \text{sol}^\flat \quad \text{do}^\flat$$

Quant aux tons mineurs, on ne s'en préoccupera aucunement ; on partira toujours de la tonique majeure, et l'on donnera l'acci-

dent mineur absolument comme un autre accident, les notes altérées
n'étant pas plus difficiles à émettre que les notes naturelles, ce qui
est un avantage dont la suite fera apprécier tout le prix.

On verra, d'ailleurs, plus loin, comment tout cela se simplifie ; mais,
avec ce procédé, on évite la confusion qui est toujours à redouter,
du reste, avec un même nom donné à des idées différentes, ou à des
sons variables, la note naturelle et la note altérée, ainsi qu'on le fait
aujourd'hui. On croit parfois apporter ainsi une simplification, et
c'est *toujours* le résultat inverse qu'on obtient. C'est une loi fatale
que le trouble et l'incertitude naissent d'un même signe ou d'une
même appellation pour deux idées différentes.

Du reste, même dans la pratique des instruments, on ne fera
jamais qu'un ré♯, par exemple, bien qu'appelé *ré*, soit la même chose
qu'un ré naturel. Il faudra bien voir d'abord la note ré du ton, et
frapper ensuite un demi-ton plus loin, ce qui ne sera pas plus simple
en appelant encore cette note *ré*, qu'en la nommant *rè*; on peut même
dire que nous évitons la confusion. Ainsi, quand on veut en do
prendre le mi♯, on ne prend plus un mi comme pour le mi naturel, on prend un fa, c'est-à-dire une note qui a même un nom
différent dans les appellations tonales. Il est donc au moins aussi
commode de l'appeler *mè* que mi, puisqu'il faut, en définitive,
prendre sur le piano, par exemple, la note que l'on touche, quand on
lit un fa.

Mais en allant au fond des choses, on peut préciser ici comment
se traduiront ces différences de nom dans l'émission du son par la
voix, comme dans leur perception par l'oreille.

On sait que, quand la voix émet un son, il est complexe, c'est-à-
dire qu'il y a un son fondamental et un certain nombre de sons
harmoniques qui peuvent être entendus. Maintenant, si par un
appareil quelconque, on renforce, sans changer le nombre de vibrations, tantôt l'un, tantôt l'autre de ces sons simultanés, on ajoute
au son d'ensemble entendu, un caractère spécial qui sert à le mieux
distinguer. C'est ce que fait la cavité de la bouche, quand, selon la
forme qu'elle prend, apte à renforcer tel ou tel harmonique du son
émis, elle donne lieu à telle ou telle voyelle. Un phénomène analogue
se produit également pour des sons complexes voisins.

Si réciproquement on émet différentes voyelles sur un certain
son, c'est que l'on aura donné à la cavité buccale la forme propre à
cette voyelle. Donc alors, deux sons, *ré* et *rè*, ne se distinguent plus

seulement par leur différence de hauteur, comme lorsqu'ils ont le même nom, mais encore par la forme que prend la cavité de la bouche, forme dont le souvenir est beaucoup plus facilement conservé que celui des hauteurs des sons, ainsi que le constate la facilité relative des enfants à garder la mémoire des voyelles ou même des consonnes, pour lesquelles des raisons analogues seraient à invoquer dans l'étude des différentes langues, comparée aux difficultés que présente souvent en musique le souvenir des intonations.

Ce même avantage pour l'émission des sons se retrouve également dans leur audition, car l'harmonique renforcé, quand on émet le *ré*, n'étant pas du même ordre que l'harmonique renforcé, quand on chante le *ré*, on a pour l'audition du *ré* ou du *ré* un caractère différent, indépendant également de la différence des vibrations qui reste seule, quand on prononce toujours *ré*. Comme tout-à-l'heure, ce deuxième caractère distinctif, qui vient ainsi en aide, est beaucoup plus facile à retenir, car il ne demande pas une mesure exacte, comme pour les nombres de vibrations, mais un simple souvenir d'un effet propre à la terminaison *é* dans un cas, et *è* dans l'autre. Les terminaisons, *eu-ès-u*, seront aussi facilement retenues et par des motifs analogues.

Les terminaisons *é* pour les dièses et *eu* pour les bémols, sont même parfaitement appropriés à désigner une élévation de son pour *é*, comme un abaissement pour *eu*, car la résonnance de la bouche correspondant à la voyelle *eu* est do♯, tandis qu'elle est sol♯, c'est-à-dire plus élevée pour *ai* qui se prononce à peu près comme *è*, de sorte que, grâce au choix même de ces deux terminaisons, on ne risque jamais d'émettre un dièse pour un bémol ou inversement, ni de se méprendre dans l'audition.

On voit donc que, soit pour l'audition des dièses et des bémols, soit pour leur émission, l'introduction de voyelles différentes, comme terminaison du nom, ajoute aux caractères permettant déjà, à la rigueur, de discerner, mais avec plus de difficulté, les sons par leur hauteur relative, un phénomène beaucoup plus distinctif et beaucoup plus facile à retenir. Quant à l'instantanéité, elle n'est aucunement diminuée, car fa-ré est beaucoup plus tôt senti et aussitôt prononcé que fa-fa, et ce second air est indispensable après la note naturelle, si l'on veut chanter juste.

Du reste, que fait-on aujourd'hui quand, prononçant ré-ré, on donne au re♯ le même nom ré qu'à la note naturelle, si ce n'est, abstraction faite de la consonne commune $r$, de prononcer une autre voyelle $é$, que la première voyelle $è$, dans le même sens que l'A de l'Allemagne du Nord, par exemple, correspond à si♯$_2$, tandis que pour l'A des Anglais et des Italiens, la résonnance monte au re$_4$, en s'élevant d'une tierce? Or, nous avons rappelé les relations intimes qui existent entre les différentes voyelles et la forme de la cavité buccale. Mais il y a, d'après notre organisation même, des formes que la bouche prend plus ou moins facilement, et comme elles sont plus aisément retenues et imitées, elles se sont trouvées naturellement acceptées pour le langage, en donnant ainsi les voyelles :

$$a \qquad é \qquad i \qquad o \qquad u$$

Maintenant, de chacune de ces formes principales de la cavité buccale, on peut encore passer sans difficulté à des formes peu différentes que j'appellerai secondaires, et donnant alors de nouvelles voyelles dérivées de chacune des premières.

Ainsi la voyelle $a$, par exemple, forme, suivant les petites variations de la forme de la cavité de la bouche appropriée à cette voyelle $a$, le point de départ de trois séries que l'on peut inscrire dans l'ordre suivant :

$$a \begin{cases} é & - & i \\ eu & - & u \\ o & - & ou \end{cases}$$

Les autres voyelles donneraient lieu à des séries analogues, dans le détail desquelles nous n'avons pas ici l'intention d'entrer.

Notre but est seulement de rappeler que l'on a à peu près épuisé toutes les formes prises sans peine par la cavité de la bouche, c'est-à-dire toutes les voyelles faciles à émettre, et représentant ainsi dans le commerce de la vie des idées distinctes et commodes à propager. Or, on n'a trouvé pour $é$ qu'une seule appellation $é$ et non deux. La deuxième appellation $é$ est donc une deuxième voyelle $é$ que nous créons ainsi, et l'on sent bien en effet, en chantant le deuxième $é$, que la forme de la bouche change. Mais cette deuxième voyelle est naturellement rebelle à notre nature, car sans cela elle aurait été déjà distinguée et acceptée. Il y a donc là un exercice particulièrement pénible auquel nous nous condamnons bien gratuitement pour retenir cette deuxième voyelle similaire, dont la distinction est difficilement saisissable pour notre organisation, quand nous avons une foule d'autres variétés de voyelles excellentes, d'une émission commode et d'un souvenir presque immédiat. Aussi avons-nous pris, pour représenter les nouvelles idées de sons, des terminaisons déjà à la connaissance de tous, *é-ès-eu-u*, se distinguant de la terminaison de la note naturelle avec une facilité inouïe, et venant ainsi en aide au souvenir que peut déjà laisser en nous la différence des nombres de vibrations des sons.

Cette adoption d'une voyelle essentiellement différente, comme terminaison, pour les dièses et les bémols, apportant ainsi des noms nouveaux, est donc un avantage sérieux (1).

Il est du reste évident *à priori* qu'il ne saurait y avoir de notes déshéritées en musique, pour qu'on les privât ainsi d'un nom bien distinct, comme on le fait aujourd'hui pour les dièses et les bémols. En effet de même que l'on dit pour chanter un re♯ : Faites avec la note naturelle re, tel intervalle, et appelez encore cette note *ré*, on pourrait tout aussi bien ajouter : Pour donner un re, un mi, un fa, etc., faites avec la tonique do, un intervalle de seconde, de tierce, de quarte, etc., que vous vous habituerez à retenir, et appelez toujours ces notes do. La simplification comme nomenclature serait beaucoup plus grande, et au moins on serait logique en appliquant une règle constante. Il n'y aurait plus alors ainsi en musique que la tonique, prenant seulement les diverses intonations des notes actuelles, comme chaque note accepte aujourd'hui, soit sa valeur propre comme intonation, soit celle du dièse ou du bémol.

Des noms distincts donnés à quelques notes, do-re-mi, etc., ont fait faire à la musique des progrès immenses, toute règle bien conçue étant féconde ; que l'on ne s'arrête pas dans cette voie, que chaque note ait son nom, comme nous le proposons, et les avantages les plus sérieux apparaîtront bientôt d'eux-mêmes. Ainsi le langage harmonique deviendra plus clair, puisqu'alors un *re♯*, par exemple, ne sera pas un ré dans le chant et un re♯ dans le langage parlé comme dans l'écriture.

---

(1) Ces questions des voyelles ont été traitées par plusieurs auteurs du plus haut mérite : par Helmholtz (*Théorie physiologique de la musique*) ; — Wheatstone (*Critique des expériences de Willis*) ; — du Bois-Reymond (*Cadmus ou Alphabétique générale*) ; — Donders ; — S. Reyer ; — Chr. Helway (*De formatione loquelæ dissertatio*) ; — Florke ; — Olivier ; — Seiler.

Si même on veut également renoncer à cette inutile et malheureuse introduction du bécarre, les accords de même espèce se trouveront toujours écrits sous une forme absolument identique, qui permettra de les bien mieux distinguer, comme nous l'expliquerons.

Quoi qu'il en soit, cette distinction de nom pour le dièse et le bémol n'est pas absolument indispensable. Ce n'est là qu'un procédé plus facile, car rien n'empêche de s'en tenir au nom de la note naturelle, et notre manière d'étudier l'intonation n'en conserve pas moins tous ses autres avantages. Si l'on veut absolument garder plus tard les noms des notes naturelles, il n'en sera pas moins très-avantageux d'adopter d'abord nos noms pour apprendre les intonations, parce qu'elles seront ainsi plus facilement saisies, retenues et reproduites.

Une fois que l'élève possédera bien ces intonations, rien ne sera plus facile que de reprendre le nom de la note naturelle, puisque le but de l'étude d'intonation est d'arriver à mettre plus tard sur toutes les notes naturelles ou accidentées des mots quelconques, composant ainsi les paroles de la musique, et par conséquent, au besoin, le même nom pour des sons différents, le dièse, le bémol et la note naturelle, par exemple.

La facilité avec laquelle on retient un air sur des paroles données, que tout le monde a pu si bien constater, n'est pas du reste fondée sur d'autres principes que ceux que nous invoquons en faveur des noms différents pour les accidents, mais dans le détail desquels nous ne croyons pas opportun d'entrer ici.

Toute notre intonation se réduira donc à huit airs en paroles, de deux ou trois syllabes, et bientôt à un nom d'une ou deux syllabes, comme nous l'expliquerons, et que l'on retrouvera sans cesse, si accidentée que soit la musique.

Voici maintenant comment on doit étudier l'intonation avec les EXERCICES que nous avons réunis à la fin du volume, en commençant toutefois par l'*Exercice préliminaire* dans les différents tons.

La première chose à faire dans chaque ton, est de trouver la tonique, qui se déduit du diapason normal par des quintes ou des quartes justes, intervalles très-faciles à saisir. Quand on changera de tonique, elle dérivera de même de la dernière par quintes ou quartes successives.

Pour la tonique do, on prend alors trois quintes descendantes, à partir du diapason, et l'on a une tonique qui serait écrite une octave plus bas que la première note do de l'Exercice préliminaire. Mais comme les voix d'homme ne pourraient ainsi rendre les notes du haut de la portée de sol, à peu près acceptée aujourd'hui pour ces voix, elles chantent le do obtenu pour tonique, comme s'il était écrit où est la première note do, c'est-à-dire qu'elles s'habituent à chanter une octave plus bas que ce qui est écrit. Quant aux femmes, dont le registre de la voix est plus élevé d'environ une octave, elles se contentent d'élever d'une octave le do déduit du diapason par trois quintes descendantes, et de lire, en commençant par le premier do, des notes qui sont alors exactement dans leur registre. Ces deux opérations de nature différente pour l'homme et la femme se font du reste bientôt instinctivement et sans qu'on en ait même conscience, les transports d'octave ne présentant aucune difficulté pour la voix. Les autres notes naturelles se déduisent de la tonique, comme nous allons l'expliquer.

Ayant ainsi la tonique dans les différents tons, on étudie l'Exercice préliminaire comme aujourd'hui, sans aucune mesure, fort lentement et en s'écoutant bien chanter. Les notes noires qui ne présentent que les différentes portions d'une gamme, air facilement retenu, servent à apprendre les intervalles entre la tonique et les différentes notes blanches. On restera assez de temps sur les blanches pour bien mesurer les intervalles, et pour les graver dans la mémoire. On s'étudiera surtout à retenir l'intonation de la tonique et son intervalle avec la note qui suit, soit directement, soit en faisant toujours par la pensée l'appel des notes qui manquent, jusqu'à ce qu'il devienne presque instinctif, selon la facilité de l'élève. Il faut du reste bien remarquer que cet appel de notes, partant toujours de la tonique et dans un ordre invariable, est une opération plus simple qu'on ne pourrait peut-être le croire, et qui est bientôt aussi instantanée que la première opération directe, sinon plus. Il mène d'ailleurs à reconnaître plus tard très-facilement le nom d'une note que l'on frappe, parce que l'esprit pour cette découverte n'a plus qu'à suivre, sans jamais revenir sur ses pas, une échelle déterminée et invariable, do-re-mi-fa-sol-la-si, en do par exemple, en s'arrêtant quand il rencontre le son indiqué. Dans l'autre méthode, au contraire, l'esprit doit se livrer à des recherches successives et indépendantes, se demandant au hasard si, à partir de la tonique do, il a l'intervalle do-sol par exemple, qu'il croit d'abord reconnaître; s'il s'est trompé, il cherche alors si l'intervalle est do-la, sinon il pense à do-fa, etc.

Là il n'y a plus pour lui aucune suite, ce sont des essais successifs, mais entièrement à recommencer en cas d'erreur, et laissant dans une très-grande incertitude pour la recherche. On s'étonne aujourd'hui que certaines personnes reconnaissent si facilement les notes à l'audition, quand d'autres qui paraissent souvent aussi bien douées éprouvent d'assez grandes difficultés, et il ne serait pas étonnant que cela vînt souvent de la manière dont les intervalles ont été appris.

Quel que soit le procédé employé, variable peut-être suivant les organisations, on s'exercera par ces études préliminaires, à conserver, sans instrument, le souvenir dans le ton do, de la tonique do et des intervalles :

do-re — do-mi — do-fa — do-sol — do-la — do-si ;

Dans le ton de sol, de la tonique sol et des intervalles :

sol-la — sol-si — sol-do — sol-re — sol-mi — sol-fa ;

et ainsi de suite dans tous les tons.

Je ne parle ici que des intervalles dans l'étendue d'une octave, les intervalles plus étendus n'offrant, comme on le sait, aucune difficulté, puisqu'il n'y a plus qu'un transport d'octave.

Quand on connaîtra bien les intervalles naturels avec la tonique, on passera à l'étude des EXERCICES D'INTONATION, en commençant par la première partie dans tous les tons.

La première partie pour chaque ton ne présente que les notes naturelles, la deuxième partie donnant toutes les notes altérées. Ces notes sont écrites, il est vrai, dans l'ordre de la gamme naturelle ou en prenant également le bémol et le dièse pour chaque note, c'est-à-dire en acceptant les modulations très-éloignées, et, par la méthode actuelle, lors même que l'on pourrait arriver à exécuter ces Exercices, on serait fort peu avancé, car on ne connaîtrait que cette seule disposition des notes, et il n'en resterait pas moins à apprendre toutes les autres combinaisons, qui sont en nombre infini.

Avec notre procédé, au contraire, on n'éprouve plus absolument aucun embarras devant tout autre arrangement, car on ne s'est aucunement préoccupé de la succession des notes, pour obtenir leur intonation, mais uniquement de l'intervalle de chaque note avec la tonique do par exemple pris directement, soit par un seul air de deux notes do-re, s'il s'agit d'une note naturelle re, soit, si l'on est en face d'une note accidentée re♯, par deux airs successifs de deux notes do-ré, ré-ré. Il est impossible de se rendre compte, sans essai préalable, de la facilité qu'on éprouve ainsi dans l'étude de l'intonation, et combien cette disposition même, qui présente à tout instant la note à côté de son dièse et de son bémol, favorise encore, par cette comparaison incessante, l'étude des notes accidentées.

On apprendra d'abord la partie relative aux notes naturelles pour chaque ton, jusqu'à ce qu'on en soit bien maître, avant de passer aux notes accidentées également pour chaque ton, et en très-peu de temps on sera tellement sûr des intonations que l'on déchiffrera un morceau tel que ce qui est indiqué à l'Introduction ou plus difficile encore, si l'on peut en imaginer, à première vue, sans instrument avec la plus grande exactitude, c'est-à-dire qu'on partira avec le diapason et qu'à la fin on se retrouvera encore très-exactement avec lui. Il n'y a pas lieu pour ces exercices de se préoccuper de la mesure dont il sera question plus loin ; ils ne sont présentés ici que comme intonation.

Un diapason et ce tableau d'Exercices de 7 pages sont tout le bagage nécessaire pour amener un enfant à ce résultat en moins de trois mois. Avec le violon dont j'ai parlé on peut même se passer de professeur, puisque chaque note sera facilement vérifiée par l'élève dans tous les tons, après qu'il aura mis la corde à vide appropriée à l'unisson avec sa tonique.

Pour étudier cette première partie on supposera par la pensée la tonique écrite sous chaque note, de la manière suivante, par exemple dans le ton de do :

pour la première note do, la tonique se confondrait avec elle. On commencera donc à chanter, en s'écoutant bien et en allant très-lentement :

do-do, do-re, do-mi, do-fa, do-sol, do-la, do-si, etc.

Plus tard, on ne prononcera plus la tonique do imaginaire, mais avant de chanter une note quelconque, re-mi-fa, etc., on devra toujours penser avant à l'air do-re, do-mi, do-fa, etc. On se vérifiera au besoin chaque fois que l'on aura un doute, en l'absence du professeur, par la corde re du violon accordée à la tonique do, ainsi que je l'ai indiqué, au moyen du diapason la₂. Le jeu de diapasons serait évidemment parfait et très-commode mais peut-être un peu cher, et l'on arrive au même but avec un violon d'un prix insignifiant, car il sera toujours suffisant avec de bonnes cordes. Serait-il très-imparfait qu'une oreille même très-ingrate ferait bientôt les corrections utiles pour ces intervalles partant toujours de la tonique. Si, aujourd'hui, on rencontre encore tant d'oreilles rebelles, cela tient d'abord à ce qu'on a à apprendre un nombre d'intervalles presque infini et très-difficiles, que nous réduisons à huit en tout, et des plus faciles, et ensuite au tempérament du piano avec lequel on veut ordinairement former les élèves. Comment espérer, en effet, que l'oreille conserve le souvenir d'intervalles indéterminés, ne répondant à aucune loi précise et qui sont le plus souvent extrêmement compliqués. Les natures les plus heureusement douées peuvent seules se reconnaître un peu dans ce chaos, et encore ne retiennent-elles pas les notes du tempérament, mais les intervalles agréables et faciles qu'elles remplacent par approximation et auxquels il est alors naturel de se borner de suite. Aussi proscrivons-nous *absolument* le piano ou tout autre instrument tempéré pour l'étude de l'intonation. Quand on sera assez fort pour entendre le vrai à côté du faux, alors il n'y aura plus d'inconvénient à en subir l'accompagnement, puisque le tempérament n'a été admissible que parce qu'il satisfait à cette condition d'être acceptable, quoique faux, à côté des intervalles vrais. Sans cela quelle musique aurait-on?

Quand on saura bien ainsi les notes naturelles du ton de do, on passera à la première partie du ton de sol. On déduira d'abord, avec l'oreille, la tonique sol du diapason la₂ et l'on accordera ensuite avec cette note le sol du violon, qui servira au besoin à vérifier, par les mêmes divisions que tout à l'heure, les notes naturelles de ce ton.

On supposera donc une tonique sol sous chaque note de la première partie et on l'étudiera exactement comme on a fait dans le ton de do.

On procédera de même pour la première partie de chaque ton.

On répétera ensuite chaque jour toutes ces premières parties, en n'émettant jamais une note quelconque qu'après avoir songé d'abord à l'intervalle qu'elle fait avec la tonique supposée écrite au-dessous. Cette opération deviendra bientôt d'une rapidité inouïe ou plutôt instinctive.

Quand on saura ainsi *parfaitement* les notes de la première partie dans tous les tons, on passera aux notes de la deuxième partie, en commençant encore par le ton de do. Toutes les notes naturelles se chanteront comme on vient de le dire. Quant aux notes altérées, elles s'apprendront ainsi qu'il suit :

Pour ré♯, par exemple, on chantera deux airs successifs de deux notes do-ré que l'on connaît, puis ré-ré ou ré-rè, si l'on veut, au moins pour les commencements, ainsi que nous l'avons dit, donner un nom différent.

On suivra en chantant ces airs, la figure ci-dessous :

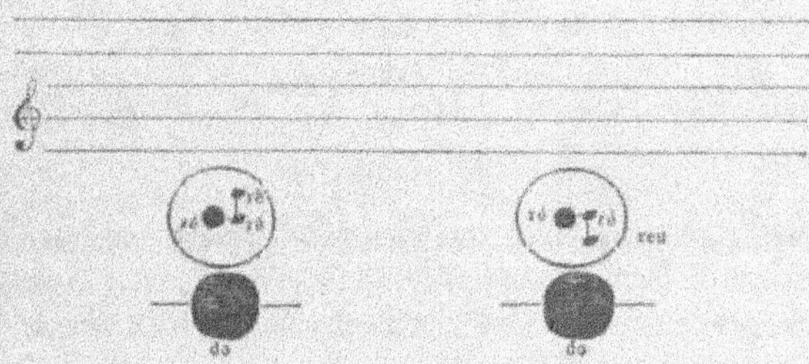

On chantera donc l'air do-ré, en lisant do sur la tonique imaginaire noire do, et ré au point milieu du ré, puis l'air ré-rè, en lisant ré sur le point marqué encore ré, à droite du point milieu et à la même hauteur, et rè sur le point plus élevé noté rè.

Pour les bémols, ré♭ par exemple, on chantera de même les deux airs successifs do-ré, ré-reu. Alors do-ré se trouvera comme tout-à-l'heure pour les dièses, et ré-reu se lira aux points indiqués ré-reu.

On rend ainsi l'opération plus sûre, comme dans tout ce qui fait image et parle aux yeux, en suivant le dessin.

Pour le do dièse ou le do bémol, bien que la note imaginaire se confonde avec l'autre, on adoptera la même loi pour l'uniformité.

On chantera donc réellement dans les commencements :

do-do — do-ré — do-mi, etc.

Pour les notes naturelles :

do-re-mi, etc.

do-do — do-dè, — do-ré — ré-rè, — do-mi — mi-mè, etc.

Pour les dièses :

dè-rè-mè, etc.

do-do — do-deu, — do-ré — ré-reu, — do-mi — mi-meu, etc.

Pour les bémols :

deu-reu-meu, etc.

On passera ensuite de la même manière aux deuxièmes parties dans les autres tons, en supposant toujours au-dessous de chaque note la tonique imaginaire :

sol-re-la, etc.

fa-si-mi, etc.

Plus tard on ne prononcera plus que les notes :

do — ré — mi, etc.

dè — rè — mè, etc.

deu — reu — meu, etc.

dans les différents tons, mais en n'émettant jamais une note naturelle, sans avoir bien entendu l'air de deux notes avec la tonique, ni une note altérée, sans avoir bien entendu les deux airs de deux notes commençant par la tonique.

Enfin pour les notes accidentées, les deux airs de deux notes sembleront bientôt se réduire à un air de trois notes, les deux notes pareilles du milieu paraissant se confondre, mais il faut que cela ne vienne que par une grande habitude et progressivement, car la simplification réside réellement dans les deux airs faciles de deux notes, l'air de trois notes, bien que composé de deux airs très-simples, étant réellement lui-même plus compliqué dans son ensemble. Ce sera seulement, pour ainsi dire, une sorte de point d'arrêt sur la note du milieu, qui permettra de ne plus songer qu'à un air de trois notes, plus facilement retenu au point de vue de la nomenclature, mais on devra toujours avoir bien le sentiment des deux airs de deux notes et surtout du dernier.

Dans ces exercices journaliers, il n'y a pas à se préoccuper de la vitesse qui viendra toujours assez rapidement ; il faut surtout bien entendre toujours l'air de deux notes ou les deux airs de deux notes, selon qu'il s'agit d'une note naturelle ou altérée, si avancé que l'on soit dans l'étude de l'intonation.

*Cela est de la plus haute importance, tout le succès de l'étude de l'intonation dépendant de là.*

Enfin, le sentiment de la tonique devenant parfait, on arrivera à ne plus en réalité songer qu'aux noms :

do-re-mi, etc.,
pour les notes naturelles ;

do-dé  —  ré-rè  —  mi-mè, etc.,
do-deu  —  rê-reu  —  mi-meu, etc.,
pour les notes accidentées,

à la condition que tout vienne sans effort, par l'habitude de songer sans cesse à la clef, pour conserver la conscience de la tonique servant à mesurer exactement les notes réelles par leur seul nom, et les notes accidentées par les noms de deux syllabes ci-dessus.

Cette opération deviendra, du reste, rapidement instinctive, et l'instantanéité de la lecture sera sans limite, l'hésitation n'étant jamais permise comme lorsqu'il faut aujourd'hui songer à chaque instant à l'intervalle à donner dépendant de la note variable qui précède, et présentant, comme on le sait, des intonations souvent si difficiles, que c'est le plus grand nombre qu'on ne peut accepter dans la pratique, comme si un bon procédé de lecture ne devait pas permettre de tout lire.

L'intonation s'acquiert ainsi, même pour les intervalles les plus compliqués, avec une facilité et une sûreté dont on ne saurait se faire une idée sans avoir pratiqué la méthode, laissant on ne peut plus rapidement le souvenir constant et tant désiré de la tonique, qui est en effet tout et sans laquelle il n'y a pas de musique. On verra alors que, s'il y a des intonations difficiles, c'est que l'on n'avait pas un procédé rationnel, qui ne saurait admettre que tout ne fût pas soumis à sa loi générale.

Nous expliquerons plus loin comment cette étude de l'intonation doit, du reste, se faire, si l'on veut hâter les progrès, concurremment avec l'étude de la mesure, la voix demandant des ménagements, si l'on ne veut pas la fatiguer, et ne permettant ainsi d'occuper que quelques instants de la journée.

# CHAPITRE II.

## Le *LA* choisi à tort comme diapason.

On a vu plus haut qu'en partant de la tonique $do_2$, déduite du diapason $la_3$ par trois quintes descendantes, et prenant ensuite l'intervalle do-la de sixte $= \frac{5}{3}$, on ne retombe plus exactement pour le la de ce ton sur le diapason, ou le la de départ, mais sur une valeur plus petite d'un comma. Pour les tons de re et de sol, on retrouve bien le même la du diapason; mais pour les sons de fa et de $si^b$ on arrive également à un la plus petit d'un comma. Dans les tons de $mi^b$-$la^b$-$re^b$-$si^b$ la différence va à deux commas et à trois pour le ton de $do^b$. Pour les tons obtenus par quintes ascendantes l'erreur de commas est en sens contraire; elle est nulle pour le ton de mi et d'un comma pour les tons de $si$-$fa^♯$-$do^♯$. Ainsi généralement on ne retrouve pas, dans les différents tons, pour la valeur de la le diapason de départ, et cela ne peut être autrement, puisqu'il n'y a qu'un diapason et que la gamme naturelle n'est pas exactement reproduite par l'échelle des quintes. Les répartitions de commas varieraient naturellement selon le mode adopté pour prendre les dièses et les bémols.

Ce serait peut-être ici le cas de regretter qu'ayant le choix de la note à désigner pour point fixe, on soit allé chercher si loin ce *la*, quand le do, point de départ des tons, était si bien indiqué pour notre système musical, admettant précisément autant de toniques à partir de do,

en montant par quintes        sol – re – la – mi – si – $fa^♯$ – $do^♯$
qu'en descendant par quartes fa – $si^b$ – $mi^b$ – $la^b$ – $re^b$ – $sol^b$ – $do^b$,

c'est-à-dire ayant do pour véritable *centre* des toniques.

Pourquoi alors n'être pas allé choisir pour diapason une des extrémités des deux échelles, $do^♯$ ou $do^b$ par exemple, c'est-à-dire des notes à peu près inusitées comme tonique? En prenant *la*, l'inconvénient a été un peu moindre, il est vrai, mais voilà tout. Je ne parle pas de plusieurs autres raisons qui étaient également en faveur du choix de do pour point fixe, ou diapason. Dans tous les cas, les erreurs de commas que nous avons examinées en partant du la comme diapason seraient évidemment moins grandes avec le do, qui est, comme nous l'avons dit, le centre des toniques, ce que l'on peut, du reste, vérifier très-facilement sur les deux tableaux comparatifs ci-dessous, où les différences de la note de même nom que le diapason avec ce dernier sont indiquées pour chaque ton, que l'on s'arrête au la ou au do pour diapason, dans l'hypothèse que le dièse est pris par le rapport $\frac{25}{24}$ et le bémol par $\frac{24}{25}$.

On voit qu'en acceptant do pour diapason, la somme des erreurs, en passant par tous les tons, est plus petite qu'avec la pour diapason, 16 commas au lieu de 17, mais c'est surtout dans les environs de do, c'est-à-dire vers les tons les plus usités, que les erreurs sont moins grandes, ce qui est déjà un avantage, malgré la tendance actuelle à employer tous les tons. La comme-diapason conduit même à une erreur de trois commas tout à fait inadmissible. On trouverait des résultats analogues et toujours en faveur de do, quelle que fût la manière adoptée pour prendre les dièses et les bémols.

TABLEAU *comparatif des différences, dans tous les tons, de la note de même nom que le diapason avec ce diapason, selon que l'on choisit la ou do.*

| Erreurs avec *la* pour diapason | | Erreurs avec *do* pour diapason | |
|---|---|---|---|
| Dans le ton de | Le *la* diffère du diapason de | Dans le ton de | Le *do* diffère du diapason de |
| do♯ | 1 comma | do♯ | 2 commas |
| fa♯ | 1 — | fa♯ | 2 — |
| si | 1 — | si | 2 — |
| mi | 0 — | mi | 1 — |
| la | 0 — | la | 1 — |
| re | 0 — | re | 1 — |
| sol | 0 — | sol | 0 — |
| DO | 1 — | DO | 0 — |
| fa | 1 — | fa | 0 — |
| si♭ | 1 — | si♭ | 0 — |
| mi♭ | 2 — | mi♭ | 1 — |
| la♭ | 2 — | la♭ | 1 — |
| re♭ | 2 — | re♭ | 1 — |
| sol♭ | 2 — | sol♭ | 2 — |
| do♭ | 3 — | do♭ | 2 — |

Le la étant accepté dans la pratique, nous nous conformerons à l'usage.


# CHAPITRE III.

### Emploi regrettable des signes ♮ — ♭♭ — x.


Puisque nous avons été amené à désapprouver le choix qu'on avait fait de la note la comme diapason, au point de vue de l'intonation, c'est peut-être le cas de parler, à l'égard de cette même intonation, de la malheureuse introduction du bécarre, et de l'emploi presque toujours vicieux du double dièse et du double bémol.

En effet, on avait imaginé un bémol et un dièse pour baisser ou élever une note d'un demi-ton chromatique. Sans s'arrêter ici à la faute que l'on fait dans la pratique en inversant ces deux accidents, et dont nous avons déjà parlé, on avait au moins un moyen d'élever et d'abaisser une note, cela était suffisant. Pourquoi alors avoir créé un troisième signe, le ♮? D'abord ce nouveau signe manque de clarté, car il doit tantôt élever la note et tantôt l'abaisser, c'est donc déjà une cause d'hésitation. Ensuite, de même que nous avons déjà dit, à propos des noms donnés aux notes, qu'il fallait un nom pour chaque note, un nom pour indiquer une seule idée, de même il n'en faut qu'un seul pour que cette idée soit représentée clairement. Aussi le bécarre, qui est une superfétation, vient-il jeter le trouble dans la désignation des intervalles des notes, qui serait si claire et sans lacunes par les signes des dièses et des bémols. Ce signe du ♮ était donc absolument inutile et par suite dangereux.

Quant aux signes des doubles dièses et des doubles bémols, ils seraient si peu employés si on le faisait judicieusement, qu'il était réellement bien inopportun d'y songer. En effet, quand on est dans le ton de fa par exemple, le si est déjà bémol ; au lieu de placer ce signe sur chaque note du morceau, on le met seulement à la clef et devant servir pour tous les si, mais voilà tout. Or puisque tout si rencontré dans le morceau est bémol, en mettant un bémol devant, on en apporte tout naturellement un de plus, de sorte qu'il y en a deux ; le double bémol ajoutant deux bémols viendra alors indiquer, pour être logique, une note bémolisée trois fois, deux fois par le double bémol et une fois par la clef.

C'est du reste ce que l'on comprend parfaitement en chantant, car on donne l'intonation en baissant d'un bémol seulement la note précédée cependant de deux bémols. Pourquoi alors en écrire deux ? Le chanteur est ainsi obligé de se demander si ce double bémol est devant une note *si*, déjà bémolisée par la clef, ou devant une note *re* par exemple qui est naturelle à la clef, car dans ce dernier cas il devrait baisser réellement la note re de deux bémols. C'est donc une attention constante à laquelle on l'oblige, de songer sur quelle note porte ce double bémol, et qui ne peut que nuire à la rapidité de la lecture, quand il suffirait de dire : un bémol indiquera toujours, qu'il soit à la clef ou ailleurs, qu'il faut baisser d'un demi ton. C'est le propre du bémol de la clef, comme de ses autres accidents, d'être émis par la voix et d'être considéré, même dans la pratique des instruments, comme une note naturelle de ce ton ; il y a donc là un avantage qu'il ne faut pas perdre.

Quant au double accident, il aurait très-rarement à être employé sans la tendance actuelle à moduler dans les tons éloignés. Supposons en effet que l'on soit en do, et que la clef ne change pas, parce que la modulation ne va être que passagère ; on peut être amené cependant à prendre dans le nouveau ton un intervalle diminué ou augmenté, qui, avec cette clef de do, se présente sous la forme d'un double bémol ou d'un double dièse. Il en sera de même en partant de tout autre ton de départ que do. Des intervalles seulement mineurs peuvent même conduire à des accidents doubles écrits en do. En effet, supposons qu'on module passagèrement en $re^b$ majeur et qu'on veuille indiquer la sixte mineure de la tonique, elle s'écrirait $si^{bb}$. Ce serait pour les cas analogues que devrait être réservé le double bémol.

Des observations semblables seraient applicables au signe du double dièse.

Je ne parle ici que de la difficulté apportée par ces signes malheureux, dans l'exécution des notes par la voix ou par l'instrument, mais dans l'harmonie, la confusion introduite est aussi grande.

Ainsi considérons, par exemple, le même accord de sixte augmentée ; grâce à ces signes, il s'écrira :

Dans le ton de do majeur    fa-la-do-re$\sharp$
 —          la$\flat$ —         re-fa-la-si$\sharp$
 —          re              sol-si-re-fa$\sharp$
 —          si              mi-sol-si-do$\times$

Comment reconnaître alors que c'est là un même accord ? tandis
que, sans l'introduction de ces signes, il s'écrirait dans ces mêmes
tons :

fa-la-do-re$\sharp$
re-fa-la-si$\sharp$
sol-si-re-fa$\sharp$
mi-sol-si-do$\sharp$

Pour d'autres accords ce serait la même simplification.

Quelle confusion on éviterait ainsi dans la lecture des accords,
se présentant à l'œil sous une forme constante et ainsi facilement
retenue.

On pourrait citer encore d'autres inconvénients de cette superfétation de signes, cause permanente et fatale de désordre, mais nous
croyons pouvoir nous borner ici aux précédents, qui nous paraissent
assez décisifs pour qu'on s'en tienne le plus tôt possible à l'emploi
judicieux du dièse et du bémol, en réservant pour les exceptions
signalées les accidents doubles, et en renonçant tout à fait au bécarre.


# CHAPITRE IV.

## Comparaison de notre procédé d'intonation avec le procédé actuel.

Nous avons vu qu'il y aurait par notre procédé huit intervalles à
apprendre dans l'étendue d'une octave; voyons combien il y en a
maintenant par la méthode actuelle.

Or les notes que l'on peut rencontrer sont les 21 suivantes :

do-do$\sharp$-re$\flat$-re-re$\sharp$-mi$\flat$-mi-fa$\flat$-mi$\sharp$-fa-fa$\sharp$-sol$\flat$-sol-sol$\sharp$-la$\flat$-la-la$\sharp$-si$\flat$-si-do$\flat$-si$\sharp$, et comme, aujourd'hui, une note se déduit de la précédente, on peut avoir à partir de l'une quelconque de ces 21 notes pour passer à une autre note quelconque, en acceptant naturellement les modulations passagères assez éloignées.

Supposons que l'on soit arrivé au ré$\sharp$ par exemple. Après le ré$\sharp$ peut venir un sol, un la$^b$, un fa$\sharp$, un si$^b$, etc., c'est-à-dire une quelconque des 20 autres notes; ce que je dis de ré$\sharp$ comme note de départ, s'applique aux 21 notes, cela fait donc à connaître déjà $20 \times 21 = 420$ intervalles, tandis que nous n'en avons que huit. De plus, nos huit intervalles sont, ainsi qu'on l'a vu, extrêmement simples, comme partant toujours de la tonique, tandis que ces 420 airs sont souvent des plus compliqués, pouvant commencer à une note altérée quelconque pour arriver à une autre note altérée quelconque, et tellement difficiles qu'on se garde bien de les écrire parce qu'ils seraient inchantables. Ainsi, la grande difficulté de la gamme mineure, qui a donné lieu à tant de discussions pour sa constitution, tient uniquement à l'embarras de chanter exactement la seconde augmentée fa-sol$\sharp$, et l'on voit ici ce qu'est cet intervalle de seconde augmentée auprès de ceux que nous donneraient les 420 combinaisons à apprendre.

Pour ce dernier nombre, j'ai admis que dans le ton de do par exemple, il ne pouvait y avoir qu'un dièse ou qu'un bémol.

Si l'on tient compte des accidents doubles qui correspondent à des intervalles réels dans notre échelle, le nombre 420 devient $28 \times 21 = 588$. Si même on admet que toutes les notes peuvent avoir un double accident, en acceptant les modulations passagères fort éloignées, ainsi que nous l'avons expliqué au chapitre précédent, on arrive au nombre $35 \times 34 = 1190$ d'intervalles à rendre. Par notre procédé, la difficulté ne serait pas augmentée, car, pour donner une note fa$^{bb}$, par exemple, on partirait de fa$^b$ obtenu comme nous le savons, et l'on ferait encore avec fa$^b$ l'air $\frac{24}{25}$ qui a déjà servi à déduire fa$^b$ de fa, trouvé lui-même par la seule tonique. Le sentiment constant de la tonique donnerait les notes suivantes, comme nous l'avons dit. Pour les doubles dièses, on répéterait avec le premier dièse l'air connu $\frac{25}{24}$. Il serait superflu, je crois, de parler de ce que deviendraient aujourd'hui de pareilles intonations.

Mais il s'en faut que ce soient là les seuls inconvénients du procédé actuel. En effet, on sait que lorsqu'on passe de do en sol, par exemple, l'intervalle sol-la n'est déjà plus le même; il est de $\frac{10}{9}$

en do, et de $\frac{9}{8}$ en sol. Or, supposons qu'on soit dans le ton de do,
et que la portion, sol-la-si-do de l'air total de la gamme en do,
do-re-mi-fa-sol-la-si-do, revienne plusieurs fois ; avec un peu de
distraction, il sera facile de ne plus songer à l'air total partant de
do, mais seulement à l'air commençant à sol, qui, comme air de
gamme, sera alors : sol-la-si-do-re-mi-fa#-sol. Dans ce cas, le la
ne sera plus celui qui appartient au ton de do, et le chanteur donnera
en effet le la du ton de sol, c'est-à-dire un la trop haut d'un comma.
Si c'est la portion, re-mi-fa-sol, de l'air total de do, qui arrête sa
pensée, ce sera alors le mi qui sera chanté trop haut. Une autre fois,
ce sera une autre note qui sera émise inexactement pour la plus
légère absence d'attention, faisant prendre comme première note de
l'air une autre note que do, grâce à la répétition plus fréquente de
telle ou telle portion de l'air général du ton.

Ces erreurs peuvent d'ailleurs s'ajouter, en laissant même, ce qu'il
y a de plus grave, dans la plus complète incertitude sur ce qui s'est
passé, et expliquent ainsi la difficulté que l'on a aujourd'hui à partir
du diapason et à se retrouver exactement avec lui, en chantant,
surtout à première vue, un morceau, même simple, sans instrument.
Quant aux intonations difficiles, nous avons expliqué plus haut pourquoi elles ne peuvent être chantées. Le danger qu'il y a à sortir de la
tonalité, en ne songeant, dans la rapidité du mouvement, qu'à une
partie de l'air au lieu de l'air tout entier de la gamme, démontre assez
clairement que le point important est de penser uniquement à la première note de l'air, puisque le souvenir trop net d'une autre portion
de gamme fait courir des chances d'erreur. Cela était évident *a priori*.
Toutes les notes d'une gamme ne sont qu'une conséquence forcée de la
première, vu les besoins de l'oreille ; cette première note seule dit
donc tout et doit seule dès lors servir de guide dans le ton. Cette
gamme étant un danger pour l'intonation, pourquoi s'embarrasser de
cet air périlleux, quand la tonique donne tout à elle seule, avec toute
quiétude et avec tant de facilité ?

En analysant le procédé actuel, on comprend encore mieux combien il devait peu conduire à une bonne solution. Que fait-on aujour-
d'hui en effet ? On apprend à l'élève à chanter cet air que l'on appelle
la gamme, puis on le lui fait répéter assez souvent pour qu'il puisse
en conserver un souvenir si parfait et si instantané que toutes les
notes de cette gamme semblent bientôt n'en faire qu'une dans sa
mémoire. Au début, on a bien l'air de présenter, un instant, les

intervalles des notes naturelles à apprendre, ce qui ne donnerait d'ailleurs pas les intervalles : re#-si♭, sol♭-la#, etc.; mais, comme ces intervalles naturels eux-mêmes sont appris en remplissant les vides, d'abord en réalité et ensuite par la pensée, ce n'est en définitive que le souvenir de l'air entier qui reste.

C'est d'ailleurs ce souvenir que l'on s'efforce d'inculquer à l'élève comme la clef de tout, et nous avons dit plus haut quels étaient les dangers de cette clef, à la moindre absence d'esprit ou au plus léger défaut d'attention. Quoi qu'il en soit, cette gamme se trouvant ainsi instantanée dans la mémoire, c'est ensuite, grâce à l'habitude prise, uniquement parce qu'il entend une note dans cet air qu'il la reconnaît. C'est en un mot l'air qui donne la note; chez nous, au contraire, c'est la note qui mène à l'air. Regardons donc la gamme pour ce qu'elle est, une simple conséquence de la tonique, qui dès lors est tout, les conséquences ne pouvant jamais tenir lieu du principe fondamental.

Supposons, en effet, que pour apprendre les lettres à un enfant, on lui fasse réciter un vers, un très-beau vers si l'on veut, contenant toutes les lettres de l'alphabet, qu'on le lui fasse répéter aussi souvent qu'on le fait pour la gamme, de manière que le souvenir des éléments constitutifs de ce vers, ou des lettres, soit également instantané. Admettons ensuite qu'on cherche à l'habituer à discerner et à nommer des lettres écrites sur le papier, par la seule condition qu'il les sente dans ce vers. On peut se rendre compte du temps qu'il mettra à retenir ainsi les lettres, si jamais même il y arrive. Eh bien, c'est pourtant là le procédé employé en musique pour faire apprendre les notes de la gamme. On procède du composé au simple, au lieu d'aller du simple au composé, comme dans toute méthode raisonnable. De même que, dans l'étude des langues de tous les peuples, les lettres sont le point de départ des phrases, de même pour nous les notes sont le point de départ des airs.

Nous chantons les notes, grâce à un procédé bien simple, comme on l'a vu, et alors il ne peut faire autrement que d'en sortir tous les airs sans exception, y compris la gamme, qui n'est, en définitive, qu'un air comme un autre, très-joli, je l'avoue, mais voilà tout. On en trouverait même de plus agréables, comme on le constaterait aisément dans toutes les gammes à cinq notes ou autres des anciens.

Il y a donc deux raisons majeures pour renoncer à la recherche des intonations par le procédé actuel :

1° Parce que la détermination des notes par les intervalles successifs fait changer à chaque instant l'unité de mesure, en portant ainsi à 420 ou même à 1190 par octave le nombre des intervalles à apprendre, dont la difficulté d'ailleurs est souvent insurmontable, et qui doit se réduire à 8 intervalles des plus simples, conduisant à une instantanéité de lecture inouïe, la préoccupation incessante de la note précédente n'existant plus, puisque le point de départ pour la mesure de chaque note est constant et est toujours la tonique, ce qui dispense de toute réflexion;

2° Parce que l'air appelé gamme, déduit de la première note seule utile, est un bagage qui peut compromettre à tout instant l'exactitude de l'intonation, en faisant prendre, comme commencement de l'air, une portion qui lui ressemble, indiquant ainsi à tort une autre première note ou tonique.

Lorsqu'on ne conserve, comme nous, que le souvenir de la tonique, le deuxième inconvénient est supprimé, et les erreurs signalées ne sont plus possibles. Quant aux 420 ou même 1190 intervalles difficiles et inadmissibles aujourd'hui, ils sont remplacés par 8 seulement et des plus faciles à retenir; c'est comme si les notes au lieu de s'appeler dans le ton de do, par exemple :

$$
\begin{array}{ccccc}
& \text{ré} & - & \text{fa dièse} & - & \text{sol bémol} \\
\text{s'appelaient} & \text{do-re} & - & \text{do-fa-fè} & - & \text{do-sol-seu} \\
\text{ou} & \text{do-re} & - & \text{do-fa-fa} & - & \text{do-sol-sol}
\end{array}
$$

C'est-à-dire que les noms des notes sont de deux syllabes pour les notes naturelles, et de trois pour les notes accidentées. Les deuxième et troisième syllabes forment toujours l'air $\frac{25}{24}$ ou $\frac{24}{25}$, et les deux premières syllabes un des intervalles naturels des notes de la gamme avec la tonique. Or, on sait qu'un nom de deux ou trois syllabes devient par l'habitude aussi instantané à penser qu'un nom d'une syllabe, surtout quand le point de départ des syllabes est constant comme ici; par conséquent la rapidité même de la lecture n'a rien à perdre à ce procédé si sûr, et est même considérablement augmentée, puisqu'on n'a plus à se préoccuper sans cesse, comme aujourd'hui, d'un point de départ variable et même incertain pour mesurer les intervalles. C'est comme si la tonique faisait constamment corps avec la note elle-même.

Du reste, la méthode actuelle ne dispenserait pas de ce petit bagage de deux ou de trois syllabes, quand on serait même assez heureux pour pouvoir en tirer profit. Ainsi, pour obtenir, par exemple, la note fa♯ après le ré; il y aurait également à penser à ré-fa-fa♯ dièse; cela va encore bien tant que la note de départ ré, est naturelle; mais ensuite étant à fa♯, comment prendra-t-on la♭, par exemple? Non-seulement la note de départ n'est plus la même note ré que tout-à-l'heure, mais c'est une note altérée fa♯, peut-être déjà prise irrégulièrement, et dont l'intervalle avec la♭ est inconnu, souvent même fort compliqué; il faudrait retourner d'abord au fa naturel et prendre ensuite fa♯-la-la♭, de sorte qu'on aurait fa♯-fa-la-la♭, qui donnerait même une syllabe de plus que nous, et par quelles intonations faudrait-il souvent passer? Avec notre procédé, jamais de difficultés; en outre, ferait-on même une légère faute sur une note, comme elle ne sert pas à prendre la note suivante, les erreurs ne se perpétueraient pas, et cette dernière note n'en serait pas moins donnée exactement par le seul souvenir de la tonique, qui est notre unique source, notre unique moyen d'action. On entend bien, chaque jour, les musiciens répéter que la tonique est tout, mais alors puisqu'elle est tout en effet, pourquoi la compliquer d'autres bagages, d'un air, entre des milliers, appelé gamme, et cause de tant d'erreurs et de difficultés inouïes?

Il y a même lieu d'être on ne peut plus étonné qu'on ait songé un seul instant à obtenir l'intonation des notes, en les déduisant d'une autre note que celle avec laquelle elles ont toujours un rapport simple, quand la tonique était dès lors si bien indiquée.

Dans l'ancienne musique, où les notes restaient naturelles, avant même l'introduction du si♭, pour éviter le *diabolus in musicâ*, alors que les différences de genres ne changeaient pas la valeur absolue des notes, mais faisaient seulement commencer l'air type à une note différente et quelconque du premier air, il n'y avait pas un très-grand inconvénient à déduire une note de la précédente, parce que le nombre d'intervalles à apprendre était ainsi assez restreint et pouvait à la rigueur se retenir. Les sept notes, en effet, ne donnaient à apprendre, au lieu de nos 6 intervalles naturels, que $7 \times 6 = 42$ intervalles, qui n'étaient pas même très-difficiles, et qui, dans tous les cas, n'approchaient pas à cet égard de ceux que fournissent aujourd'hui les notes altérées, aussi les anciens étaient-ils beaucoup plus forts que nous comme intonation, ou du moins comme intonation exacte. D'ailleurs, il n'y avait pas cet embarras tenant à la variation des notes de même nom dans des tons, où l'on passe momentanément, sans même s'en douter, comme nous l'avons indiqué ci-dessus, laissant et devant laisser constamment incertain sur la note émise. Cet inconvénient est absolument décisif. Quand des choses sont difficiles à apprendre, mais bien déterminées, on peut encore espérer y arriver par le temps et le travail ; mais quand le résultat est fatalement douteux, il n'y a pas de remède. Ainsi, en admettant que l'intonation ait pu à la rigueur s'obtenir autrefois par l'intervalle d'une note avec la précédente, il est absolument indispensable de renoncer aujourd'hui à ce moyen qui entrave le développement de l'art.

Par notre procédé, qui donne d'ailleurs exactement et plus facilement les intervalles acceptés, on rendrait, sans le moindre embarras, une foule d'autres intervalles, inusités il est vrai aujourd'hui, mais faute seulement de pouvoir les exécuter. Une bonne méthode doit pouvoir tout donner, si elle n'est convenable que pour des cas particuliers et faciles, c'est qu'elle est vicieuse.

On mettrait d'ailleurs ainsi à la disposition de l'artiste des effets qui pourraient être souvent du plus grand secours pour rendre sa pensée, en étendant à l'infini le domaine de la musique.

Il ne sera peut-être pas inutile de présenter pour une octave le tableau des 1190 intervalles que l'on peut rencontrer dans un ton quelconque, en do par exemple, en admettant des modulations passagères, ne changeant pas cependant la clef, mais conduisant ainsi momentanément aux tons les plus éloignés.

Les artistes n'auront qu'à essayer de rendre chacun d'eux, en partant du diapason, de manière à se retrouver très-exactement avec lui à la fin, et ils devront comprendre, il me semble, la valeur d'une méthode, qui conduirait à ce résultat, sans le moindre embarras, un enfant en moins de trois mois.

(Voir à la fin du volume : EXERCICES. — *Intonation*.)

# CHAPITRE V.

## Durées des notes.

Nous avons déterminé jusqu'ici les meilleurs accords ou notes à employer en musique, et la manière de représenter les hauteurs des notes sur le papier et de les émettre avec la voix.

Mais on peut se demander si toutes ces notes successives doivent, dans une même partie, être maintenues sans cesse pendant le même temps, et l'on comprend de suite ce qu'il y aurait de monotone dans une sorte de battement régulier de notes d'une durée toujours constante. Ici, comme pour les intonations, la variété est donc nécessaire. Mais quelle sera la loi de cette variation ?

Or si nous représentons par 1 la durée de départ, comme nous l'avons fait pour l'intonation de départ, nous trouverons également, par un raisonnement semblable, que la durée la plus facile à concevoir et à exécuter, et par conséquent la plus agréable, après la durée 1, est la durée 2. Rien en effet ne peut être plus simple que de reproduire une deuxième fois une chose, une durée 1 par exemple, ce qui conduit à la durée 2. Ce même bercement pour ainsi dire, et par suite ce même sentiment de satisfaction que nous avons remarqué à propos des intonations données par un nombre double de vibrations, se représente ici pour la durée double comparée à la durée simple de départ, et ne se retrouve pour les durées voisines que dans cette condition. Si la deuxième durée est un peu plus petite ou un plus grande que deux fois la première durée, ce bercement cesse d'exister, et la comparaison devient même très-difficile. Le même raisonnement nous conduirait, comme pour les intonations, à voir que les durées les plus agréables et par conséquent à accepter, le point de départ 1 étant donné, sont représentées par la série des nombres entiers :

$$1 - 2 - 3 - 4 - 5 - 6 - 7 - 8$$

On retrouve donc ici la même série que pour les intonations; seulement comme un son, pour être perceptible, demandait un assez grand nombre de vibrations, le nombre représenté par 1 était déjà grand; il en est résulté que, la série augmentant trop rapidement, on a été obligé de la remplacer par des séries moins bonnes, mais plus pratiques.

Ici la même nécessité ne s'impose pas, car notre esprit conçoit des durées très-petites, et les yeux, la voix ou la main les suivent aisément dans l'exécution. On pourra donc conserver la série ci-dessus qui est la meilleure. La plus petite durée 1 n'est du reste que relative et pourra varier d'un morceau à un autre, et également dans un même morceau, comme nous allons le voir.

Puisque les notes doivent avoir une durée différente, le nom que nous avons donné à chacune d'elles, selon sa hauteur, ne peut convenir naturellement pour toutes les durées, si l'on veut qu'il rappelle exactement cette durée, comme il indique la hauteur. Le nom do par exemple ne pourra donc représenter qu'une seule durée, que nous supposerons être la plus petite. Il y aura ensuite à voir quels noms nous donnerons aux durées plus grandes. D'abord l'articulation de la note existant déjà par l'émission du nom do, si l'on veut la prolonger un temps égal encore à la durée minimum do, cela sera très-facile sur la voyelle é, par exemple, de sorte que le nom do-é représentera une durée double, si, ayant articulé do, on reste sur do le temps de la durée minimum, et sur é un temps égal. La distinction si bien sentie dans le langage entre l'émission des voyelles et celle des consonnes permettra même de se rendre très-facilement compte que, pour la voyelle é, il ne s'agit que d'un prolongement de son, très-bien ainsi confié à une voyelle. Dans les commencements, pour s'habituer à rendre ces deux durées bien égales, on prononcera même la voyelle é, exactement comme do et avec la même intonation, sauf à se contenter plus tard d'arrêter un temps égal la pensée sur chacun des éléments. Les voyelles é, i, o, supposées également à la suite de do, pourront permettre d'exprimer les durées jusqu'à quatre fois la plus petite, et ces mêmes voyelles, après les diverses consonnes B, C, D, etc., donneront le moyen de rendre les durées aussi grandes qu'on le désirera, tout en les mesurant toujours exactement. Il suffira de s'habituer à donner une durée constante et égale à la durée minimum prise pour do, et les durées les meilleures se rendront ainsi :

<pre>
  1      2        3          4              5                    6
 DO   DO--é   DO--é--i   DO--é--i--o   DO--é--i--o--B   DO--é--i--o--B--é

            7                      8                         9
 DO--é--i--o--B--é--i     DO--é--i--o--B--é--i--o     DO--é--i--o--B--é--i--o--C......
</pre>

On pourra alors tenir un son aussi longtemps qu'on le voudra, tout en se rendant un compte parfaitement exact de sa durée, grâce à cette décomposition si simple, et l'on voit que, si compliquée que soit la durée, on n'aura ainsi jamais que des additions à faire, et encore des additions de quantités toujours égales. Il semble impossible d'imaginer une opération plus facile, sans confusion possible, grâce aux noms différents é--i--o--B.... et où la rapidité de lecture sera bientôt sans limite, ces mêmes noms différents se présentant toujours dans un ordre constant et ainsi bien facilement retenu.

Dans les commencements, ces noms sont effectivement prononcés, mais bientôt on se contente d'y penser. On les voit alors écrits pour ainsi dire instantanément à la suite de la note, au moment où l'on doit rendre sa durée, comme par une main invisible, dont la sollicitude semble vouloir vous épargner toute peine. Rien n'est plus facile du reste, si on le veut, que de représenter sur le papier ces notes par des signes faisant également *image* sous le rapport des durées. En effet le point . désignant toujours la note do par exemple et en même temps la durée la plus courte, la durée double sera très-bien indiquée par le signe  si on le suit des yeux, en lisant do--é, et en restant sur do et é le temps minimum considéré. La durée triple se marquera

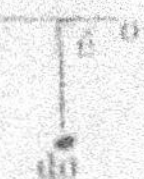

et se lira de même en suivant le contour do--é--i, et en restant le temps minimum sur les points do--é--i. La durée quadruple du signe

demandera de penser, en outre, à o en revenant de i en o. Pour la durée quintuple on aura le signe

Do-é-i-o-B, qui, en suivant le contour, ramènera au milieu B de
la ligne o, é, i, et l'on partira du milieu B, comme on est parti du
point do, pour indiquer et prononcer les lettres suivantes, marquées
sur une deuxième ligne parallèle à o i, et ainsi de suite pour d'autres
parallèles.

On aura donc la série de signes :

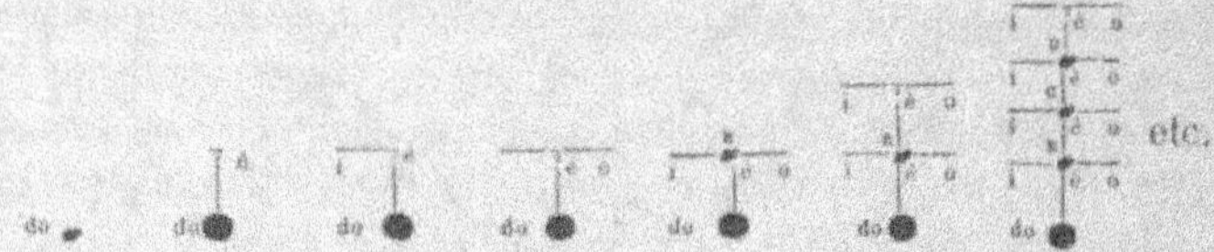

Le dernier signe donne seize durées égales à la plus petite. On
pourrait évidemment continuer ainsi, par une addition de lignes
horizontales suffisante pour représenter les durées plus longues, sauf
à placer des distinctions de temps en temps pour éviter la confusion,
telles que celle-ci en S, après quatre barres horizontales par exemple :

Mais remarquons que, dans la pratique, entre la durée la plus
courte et la durée la plus longue d'un morceau, il n'y a pas habituellement un très-grand écart. Quand il y a aujourd'hui des quadruples croches et des triples croches, il y a ordinairement peu de
rondes, lorsqu'il y en a. Du reste, si l'on voulait éviter un trop
grand nombre de lignes, un chiffre, 2, 3, 4, par exemple, mis à côté
de la note elle-même comme il suit :

indiquerait au besoin qu'il faut lire le signe tout entier une deuxième,
troisième, quatrième fois de la même manière, ce qui donnerait
32, 48, 64 fois la plus petite durée. De la sorte, en suivant par la
pensée le contour des notes, on ne pourrait, après qu'on se serait

habitué à rester successivement un temps égal sur chaque fraction de parcours ou chaque voyelle, manquer de donner la durée exacte de chaque note, et la moindre habitude rendrait bientôt cette opération on ne peut plus facile et en quelque sorte instinctive, comme pour toutes les choses qui font image.

En outre, quand on ne voudrait plus employer dans un morceau comme plus petite durée celle du départ, mais par exemple la durée double, on l'indiquerait, à côté de la note où commencerait ce nouveau mouvement, de la manière suivante par le signe $\frac{1.2}{1}$

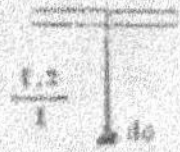

qui voudrait dire qu'avant de donner la durée de la note do, on devrait faire une petite opération préliminaire mentale, c'est-à-dire prononcer 1.2 d'abord et embrasser cette même durée totale par le seul nom 1. Ce serait une opération avec laquelle on deviendrait très-vite familier; alors le nouveau mouvement étant senti, on prononcerait les lettres comme auparavant, mais toutes les durées seraient doublées, comme l'aurait voulu l'auteur. Peut-être même le changement de vitesse serait-il mieux senti, en doublant les signes de cette façon $\frac{1.2}{1} - \frac{1.2}{1}$ parce qu'alors le mouvement 1.1 serait mieux précisé par les deux prononciations 1.1 ayant l'intervalle voulu primitif 1.2 – 1.2. On reviendrait à la durée minimum de départ par une opération mentale inverse indiquée près de la note également de la manière suivante $\frac{1}{1.2}$ :

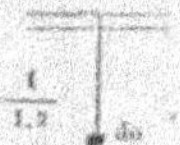

Il s'agirait alors de prononcer 1 d'abord et de dire après 1.2 pendant le même temps, puis de lire ensuite les lettres comme avant, mais dans le nouveau mouvement; on passerait de même aux mouvements $\frac{1.2.3}{1}$ ou $\frac{1.2.3.4}{1}$, etc., ou avec mouvements inverses $\frac{1}{1.2.3} - \frac{1}{1.1.3.4}$.

On aurait donc ainsi une véritable modulation de durées, comme on a aujourd'hui la modulation d'intonation dans les gammes modulantes, et cela permettrait d'employer des durées pour ainsi dire indéfiniment grandes, comparées à la durée minimum de départ et

sans plus de difficulté. Ce système de modulation donnerait même
le moyen de réduire souvent les barres quand, dans une partie
notable d'un morceau, on n'aurait à employer que deux ou trois
durées différentes, quel qu'en soit d'ailleurs le nombre existant
avant ou après.

Les silences s'écriraient et se mesureraient d'une manière analogue :

Ils se liraient Tu, Tu – é, Tu – é – i, etc.

Seulement, quand on serait suffisamment habitué, alors qu'on ne
prononcerait plus les voyelles pour les notes, pour les silences, on ne
dirait plus rien, tout serait dans la pensée : le départ du signe — indiquerait l'absence de toute émission de voix, et le reste du signe
ferait connaître le temps que dure ce silence.

Des signes analogues à ceux qui existent aujourd'hui et d'autres
encore exprimeraient que la note doit être attaquée fortement ou
doucement, ou préciseraient les diverses nuances. Ces signes avec
les silences constitueraient pour ainsi dire la ponctuation musicale
d'une écriture, qui n'offrirait en réalité à l'exécutant que des quantités toujours égales et exactement représentées sous ses yeux, se
reposant ainsi sans cesse devant une image parfaite de la réalité,
comme durée.


# CHAPITRE VI.

## Comparaison de notre notation des durées avec celle actuelle.


La notation actuelle part de la ronde, qu'elle représente par le
signe $\circ$, elle donne ensuite la moitié de cette valeur indiquée par le
signe $\circ$, et, apportant un signe pour chacune des moitiés successives, elle arrive à la quadruple croche $\xi$, qui est la 64ᵉ partie de
la ronde $\circ$.

Mais, pour faciliter la comparaison avec notre notation, représentons au contraire, ce qui revient évidemment au même, par 1, la plus petite valeur, la quadruple croche, alors la triple croche sera désignée par 2, la double par 4..., et enfin la ronde par 64.

Les idées de grandeur que la notation actuelle permet d'écrire sont donc, en partant de la plus petite, 1-2-4-8-16-32-64, en faisant, pour le moment, abstraction du point et du double point peu employé, dont la considération du reste démontrerait encore mieux la supériorité de notre notation. La comparaison se ferait alors, en effet, non plus sur un ensemble de 64 durées, mais sur 112, et serait encore plus à l'avantage de notre système. D'ailleurs, cette création successive et assez récente de signes nouveaux complémentaires, le point et le double point, viennent déjà assez accuser le vice du système actuel de notation, qui eût dû se suffire à lui-même, s'il eût été rationnellement établi dès l'origine, par la seule extension de la notation, et non par l'addition de formes nouvelles. C'est là le propre des systèmes judicieusement conçus, de porter en eux-mêmes leur perfectionnement et leur extension. Nous nous en tiendrons donc aux durées actuelles données par les signes les plus usités des notes. Or notre notation conduirait aux 64 durées suivantes :

$$1-2-3-4-5-6-7-8-9-10-11-12-13-14-15-\textbf{16}$$
$$17-18-19-20-21-22-23-24-25-26-27-28-29-30-31-\textbf{32}$$
$$33-34-35-36-37-38-39-40-41-42-43-44-45-46-47-48$$
$$49-50-51-52-53-54-55-56-57-58-59-60-61-62-63-\textbf{64}$$

On a marqué en caractères gras les durées obtenues aujourd'hui, et l'on voit par les notes non désignées ainsi combien de durées ne peuvent être représentées par la notation actuelle, et manquent dès lors au compositeur, qui n'en a que 7 à sa disposition pour suivre sa pensée. Nous lui en donnons 64 qu'il saisit même, comme l'exécutant, avec une facilité beaucoup plus grande, n'ayant à faire que des additions et encore des additions de quantités toujours égales et bien particularisées, pour éviter toute confusion, par des lettres différentes se présentant cependant dans un ordre constant et ainsi on ne peut plus facilement retenu. Aujourd'hui pour les sept seules durées à sa disposition, il doit se livrer constamment, pour arriver aux durées plus petites, à des divisions de durées plus grandes, en commençant par celle du départ, et l'on sait combien est difficile pour l'esprit la division, com-

parée à l'addition surtout de quantités égales. De cette opération
difficile de la division naissent les embarras si connus de la syncope,
qui ne se soupçonne pas avec notre notation, même dans les
cas les plus compliqués, auxquels il ne faudrait naturellement pas
songer aujourd'hui. Ainsi diviser actuellement par 2 un temps,
c'est-à-dire conserver pour le temps suivant la moitié de la durée
d'une note, est déjà une opération difficile de syncope, parce qu'on ne
voit pas le point de division, il n'est pas marqué comme chez
nous. Réserver pour le temps suivant le tiers d'une note, semble
presque atteindre la limite de ce que la méthode actuelle permet
comme syncope. Avec notre notation rien de plus facile, si l'on
voulait aller jusque-là, que de mettre sur un temps, 1 – 2 – 3 — 62–63
parties de la note, en réservant pour l'autre temps les 63–62–61 — 2 – 1
parties restantes, puisque toutes les parties sont dénommées et
pour ainsi dire écrites. On peut donc dire que la syncope n'existe
plus, ou plutôt qu'elle n'a plus aucune difficulté, si compliquée qu'on
la conçoive.

Voilà déjà un avantage incalculable mais ce n'est pas le plus
grand. Nous avons dit que notre notation présentait à l'œil de l'artiste une image exacte de la durée, ce qui donne une immense
facilité pour la rapidité et l'instantanéité de la lecture et de l'exécution. Voyons s'il en est de même aujourd'hui.

Actuellement la série suivante :

doit durer *moins* de temps que le simple signe ○

La série

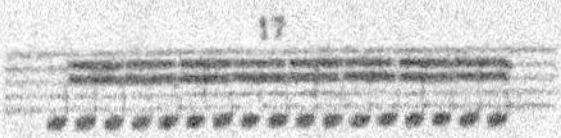

doit durer *plus* de temps que le simple signe ○

C'est-à-dire que, comparé à une même grandeur, à la ronde dans
ce cas, ce qui paraît long sera parfois court, et d'autres fois long.
On comprend déjà quelle confusion cela doit jeter dans l'esprit habitué,

dans toutes les autres circonstances de la vie, à admettre que ce qui paraît long est long, que ce qui semble court est court, ce qui est du reste rationnel.

D'ailleurs, puisque les signes représentant les durées doivent être les uns simples, les autres compliqués, on s'explique difficilement qu'on soit allé choisir précisément, pour noter aujourd'hui les durées courtes, les signes les plus longs, et inversement, et surtout pourquoi, ayant accepté cette anomalie, on s'en écarte même, en faisant d'autres fois le contraire, comme on l'a montré ci-dessus. On pourrait dire peut-être que ce n'est pas dans la forme du signe que l'on doit chercher sa durée. Je le veux bien, mais on ne fera jamais que l'étendue d'un signe et sa complication échappent à l'esprit de l'exécutant, et ne le gênent sans cesse. Dans tous les cas, le signe ne fait pas image comme durée. Ce n'est pas là une des moindres causes qui rendent la lecture de la musique si difficile pour certaines personnes, et d'autant plus qu'elles ont une meilleure tendance d'esprit, une direction plus rationnelle, contre laquelle il faut à tout moment réagir.

Avec notre notation, la complication du signe est exactement proportionnelle à la durée de la note. La durée se voit, ce qui est naturel et préférable à tous les points de vue, puisqu'on réserve le signe plus compliqué pour le cas où l'on a plus de temps pour le lire. D'ailleurs une durée courte n'aura jamais à être sentie par nous, si elle n'est déjà à exécuter de fait aujourd'hui.

Ainsi supposons les deux exemples suivants :

Dans le premier exemple, il y a *deux* notes, re et mi, dans un temps ; aussi do a-t-il un nom en *deux* parties, do-é. Dans le deuxième exemple, il y a *quatre* notes, re-mi-fa-mi, pour un temps ; aussi do a-t-il un nom en *quatre* parties do-é-i-o. S'il n'y avait pas de doubles croches durant ici le quart d'un temps, il n'y aurait pas non plus quatre parties pour le nom, et par conséquent pas de partie durant le quart d'un temps, comme on le voit dans le premier exemple. Il en sera toujours de même. Par conséquent les parties à lire sur un signe n'auront, comme rapidité de mouvement, que celle existant déjà aujourd'hui, même pour des notes réelles. Or si des notes différentes sont lisibles dans un certain mouvement, on sent combien sera plus facile précisément dans le même mouvement la lecture des parties dô–é–i–o, qui elles se présentent toujours dans un ordre invariable, où l'instantanéité s'acquiert ainsi très-rapidement.

C'est du reste à un procédé analogue que les commençants sont souvent tentés de recourir instinctivement, quand la mesure les embarrasse, en prononçant par exemple fà–a lorsque le fà doit durer le double des notes précédentes ou suivantes, pour en mesurer la durée. Cette prolongation est proscrite avec raison aujourd'hui, parce qu'elle ne conduirait jamais à une lecture rapide, devant l'incertitude où l'on resterait du moment où on l'appliquerait. Mais quand le procédé est érigé en règle fixe, aussi simple que celle que nous présentons, ne donnant lieu ni au moindre tâtonnement, ni à la moindre hésitation, il en est tout autrement, et l'on en tire tous les avantages que les commençants soupçonnent si bien par instinct, ce qui est déjà un indice qui trompe rarement.

Un avantage immense qui résulterait de signes représentant ainsi les durées d'une manière pour ainsi dire continue, et les mesurant d'une façon aussi parfaite et aussi facile, c'est qu'au lieu de s'astreindre à n'avoir dans un temps que des subdivisions de grandes valeurs, en nombre très-limité, ne donnant, comme nous l'avons vu, que les sept espèces de durée 1 — 2 — 4 — 8 — 16 — 32 — 64, représentant autant de fois la durée minimum, rien n'empêcherait d'y faire entrer un nombre quelconque de fois, 1–2–3–4–5–6–7–8–9— 64 fois cette durée minimum, selon l'inspiration du compositeur, qui aurait ainsi à sa disposition tous les moyens de suivre sa pensée, sous le rapport du temps. C'est du reste cette insuffisance de signes, déjà bien sentie, qui a fait imaginer les triolets, c'est-à-dire trois notes pour deux, et d'autres exceptions aux règles de notation, qui conduiraient bientôt au chaos, si leur nombre augmentait trop, parce qu'on manquerait de procédé exact et simple pour les sentir et les rendre.

Mais ce n'est pas tout. Cette nécessité de mettre dans un même temps, dont le frapper sert de jalon pour se reconnaître, devant des valeurs mal définies et qui se mesureraient difficilement sans cela, un nombre pareil de durées ne s'imposerait plus avec notre méthode, où ces éléments tous égaux seraient directement et si exactement sentis. Autant il y aurait de ces plus petites durées, autant on en lirait dans la même cadence, et alors les temps et les barres de mesure indispensables aujourd'hui, n'auraient plus de raison d'être pour la mélodie, où le compositeur aurait toute liberté. Supposons en effet que la musique n'ait ordinairement qu'une seule espèce de signe, la noire par exemple, il est bien clair que les points de repère de mesure et de temps seraient inutiles, et qu'ils seraient avantageusement remplacés par des signes indiquant, là où le sentiment de l'auteur les voudrait, les nuances à donner à certaines notes, en empêchant ainsi la confusion, qui serait inséparable d'éléments tous semblables entre eux.

Eh bien, c'est précisément ainsi que se présenterait la musique dans notre méthode de notation, où l'on n'aurait jamais qu'une seule espèce de durée, la durée minimum, parfaitement distinguée cependant par des lettres différentes. Le compositeur ne serait plus alors astreint à voir ses nuances fatalement assujéties à des places méthodiquement tracées par des temps forts ou des temps faibles, sa pensée serait libre, et il placerait ses *forté* et ses *piano* ou ses autres nuances, là où son génie en sentirait le besoin, pendant qu'il aurait à sa disposition, comme nous l'avons vu, 64 éléments de durée, au lieu de 7, pour tous les effets à rendre. Ce sentiment bientôt parfait d'une durée minimum unique, se reproduisant indéfiniment avec des signes parfaitement distincts, donnerait une telle précision à l'exécution, que chaque artiste, dans la musique même à plusieurs parties, ne saurait plus dévier, et que là encore les barres de mesure et les distinctions de temps deviendraient inutiles. Le chef d'orchestre n'indiquerait plus les temps, mais les nuances relatives à chaque exécutant, en apportant ainsi autant de jalons qu'il serait nécessaire pour régulariser au besoin des mouvements déjà parfaits par eux-mêmes. Remarquons en effet qu'en dehors de ces points de repère indiqués par le chef d'orchestre, il y en aurait un nombre presque illimité, puisque l'attaque de chaque note d'une portée quelconque serait un correctif au besoin pour toutes les autres, son *départ* devant nécessairement coïncider exactement, soit avec le départ d'une note, soit avec celui d'une des lettres composant la note, pour tous les autres exécutants auxquels il ne serait jamais ainsi permis de dévier.

L'écrivain suivrait donc sa pensée librement, sans être entravé par ces barres de mesure, qu'un procédé vicieux a seul rendues obligatoires pour la musique en général, et qui devraient être réservées pour celle où les exécutants, comme les danseurs, n'ayant pas la musique sous les yeux, et n'étant pas d'ailleurs nécessairement musiciens, ne pourraient suivre la cadence, si elle n'était pas limitée à quelques formes extrêmement simples et régulières. Pour cette musique de danse, il s'astreindrait alors à mettre un signe d'accentuation, ou si l'on veut la barre, après un nombre constant des plus petites durées, selon la cadence des pieds à obtenir, mais ce ne serait là qu'une musique d'exception. Partout ailleurs, débarrassé de ces barres de mesure ou de ces temps de durée constante qui entravent sa pensée, le compositeur serait alors libre de suivre toutes les inspirations de son génie, et, grâce à cette ponctuation musicale dont nous avons parlé, il serait parfaitement compris par le lecteur, toujours en face de signes d'une simplicité extraordinaire.

L'introduction de cette sorte de prose en musique pour les durées apporterait à cet art l'extension si grande qu'elle a amenée dans tous les langages. Où en seraient en effet les littératures des différents peuples, si elles s'étaient trouvées réduites aux effets si limités de la versification ? C'est le même progrès que notre notation pourrait amener dans le langage de la musique, en étendant également l'horizon de cet art dans des proportions infinies.

Du reste, notre méthode de lecture est applicable déjà à la musique actuelle, si l'on veut se borner à elle, ainsi que nous allons l'expliquer.

# CHAPITRE VII.

## Lecture de la musique actuelle, sous le rapport des durées, par notre procédé.

Nous avons démontré que notre procédé d'écriture et de lecture des durées permettrait, si l'on consentait à s'affranchir des barres de mesure, et pour la musique autre que celle de danse de l'uniformité des temps, d'étendre à l'infini l'horizon de la musique, par l'introduction d'une sorte de prose apportant dans ce langage tous les avantages, dont les littératures de tous les peuples auraient été constamment privées, si elles étaient restées bornées aux seules ressources de la versification entravant si bien la pensée.

Mais nous avons ajouté que ce procédé de lecture était applicable dès aujourd'hui à la musique actuelle, où il n'y aurait plus de syncope embarrassante, et où l'étude des mesures serait d'une facilité inouïe, et nous allons le prouver.

En effet, si la plus petite durée est par exemple la double croche, elle s'appellera, d'après notre convention, do; alors la croche se nommera do-é; la noire do-é-i-o, etc. Pour les silences on aura Tu, ou Tu-é, ou Tu-é-i-o, etc.

Quand un point viendra après une note ou un silence, nous l'appellerons, par une convention analogue à celle faite pour les notes elles-mêmes, soit A, soit A-é, soit A-é-i-o, etc., selon le nombre de fois qu'il contiendra la durée minimum; alors la croche pointée se nommera do-é-A; la noire pointée do-é-i-o-A-é, etc.

Voyons maintenant comment nous allons appliquer ces noms à la musique actuelle. Comme la musique se divise en temps, il suffit évidemment d'examiner toutes les manières de former un temps, car il n'y aura qu'à répéter la même opération pour tous les temps successifs qui sont de même valeur et bien distincts, la difficulté de la syncope n'existant pas pour nous, puisque chaque élément de durée a un nom spécial pour le représenter, et que rien n'est en effet à diviser.

Or si l'on passe en revue toute la musique écrite, on voit que le temps, selon les variétés de mesure, à 2, 3 ou 4 temps, peut être représenté par les valeurs suivantes :

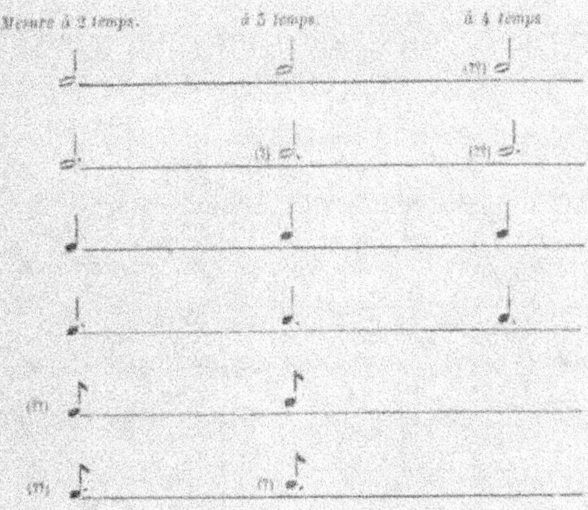

Un point d'interrogation devant la valeur du temps signifie que cette mesure est peu usitée; deux points d'interrogation expriment qu'elle l'est très-peu.

De sorte que si l'on se borne à la musique réellement usitée, on est autorisé à dire que le temps peut être, pour toutes les mesures, la noire ou la noire pointée,  ♩ ou ♩.
pour la mesure à trois temps en outre  ♪ ou ♪.
—        deux        —        ♪ ou ♪.

c'est-à-dire que le temps peut être, selon les circonstances, une des cinq grandeurs suivantes :

$$\text{♩ ou ♩.}$$
$$\text{♪ ou ♪.}$$
$$\text{♪}$$

Il suffit donc de considérer ♪ et ♪., car une fois les combinaisons trouvées avec ces deux valeurs, elles seront applicables aux deux autres cas, en baissant le signe de la plus petite valeur d'un degré pour ♩ ou ♩ et de deux degrés pour ♩ , en se tenant même pour la dernière série aux combinaisons données par ♪.

Or, le temps peut contenir soit une fois, soit deux, trois, quatre, cinq, six, sept, huit..... fois la plus petite valeur.

Si le temps ne renferme qu'une fois la plus petite valeur, il n'est pas divisible, et alors il n'y a rien à chercher.

Premier cas. — Si le temps, qui sera alors ♪, contient deux fois la plus petite valeur, c'est-à-dire est divisible en deux parties, les éléments qui pourront le composer seront la blanche et la noire, ♩ et ♩ et le temps              ♪ sera de la forme Tu-é
l'élément le plus petit ♪              —              Tu.

Le temps ne pourra être ♪. car il y aurait un nombre impair de parties.

Il y aura alors les trois manières suivantes de former un temps ♪ :

$$\begin{array}{c|c} \text{Tu-é} & \\ \text{é-Tu} & \text{Tu-Tu} \end{array}$$

é étant le restant de la blanche du temps précédent.

Deuxième cas. — Si le temps, qui sera alors ♪., contient trois fois la plus petite valeur, c'est-à-dire est divisible en trois parties, les éléments qui pourront le constituer seront ♪.-♪-♪, et, en appelant

le point A, A-é, A-é-i-o, etc., d'après les mêmes conventions que pour les durées, le temps ♪ sera de la forme Tu-é-A
l'élément au-dessous ♪        —        Tu-é
       —        ♪        —        Tu.

Le temps ne pourra être ♪, car il y aurait un nombre pair de parties.

Les différentes variétés du temps, au nombre de 9, seront les suivantes :

| | | |
|---|---|---|
| Tu-é-A | | |
| é-A-Tu | Tu-é-Tu | |
| A-Tu-é | é-Tu-é | Tu-Tu-é |
| A-Tu-Tu | é-Tu-Tu | Tu-Tu-Tu |

Troisième cas. — Si le temps, qui sera alors ♪, contient quatre fois la plus petite valeur, c'est-à-dire est divisible en quatre parties, les éléments qui pourront y entrer seront ♪ - ♪ - ♪ - ♪.

Alors le temps ♪ sera de la forme Tu - é - i - o
l'élément au-dessous ♪        —        Tu - é - A
       —        ♪        —        Tu - é
       —        ♪        —        Tu

Le temps ne peut être ♪, car il y aurait un nombre de parties qui ne serait pas une puissance de 2.

Les diverses formes du temps, au nombre de 25, sont les suivantes :

| | | | |
|---|---|---|---|
| Tu-é-i-o | | | |
| é-i-o-Tu | Tu-é-A-Tu | | |
| i-o-Tu-é | é-A-Tu-é | Tu-é-Tu-é | |
| i-o-Tu-Tu | é-A-Tu-Tu | Tu-é-Tu-Tu | |
| o-Tu-é-A | A-Tu-é-A | é-Tu-é-A | Tu-Tu-é-A |
| o-Tu-é-Tu | A-Tu-é-Tu | é-Tu-é-Tu | Tu-Tu-é-Tu |
| o-Tu-Tu-é | A-Tu-Tu-é | é-Tu-Tu-é | Tu-Tu-Tu-é |
| o-Tu-Tu-Tu | A-Tu-Tu-Tu | é-Tu-Tu-Tu | Tu-Tu-Tu-Tu |

Enfin quel que soit le nombre n de parties dans lesquelles le temps est divisible, on peut trouver le nombre de manières de le constituer, car c'est précisément le nombre de phrases de n lettres formées avec des mots composés de 1 à n lettres, en admettant que le premier mot puisse être un reste quelconque de l'un de ces mots.

On trouverait facilement que ce nombre est donné par la formule :

$$(n-1)\, 2^{n-1} + 1.$$

D'après cette formule, on voit que si le temps est divisible

par 5, alors n = 5 et le nombre de manières à constituer le temps est de 65
— 6    —    6                                     —                        161
— 7    —    7                                     —                        385
— 8    —    8                                     —                        897

En appliquant les règles qui précèdent au cas où le temps est

$$\text{♩ ou ♪}$$

on forme le premier groupe des Exercices-Mesure placés à la fin du volume, contenant toutes les formes possibles du temps, qu'il soit divisible en deux, trois, quatre, six ou huit parties ; on peut négliger les chiffres 5 et 7, les signes de la musique actuelle ne conduisant pas à ces durées.

Toutes ces combinaisons sont réparties dans le tableau en mesures battues à deux, trois ou quatre temps. On passe également en revue les différentes clefs afin d'habituer à toutes les diversités, mais dès lors que le temps n'est pas divisible en plus de huit parties, ce qui est déjà considérable, il ne peut pas se trouver une forme du temps acceptable aujourd'hui qui ne soit pas comprise dans ce groupe, si le temps est supposé ♩ ou ♪. Les deuxième et troisième groupes résument également toutes les formes possibles aujourd'hui du temps ♩ ou ♪, ou enfin du temps 𝄵.

Dans les deux premiers groupes on n'a mis que des notes naturelles et encore prises dans l'accord parfait, afin d'habituer plus rapidement à une très-grande égalité dans les durées des lettres. Le troisième groupe comprend des notes accidentées en assez grand nombre et ne devra être étudié que quand on connaîtra très-bien l'intonation, apprise également par notre procédé. Au point de vue de la mesure, les deux derniers groupes seraient évidemment à supprimer, puisqu'ils reviennent à supposer que la durée la plus courte est représentée par un signe descendant d'un ou deux degrés, but que le métronome atteindrait parfaitement; mais, comme on a l'habitude de considérer ces différentes formes surabondantes d'écriture, nous les avons également acceptées, pour qu'il ne reste pas même une différence de forme qui puisse surprendre un instant dans ce qui serait déjà écrit ou pourrait l'être avec les signes actuels.

Si les temps étaient divisibles en plus de huit parties, ils se liraient avec la même facilité, une fois que l'on se serait habitué par ces exercices à donner une égalité parfaite à toutes les lettres pensées, et le plus souvent par le procédé simple de modulation des durées dont nous avons parlé, en prenant successivement pour la plus courte durée, celle qui est le mieux appropriée à chaque partie du morceau, pour qu'il y ait le moins possible d'espèces de durées employées à la fois. Un procédé analogue de modulations de durée, servirait à passer dans le même morceau de la subdivision binaire à subdivision ternaire ou réciproquement, ou à telles variétés, triolets ou autres qu'on pourrait rencontrer, par exemple par les formules $\frac{1.2}{1.23}$, $\frac{1.23}{1.2}$, etc.

On voit, du reste, facilement comment se liraient les Exercices-Mesure où les temps seraient battus comme d'habitude.

Dans le premier exemple du premier groupe, on commencerait donc ainsi :

DO– é pour le 1er temps

MI–DO pour le 2e temps

La prolongation é ne se prononcerait, comme on l'a dit, que pendant quelque temps.

Pour la deuxième mesure, on aurait :

1er temps, SOL–DO

2e temps,  é – MI

c'est-à-dire que chaque temps serait toujours composé de deux parties égales en durée.

On voit d'ailleurs que la syncope ne présente aucune difficulté, puisque la partie à séparer, au lieu d'être insaisissable comme aujourd'hui, a un nom é, qui se prononce d'abord pour y songer seulement plus tard, en même temps que le temps se bat, et il en sera toujours ainsi, quelque compliquée que soit la syncope.

Prenons maintenant la première mesure à trois temps du premier groupe, où les temps sont divisibles en huit parties, on dira :

FA–é – i – o–A–é–A–LA  pour le 1er temps,
é – A–DO–é–i–o–A – é  pour le 2e temps,
A–FA–é –i–o–A–é – A  pour le 3e temps,

c'est-à-dire que chaque temps sera toujours composé de huit parties égales en durée.

Examinons, si l'on veut, l'exemple de l'introduction qui commence ainsi, on aura alors :

POUR LE 1er TEMPS :

MI - é - i - o  B-é-i-o  C-é-i-o  D-é-i-o  F-é-i - o  G-é-i - o  H-é-i - o  K-é - i - o

POUR LE 2e TEMPS :

SOL SI - é - i - o  B-é-i-o  C-é-i - o  D-é-i-o  F-é - i - o G-é-i-o H-é - i - o  K-é - i

POUR LE 3e TEMPS :

o  MI-é  SI-é-i-o  B-é-i-o  C-é-i-o D-é-i-o  F-é-i-o G-é-i-o  H-é-i-o  K

POUR LE 4e TEMPS :

é - i - o  SOL-é-i-o  B-é-i-o  C-é-i-o  D-é-i-o  MI-é-i-o  B-é-i-o  SOL-é-i-o  SI

C'est-à-dire que chaque temps sera toujours composé de trente-deux parties égales en durée et distinguées par des lettres se présentant dans un ordre invariable et ainsi facilement retenu.

On voit ici des syncopes, comme il serait évidemment impossible d'en écrire aujourd'hui, et qui cependant sont rendues mathématiquement. À la troisième note, par exemple, on doit donner les $\frac{31}{32}$ de la note si, et garder $\frac{1}{32}$ pour le temps suivant ; d'autres fois, ce serait $\frac{29}{32} - \frac{25}{32}$... à rendre pour un temps, et $\frac{5}{32} - \frac{7}{32}$... à réserver pour le temps suivant ou des divisions plus compliquées encore, si cela était possible, et cependant tout cela se fait mathématiquement, et au bout de très-peu de temps instinctivement, grâce à la forme régulière et constante des noms des notes Do-é-i-o — B-é-i-o, que l'on arrête au nombre de parties voulues, se présentant toujours dans le même ordre bientôt retenu.

Sans doute, dira-t-on, ce que je présente ne s'écrit pas aujourd'hui, mais c'est là ce qui est regrettable, au moins pour un grand nombre de durées, car on se prive d'une quantité immense de ressources, que la méthode actuelle de lecture ne permettrait pas en effet, mais dont la nôtre dispose avec une facilité inouïe. Cela est indépendant de ce que nous avons vu au chapitre précédent, où l'on a indiqué combien d'autres ressources seraient encore obtenues, si l'on acceptait notre manière d'écrire les durées. Ici la forme de la notation n'est pas changée ; le procédé de lecture permet seulement déjà d'en utiliser toutes les ressources, ce qu'on est si loin de pouvoir faire aujourd'hui.

Voici maintenant comment devront s'étudier les trois groupes des Exercices de mesure.

Afin de hâter les progrès de l'élève, on lui fera commencer l'étude des durées pour les deux premiers groupes en même temps que celle de l'intonation, à laquelle on ne saurait consacrer beaucoup de temps chaque jour, sans une fatigue dangereuse pour la voix, qu'il faut au contraire bien ménager. Seulement tant que l'élève ne sera pas capable de donner avec certitude l'intonation des notes, il se contentera de les prononcer, ou même de les appeler mentalement, quand il sera fatigué, ce qui lui permettra de travailler beaucoup plus longtemps dans la journée. Quant aux noms des notes, ils ne seront pas les noms actuels : do-ré-mi-fa-sol-la-si, mais bien, en do par exemple ceux ci-dessous, en lisant de bas en haut :

do — ré — mi — fa — sol — la — si

do — do — do — do — do — do — do

pour les deux premiers groupes qui ne contiennent que des notes naturelles, ne sortant pas même de l'accord parfait, afin que l'élève puisse se familiariser plus facilement avec la mesure, devant des intonations si faciles.

Dans les commencements, au lieu de battre la mesure comme aujourd'hui, pour s'habituer à donner des durées bien égales aux éléments de durée, on battra un temps pour chacun de ces éléments de durée, et, afin de conserver le plus possible la concordance avec les temps actuellement frappés, on battra de la manière dite à quatre temps, quand le temps sera divisible en un nombre de parties, 2, 4, 8, etc., représenté par une puissance de 2, et à trois temps dans les autres cas.

Ainsi les deux premiers groupes se commenceront comme ci-dessous en lisant toujours de bas en haut :

| TEMPS | | | | | TEMPS | | | | | TEMPS | | | |
|---|---|---|---|---|---|---|---|---|---|---|---|---|---|
| 1er | 2e | 3e | 4e | | 1er | 2e | 3e | 4e | | 1er | 2e | 3e | 4e |
| DO — é — MI — DO | | | | | SOL — DO — é — MI | | | | | MI — é — DO — é | | | |
| do | | do | do | | do | do | | do | | do | | do | |

On prononcera les syllabes superposées, sans laisser d'intervalle, comme un seul mot.

En continuant l'étude du premier groupe, on aura à battre l'exercice suivant à trois temps, de la manière suivante :

| TEMPS | TEMPS | TEMPS |
|---|---|---|
| 1er 2e 3e 1er 2e 3e | 1er 2e 3e 1er 2e 3e | 1er 2e 3e 1er 2e 3e |
| MI-é-A-DO-é-SOL | MI-SOL-é-DO-MI-SOL | MI-é-DO-é-A-SOL |
| do      do      do | do  do      do do do | do      do      do |

en se rappelant que A est le nom du point, ou de la note liée ne se répétant plus, et qu'il peut, comme les notes, être suivi des lettres e-i-o, etc.

Pour l'exercice où le temps est divisible en six parties, on lira :

| TEMPS | TEMPS |
|---|---|
| 1er 2e 3e 1er 2e 3e 1er 2e 3e 1er 2e 3e | 1er 2e 3e 1er 2e 3e 1er 2e 3e 1er 2e 3e |
| MI-é-i-o-A-é-DO-é-i-o-A-SOL | MI-é-i-o-SOL-é-DO-é-i-o-MI-SOL |
| do            do            do | do      do      do      do do |

L'étude des deux premiers groupes de mesure se continuera de la même manière, en s'habituant à bien donner, par des battements parfaitement égaux, la même durée à chacun des éléments composant les notes, dont les désignations s'obtiennent par des lettres toujours dans le même ordre, et que l'on devra s'habituer à voir écrites à la suite de la note. Ces formules indiquées, du reste, en tête des exercices, sont bien faciles à retenir, car c'est le nom de la note :

DO, par exemple, pour la plus petite durée ;

DO - é                 pour la durée double ;

DO - é - A            pour la durée triple ;

DO - e - i - o        pour la durée quadruple, etc.

Ces appellations seront faites à haute voix, puis à voix basse, et enfin seulement senties, quand l'élève se trouvera fatigué.

Pendant que l'élève se familiarisera ainsi avec les noms de ces éléments de durée suivant les différentes valeurs des notes, et s'habituera à leur donner des durées bien égales, les progrès en intonation arriveront, et alors, au lieu de nommer seulement les notes, il pourra les chanter, en conservant aux lettres qui suivent chaque note la même intonation et des durées égales, sauf à se borner à l'appel mental des lettres, quand il sera fatigué.

Quand il saura bien ainsi les intonations, il se contentera de chanter la note, mais en pensant bien, avant d'émettre une note, à l'intervalle de la tonique avec cette note, dont l'appel mental doit continuer à se faire, et en donnant toujours aux lettres chantées leur durée exacte.

Plus tard, quand il sera bien habitué à donner des durées égales aux différentes lettres, en les chantant, il se contentera, en chantant toujours les notes bien mesurées avec la tonique, de suivre par la pensée les lettres é-i-o — A-é, etc., qui ne doivent en définitive servir qu'à prolonger le son d'une durée convenable.

Enfin il reprendra les deux premiers groupes, en battant la mesure comme aujourd'hui, et en ne chantant que le nom de la note, mais en n'émettant jamais, si avancé qu'il soit dans l'étude de l'intonation, une seule note, sans avoir bien entendu son intervalle avec la tonique, et sans avoir bien appelé mentalement les lettres exactement mesurées qui suivent la note chantée.

Quand il possédera bien ces deux premiers groupes, l'étude de l'intonation sera très-avancée, et il pourra passer à l'étude du troisième groupe, où les notes altérées sont multipliées avec intention.

Il chantera d'abord sans battre aucune espèce de mesure, comme si les notes n'avaient pas de valeur précise, et en restant au besoin sur chaque note tout le temps nécessaire pour bien assurer l'intonation de la note suivante, les notes naturelles ou altérées, comme il est indiqué au chapitre des intonations.

Quand l'élève possédera bien ainsi l'intonation des notes même altérées, il chantera après les notes et avec la même intonation les lettres é-i-o, etc., en battant, comme on l'a vu plus haut, les divers éléments égaux de durées, mais assez doucement pour bien conserver les intonations et assurer l'égalité des durées.

Ainsi quand le temps sera divisible en 4 parties il commencera ainsi :

$$\text{RÉ-é-i-o-LA-é-A} - \left(\genfrac{}{}{0pt}{}{\text{fa-fa}}{\text{FEU}}\right) \text{LA-é-SI-é} - \left(\genfrac{}{}{0pt}{}{\text{do-do}}{\text{DEU}}\right) - \text{é} - \left(\genfrac{}{}{0pt}{}{\text{RÉ}}{\text{ré-ré}}\right) - \text{MI}$$

ré       ré       ré   ré  ré       ré       ré       ré

$$\left(\genfrac{}{}{0pt}{}{\text{fa-fa}}{\text{FEU}}\right) - \left(\genfrac{}{}{0pt}{}{\text{ré-ré}}{\text{REU}}\right) - \text{é-A} - \left(\genfrac{}{}{0pt}{}{\text{SIÉ}}{\text{si-si}}\right) - \text{LA-é} - \left(\genfrac{}{}{0pt}{}{\text{SIÉ}}{\text{si-si}}\right)$$

ré       ré       ré       ré       ré

$$\left(\genfrac{}{}{0pt}{}{\text{LÉ}}{\text{la-la}}\right) - \left(\genfrac{}{}{0pt}{}{\text{sol-sol}}{\text{SEU}}\right) - \text{FA-é} - \left(\genfrac{}{}{0pt}{}{\text{RÉ}}{\text{ré-ré}}\right) - \left(\genfrac{}{}{0pt}{}{\text{mi-mi}}{\text{MEU}}\right) - \text{LA-DO}$$

ré       ré       ré       ré       ré       ré  ré

Etc.

Plus tard il se contentera, en allant toujours très-doucement pour le frapper des éléments de durée, de penser aux lettres é-i-o — A-é, etc., sans les chanter.

Enfin quand il sera bien familiarisé avec ces éléments d'égale durée et avec les intonations des notes naturelles et accidentées, il battra la mesure comme aujourd'hui, en allant d'abord extrêmement lentement, puis en augmentant peu à peu la vitesse, mais sans cesser de bien distinguer les intonations des notes et les différentes lettres de mesures.

Enfin il repassera journellement les trois groupes en battant la mesure comme aujourd'hui, et nommant seulement les notes, mais sans jamais émettre une note, si avancé qu'il soit dans ses études, sans en avoir bien senti l'intonation, et sans avoir bien rendu mentalement les éléments de durée de la note chantée.

Il constatera bientôt combien il serait facile de ne plus battre la mesure, des quantités toujours égales ne pouvant faire autrement que de mesurer elles-mêmes exactement les notes. Il comprendra alors qu'au lieu de s'astreindre à n'accentuer la mélodie qu'à des points déterminés correspondant aux temps forts ou faibles, rien n'empêcherait de placer les signes actuels d'accentuation, ou même d'autres servant encore de points de repère, là où le génie de l'artiste le ferait désirer, en mettant les unes à la suite des autres des durées non plus assujéties à suivre la loi de la subdivision par 2 ou par 3, mais représentant un nombre quelconque de fois la plus petite durée. Il sentira ainsi déjà la facilité que j'ai annoncée de l'introduction en musique d'une sorte de prose, donnant à l'artiste toute liberté pour rendre ses idées, en apportant à la musique des avantages dont auraient toujours été privées les littératures des différents peuples, réduites à la seule versification.

# CHAPITRE VIII.

## Emploi regrettable des différents signes de durée ⌐-⌐-⌐ ou ⌐ - ⌐ - ⌐ pour représenter le temps.

Nous avons dit au cours du chapitre précédent que c'était à tort qu'on employait différents signes de durée pour représenter le temps et qu'une seule forme serait suffisante et bien préférable, puisqu'on simplifierait ainsi beaucoup la lecture, en ne donnant pas des apparences si diverses à l'écriture pour produire exactement le même effet sur l'auditeur. Cela est évident, puisqu'on peut laisser variable, comme on le fait du reste déjà aujourd'hui, l'unité de mesure, le métronome.

Cependant pour nous faire mieux comprendre des personnes qui ne sont pas habituées à ces considérations abstraites, nous allons montrer plus clairement que nos trois groupes de mesure donnant toutes les manières de représenter aujourd'hui le temps, ne sont dûs qu'à une manière vicieuse d'écrire, compliquant ainsi bien gratuitement la musique.

Considérons pour cela la première mesure à quatre temps du premier groupe, et la mesure correspondante dans chacun des deux autres groupes, et montrons que les deux dernières sont exactement représentées pour les durées des notes par la mesure du premier groupe, et, comme la même comparaison se ferait pour chaque mesure, les deux derniers groupes ne devraient jamais se trouver écrits.

Soient donc ces trois mesures que nous supposerons commencer trois morceaux différents; nous allons voir que rien n'empêcherait d'écrire les deux dernières sous la forme exacte de la première, trois doubles croches, une noire pointée, etc., tout en produisant pour l'auditeur un effet absolument identique, et en laissant à l'exécutant des choses exactement semblables à lire.

Admettons que le premier morceau doive s'exécuter de manière que la noire ♩ soit contenue 135 fois, par exemple, dans la minute, ou 60 secondes; cela donnerait déjà à la triple croche à peu près le mouvement qu'elle a dans le 31ᵉ exercice de Czerny, pour lequel le métronome est ♩ = 138, et les artistes savent quelle est cette vitesse. Il est inutile de parler de ce que deviendraient les quadruples croches.

Nous avons maintenant à chercher la durée de chacune des notes ci-dessus. Or, 135 noires durant 60 secondes, 1 noire dure en secondes $\frac{60}{135}$

De même 135 $\times$ 2 ou 270 croches durent 60 secondes, par conséquent 1 croche durera en secondes $\frac{60}{270}$

On trouvera de même, pour les différentes notes, les durées ci-dessous exprimées en secondes, mais nous les réduirons au même dénominateur 2160, pour faciliter la comparaison, et nous les exprimerons également en 2160ᵐᵉˢ de seconde, en supprimant ce dénominateur.

Ainsi : ♩· dure en secondes $\frac{90}{135}$ ou $\frac{1440}{2160}$ ou dure en 2160ᵉˢ de seconde 1440

| | | | |
|---|---|---|---|
| ♩ | — | $\frac{60}{135} = \frac{960}{2160}$ | — 960 |
| ♪· | — | $\frac{90}{270} = \frac{720}{2160}$ | — 720 |
| ♪ | — | $\frac{60}{270} = \frac{480}{2160}$ | — 480 |
| | — | $\frac{90}{540} = \frac{360}{2160}$ | — 360 |
| | — | $\frac{60}{540} = \frac{240}{2160}$ | — 240 |
| | — | $\frac{90}{1080} = \frac{180}{2160}$ | — 180 |
| | — | $\frac{60}{1080} = \frac{120}{2160}$ | — 120 |
| | — | $\frac{60}{2160} = \frac{60}{2160}$ | — 60 |

Remplaçant donc ces notes par leurs durées dans la première mesure du premier groupe, on aura pour les différentes durées des 13 notes de la mesure, exprimées en 2160ᵉˢ de seconde :

1ᵉʳ groupe     240-240-240-1440-240-240-240-960-720-1440-720-720-240

Présentons maintenant ce que deviendraient, par les mêmes substitutions, les durées des treize notes analogues dans la première mesure du deuxième et du troisième groupe :

2ᵉ groupe     120-120-120-720-120-120-120-480-360-720-360-360-120

3ᵉ groupe     60- 60- 60-360- 60- 60- 60-240-180-360-180-180- 60

On voit que tous les nombres du deuxième groupe, par exemple, sont la moitié de ceux correspondants du premier groupe.

Si maintenant, au lieu de demander que la noire soit contenue 135 fois dans la minute, ou 60 secondes, on l'exécute de manière qu'elle y soit renfermée 270 fois, la noire durera en secondes $\frac{60}{270} = \frac{30}{135}$, tandis qu'elle durait tout-à-l'heure $\frac{60}{135}$ ou le double. Il en serait de même de chaque note qui durerait la moitié du temps de tout-à-l'heure. Les durées des notes seraient ainsi représentées par le tableau ci-dessous, où les chiffres sont la moitié de ceux qui précèdent.

| | | |
|---|---|---|
| durerait en 2160ᵉˢ de secondes..... | | 720 |
| — | | 480 |
| — | | 360 |
| — | | 240 |
| — | | 180 |
| — | | 120 |
| — | | 90 |
| — | | 60 |
| — | | 30 |

Si alors on met ces durées pour les notes, non plus dans la première mesure du deuxième groupe, mais dans celle du premier groupe, on a :

120-120-120-720-120-120-120-480-360-720-360-360-120

Ainsi les mêmes chiffres, qu'on avait pour les treize notes en mettant leurs durées dans le deuxième groupe, alors qu'on supposait la noire comprise 135 fois dans la minute, se retrouvent pour ces mêmes treize notes, en plaçant les durées dans le premier groupe, mais à la condition que la noire soit comprise non plus 135 fois dans la minute, mais 270 fois. Il en serait de même pour chaque mesure. Le deuxième groupe est donc inutile, puisqu'il ne donne rien autre chose absolument pour l'auditeur que le premier. Au lieu d'indiquer au métronome ♩ = 135, en tête du deuxième groupe, on ne changera pas l'écriture du premier groupe, mais on mettra seulement en tête ♩ = 270, en renonçant à l'emploi du deuxième groupe, et l'auditeur se trouvera *exactement* soumis au même effet.

En écrivant en tête du premier groupe ♩ = 540, on rendra exactement l'effet du troisième groupe avec ♩ = 135, et ainsi de suite.

On devrait, afin de ne pas manquer de notation pour les valeurs inférieures, partir toujours, dans chaque morceau, pour la plus grande durée, de la plus grande valeur ○ acceptée comme signe.

Le premier groupe, avec la ronde ○ = A, tiendrait lieu du deuxième avec la ronde ○ = 2 A, et du troisième groupe avec la ronde ○ = 3 A.

Il suffirait donc toujours d'indiquer au métronome la valeur convenable de la ronde et de se borner au premier groupe pour produire absolument tous les effets des deux derniers groupes. Il n'y aurait là qu'une indication de métronome.

On est déjà entré dans cette voie avec le métronome, qui fait prendre à un même signe des valeurs un peu différentes, mais il faut aller plus loin, de sorte que, grâce à son emploi, un signe quelconque puisse prendre une durée quelconque, alors la lecture comme l'écriture seront bien simplifiées.

Avec notre procédé de notation recommandé, ce n'est pas le signe de plus grande durée qui sert de point constant de départ, mais bien celui de plus petite durée, afin de n'être pas, au contraire, privé de signes pour noter les grandes durées.

Quoi qu'il en soit, bien que les durées puissent être représentées toutes par celles du premier groupe, avec une indication convenable du métronome, nous faisons étudier les trois groupes, afin qu'on ne soit pas embarrassé par les formes différentes de choses identiques, puisqu'elles sont encore acceptées aujourd'hui et même malheureusement on ne peut plus pratiques.

# CHAPITRE IX.

## Etude des instruments tempérés.

### ARTICLE PREMIER. — RECHERCHE DU MEILLEUR SYSTÈME DE CLAVIER.

Après avoir donné le moyen de trouver les intonations des notes avec la voix, il s'agit de voir comment on exécutera ces dernières sur les autres instruments.

On comprend déjà de suite que les gammes majeures présentant dans tous les tons la même série :

C'est-à-dire $2$ tons $-\frac{1}{2}$ ton $- 3$ tons $-\frac{1}{2}$ ton.

$$1 \text{ ton} - 1 - \frac{1}{2} - 1 - 1 - 1 - \frac{1}{2}$$

s'exécuteraient de la même manière, si le doigt pouvait franchir, à partir de sol par exemple, les mêmes distances successives qu'il rencontre à partir de do. Eh bien, nous allons voir que cette condition peut être facilement remplie pour les instruments tempérés. Pour eux, en effet, il n'y a que 12 touches à l'octave, qui doivent néanmoins, comme nous l'avons vu, représenter toutes les notes.

Les cordes successives donnent ainsi les demi-tons de la gamme tempérée, de sorte que de deux en deux elles forment l'intervalle d'un ton. La série ci-dessus de sons d'une gamme quelconque sera alors obtenue toujours en franchissant successivement les nombres suivants de cordes :

$$2 - 2 - 1 - 2 - 2 - 2 - 1$$

Si donc à chacune de ces cordes correspondent sur une même ligne des touches formant un clavier sous la main de l'exécutant, il y aura, pour faire la gamme, à n'importe quelle hauteur, à franchir successivement les nombres suivants de touches :

$$2 - 2 - 1 - 2 - 2 - 2 - 1$$

c'est-à-dire à faire exactement le même travail des doigts, si ces touches sont de même largeur.

Seulement, le doigt ayant une certaine épaisseur, il faut, pour qu'en faisant baisser une touche il ne rencontre pas les voisines, que la touche ne soit pas trop étroite. Il en résulterait une longueur dépassant l'étendue du bras, pour un clavier contenant, sur une même ligne, un nombre de touches pouvant donner les notes dans une étendue de sept octaves, que nous avons reconnue utile et admissible pour le piano.

Mais il est un moyen bien simple de réduire de suite de moitié cette longueur, sans nuire à la disposition symétrique à laquelle seule nous devons cette uniformité d'exécution des gammes. Au lieu de mettre toutes les touches ou plutôt tous les points d'attaque des notes, sur une seule ligne, on peut les placer sur deux lignes parallèles en les alternant de manière, par exemple, que les numéros impairs :

$$1 - 3 - 5 - 7 - 9 - 11 - 13$$

soient sur la ligne élevée du fond, pendant que les numéros pairs :

$$2 - 4 - 6 - 8 - 10 - 12 - 14$$

sont en avant sur une ligne parallèle et intercalés.

Ces rangées de touches seront de couleur différente, les touches du devant blanches, par exemple, celles du fond noires et plus élevées, afin que le doigt, s'appuyant sur elles, ne fasse pas baisser aussi les touches blanches dont le prolongement passe entre les noires, ce qui donnera le clavier A de la forme ci-contre, procédant toujours par demi-ton d'une touche à la suivante.

MODÈLE DU NOUVEAU CLAVIER

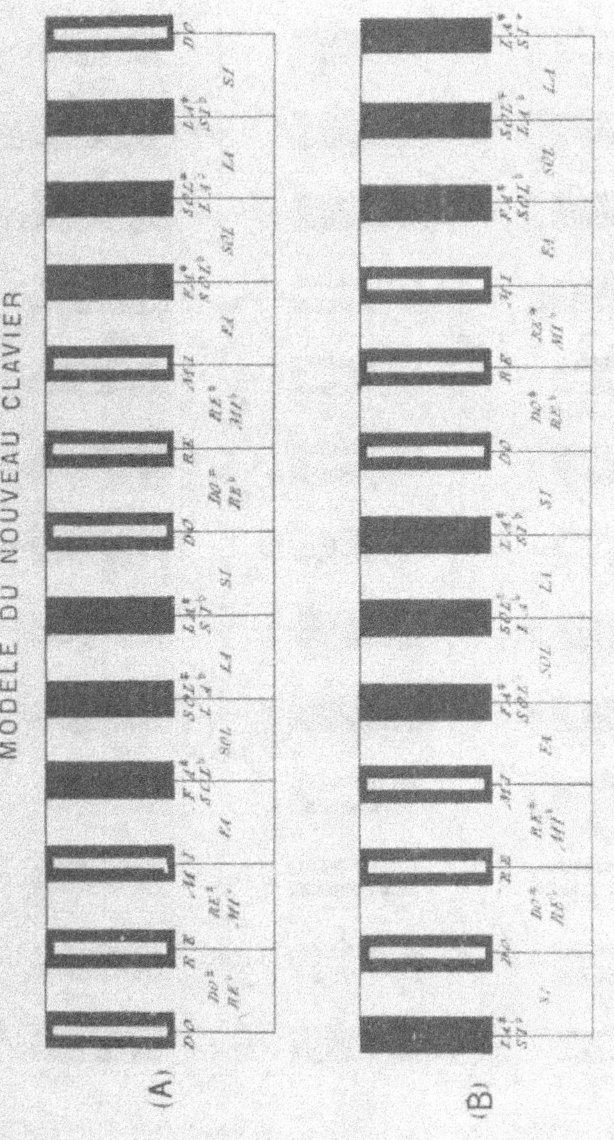

(Voir d'autre part le clavier sous toutes ses formes dans la transposition.)

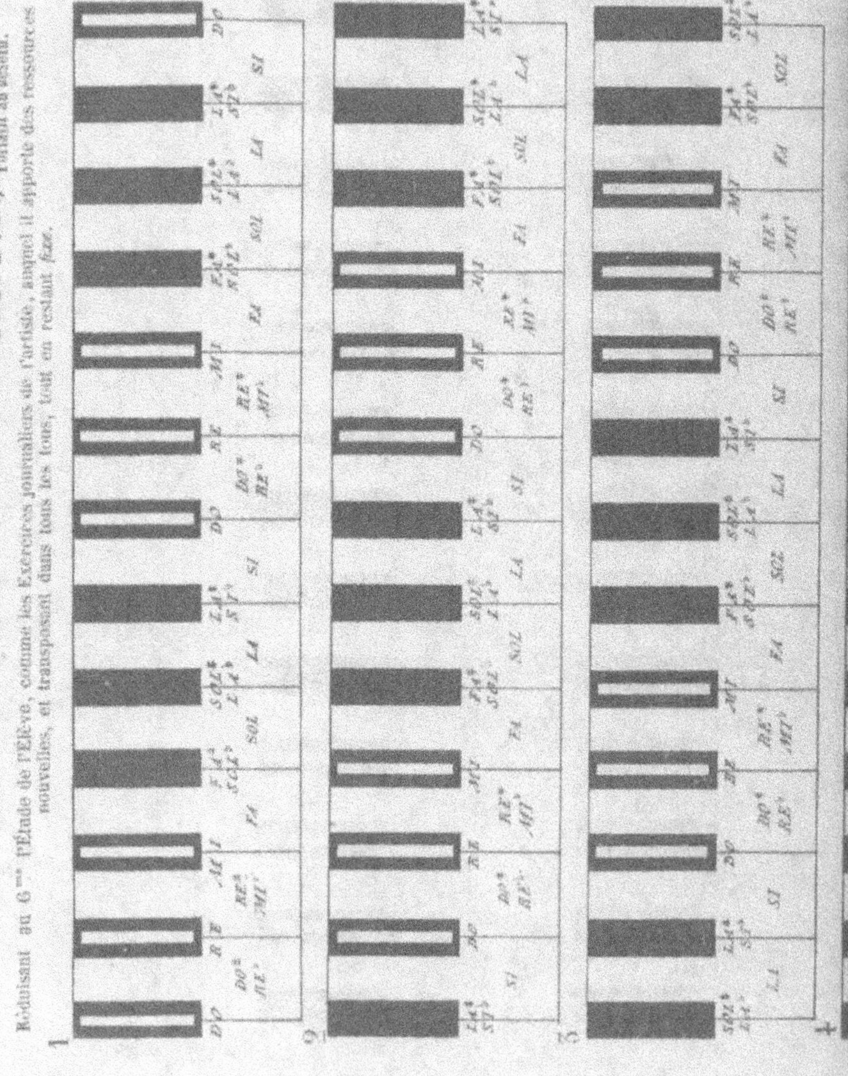


Les 12 manières *différentes* de pratiquer la gamme majeure se réduisent à 2.
En effet, à un point quelconque du clavier, la gamme se fait par :

3 touches blanches et 4 touches supérieures......
ou 3 touches supérieures et 4 touches blanches......

Si donc on connaît les gammes majeures do et sol par exemple, on sait toutes les autres, en

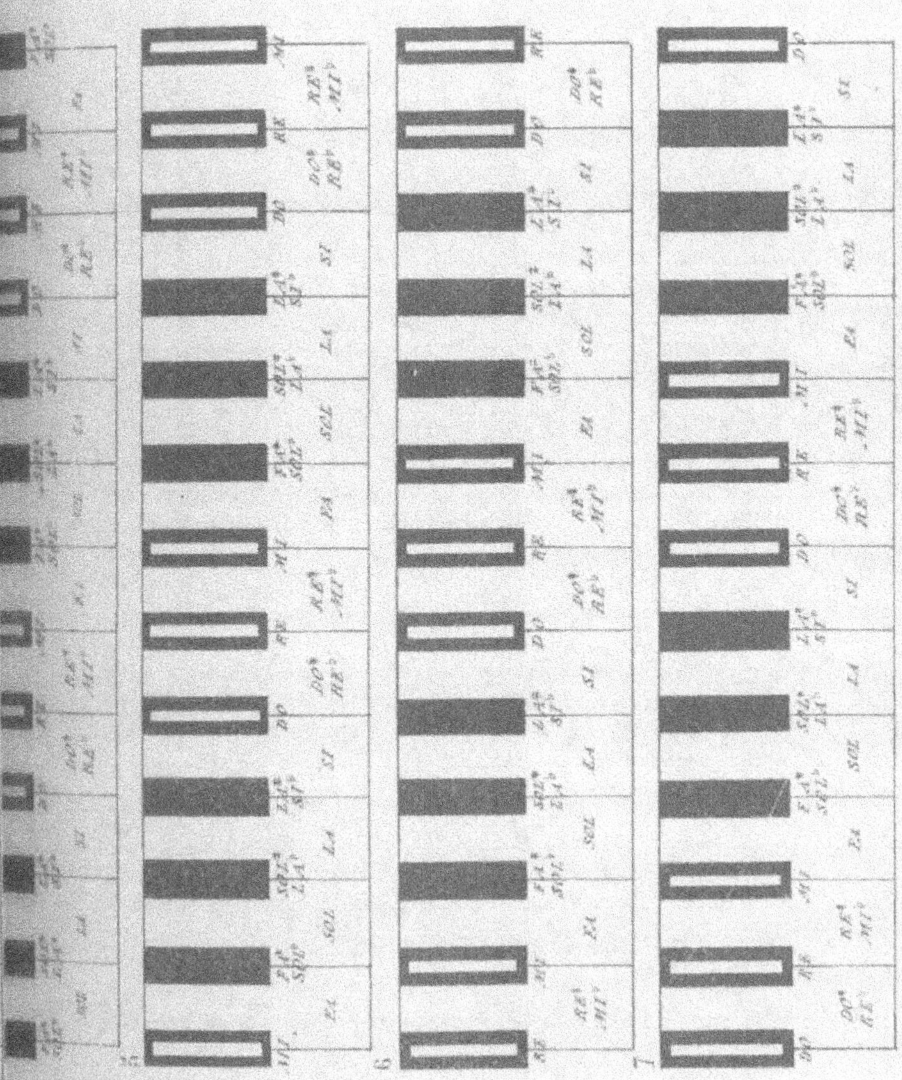

raison de la forme régulière du clavier, et quels que soient d'ailleurs les doigtés, comme on peut du reste le vérifier en les suivant sur la figure où les noms des notes sont indiqués. Ainsi la gamme de do, qui dispenserait d'étudier celles de ré, mi, fa♯, si♭, la♯, sol♭, se fait très-aisément, avec le doigté actuel de la gamme de sol♭ majeur.

Toute l'Étude des instruments à clavier est aussi réduite dans la même proportion de 6 à 4.

Un filet blanc ménagé sur les touches do-re-mi permettra d'éviter la confusion qui résulterait d'un clavier trop uniforme, où l'œil ne saurait plus se reconnaître.

On aura ainsi, pour les touches du fond, par octave, un groupe de trois touches noires avec un filet blanc suivi d'un groupe de trois touches absolument noires, et cette distinction rendra le clavier très-clair.

Quant à la lecture de l'instrument, on s'en sera bientôt rendu maître, si l'on fait la remarque suivante:

Les sept dernières notes de fa à si, d'un do au suivant, sont exactement comme sur le clavier actuel; quant aux cinq premières, elles ne sont même changées que d'après une loi très-simple; les trois touches blanches du clavier actuel do-re-mi, qui sont en bas aujourd'hui, sont passées en haut et dans le même ordre, en devenant noires avec un liseré blanc; les deux touches noires do$\sharp$ et re$\sharp$, ont, au contraire, été portées en bas et rendues blanches; ainsi le système $a\ \dfrac{\text{do}\sharp-\text{re}\sharp}{\text{do}-\text{re}-\text{mi}}\ b$ est devenu $a\ \dfrac{\text{do}-\text{re}-\text{mi}}{\text{do}\sharp-\text{re}\sharp}\ b$, c'est-à-dire que les deux groupes de touches do-re-mi et do$\sharp$-re$\sharp$ ont fait une demi-révolution autour d'une ligne milieu $a$-$b$. Ce changement est donc bien facile à retenir et est du reste peu considérable. C'est même cela qui nous a déterminé à placer le do sur une touche du haut. En le laissant sur une touche blanche, comme aujourd'hui, les cinq premières notes do-re-mi et do$\sharp$-re$\sharp$ seraient, il est vrai, restées comme dans le clavier actuel, mais les sept autres auraient changé de place, de sorte qu'il y aurait eu sept touches sur douze, au lieu de cinq, placées autrement que sur le clavier actuel.

Il est facile de voir sur la figure que toutes les gammes ayant pour tonique une touche supérieure:

$$\text{do} - \text{re} - \text{mi} - \text{fa}\sharp\ \text{si}^b - \text{la}^b - \text{sol}^b$$

s'exécutent sur trois touches supérieures successives et quatre touches inférieures successives également, en continuant toujours de même, *trois en haut et quatre en bas*, et ainsi de suite;

que les gammes ayant pour tonique une touche blanche du bas:

$$\text{sol} - \text{la} - \text{si} - \text{do}\sharp - \text{fa} - \text{mi}^b - \text{re}^b - \text{do}^b$$

se font, au contraire, sur trois touches inférieures successives et quatre touches supérieures successives également, en continuant toujours de même, *trois en bas et quatre en haut*, et ainsi de suite.

Comme deux touches de suite se reproduisent identiquement sur le clavier, il est évident que la main, quel que soit d'ailleurs le doigté que l'on accepte, fait absolument le même travail pour toutes les gammes de chacune des deux séries. Il n'y a donc en réalité que deux manières de faire la gamme majeure, non pas seulement eu égard à l'ordre dans lequel les doigts ont à se succéder, mais encore pour le travail mécanique à exécuter, ce qui est le point véritablement important. De plus, ces deux gammes ne sont pas absolument différentes, car la succession des touches et leurs écarts restent constants; seulement, l'une des gammes commence par une touche supérieure, et l'autre par une touche inférieure. Ainsi, à un point quelconque du clavier, trois touches supérieures et quatre touches inférieures font une gamme, en ajoutant naturellement l'octave; de même trois touches inférieures et quatre touches supérieures donnent une gamme.

Il y aura donc en tout deux doigtés pour les gammes majeures et deux pour les gammes mineures. Ce que je dis là ne s'applique pas seulement aux gammes simples, mais à tout ce qui doit se faire dans tous les tons, aux gammes à double note en tierces, en sixtes, etc., aux accords, aux arpéges, à tous les exercices sans exception, à tous les traits possibles et enfin à l'étude du clavier en général.

Cela est de la plus haute importance, car on sait qu'il est indispensable, pour arriver à une bonne exécution sur l'instrument, qu'une série quelconque de notes, gammes, accords, exercices, traits, etc., soit familière à l'exécutant, non-seulement dans un ton, mais dans tous sans exception, puisque ce sera peut-être dans le seul ton négligé qu'il rencontrera cette série, dont la difficulté sera même très-variable d'un ton à un autre, en allant quelquefois jusqu'à l'impossibilité, qui ne peut se présenter chez nous.

L'exécution de la gamme chromatique est de la dernière simplicité; elle se fait avec le troisième doigt en haut et le pouce en bas, c'est-à-dire avec les deux meilleurs doigts.

Voici, du reste, les 2 doigtés qui nous paraîtraient convenables et suffisants dans chaque mode pour les gammes simples; quant aux gammes à double note, en tierces et en sixtes, si difficiles actuellement, elles auraient un doigté unique, même pour les 2 modes, qui permettrait bientôt de les exécuter à peu près dans le mouvement des gammes simples, et, comme on sait que les sixtes sont très-harmonieuses, il y aurait là pour l'artiste des effets tout nouveaux à rendre.

## Gammes simples.

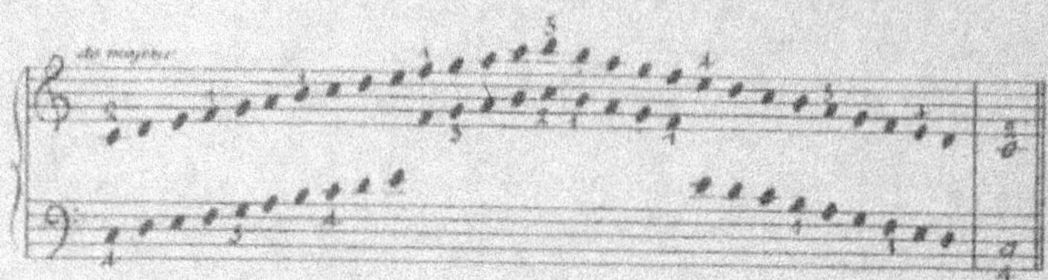


Les gammes majeures partant d'une touche noire supérieure, ré-mi-la♯-si♭-la♭-sol♭, se font avec le même doigté.

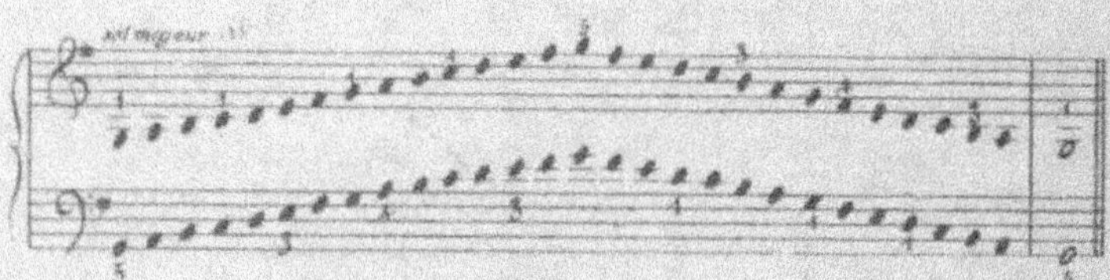


Les gammes majeures partant d'une touche blanche, la-si-do♯-fa-mi♭-ré♭-do♭, se font avec le même doigté

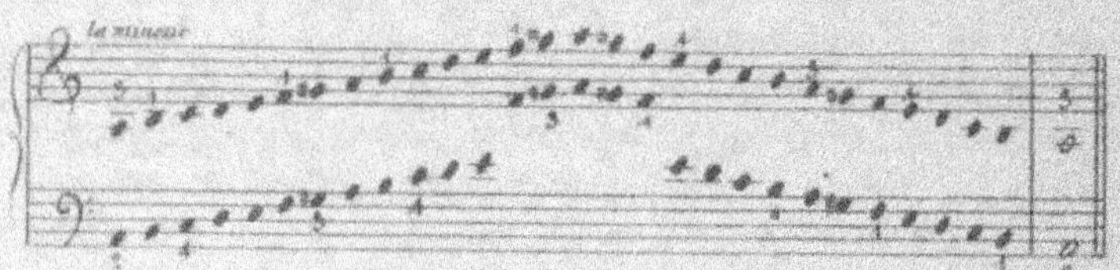


Les gammes mineures partant d'une touche blanche, si-do♯-ré♯-sol-fa-mi♭, se font avec le même doigté.

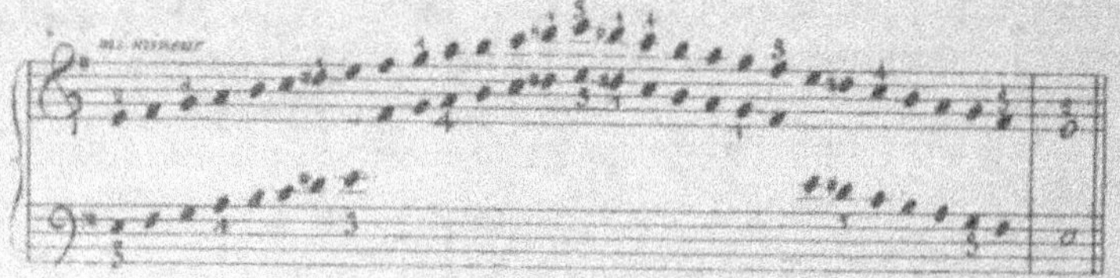


Les gammes mineures partant d'une touche noire supérieure, fa♯-sol♯-la♯-ré-do-si♭-la♭, se font avec le même doigté.

(1) La gamme de sol pourrait également avoir le doigté suivant :

### Gammes à double note en tierces.

On peut constater que ces 4 gammes ont même un doigté identique, mais comme le travail des doigts ne l'est pas pour cela, nous n'avons négligé que les gammes ne donnant rien de nouveau à cet égard.

Les gammes majeures partant d'une touche noire supérieure, ré-mi-fa#-si♭-la♭-si♭, se font avec le même doigté.

Les gammes majeures partant d'une touche blanche, la-si-do#-fa-mi♭-ré♭-do♭, se font avec le même doigté.

Les gammes mineures partant d'une touche blanche, si-do#-ré#-sol-fa-mi♭, se font avec le même doigté.

Les gammes mineures partant d'une touche noire supérieure, fa#-sol#-la#-ré-do-si♭-la♮, se font avec le même doigté.

## Gammes à double note en sixtes.

### (Même observation que pour les gammes précédentes en tierces.)

Les gammes majeures partant d'une touche noire supérieure, re-mi-fa#-sib-lab-solb, se font avec le même doigté.

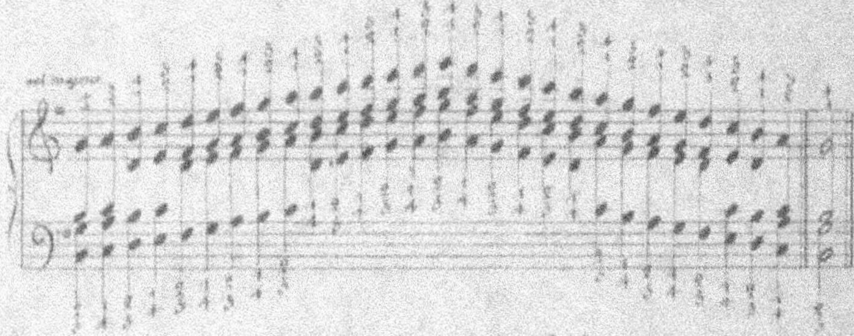

Les gammes majeures partant d'une touche blanche, la-si-do#-fa-mib-réb-dob, se font avec le même doigté.

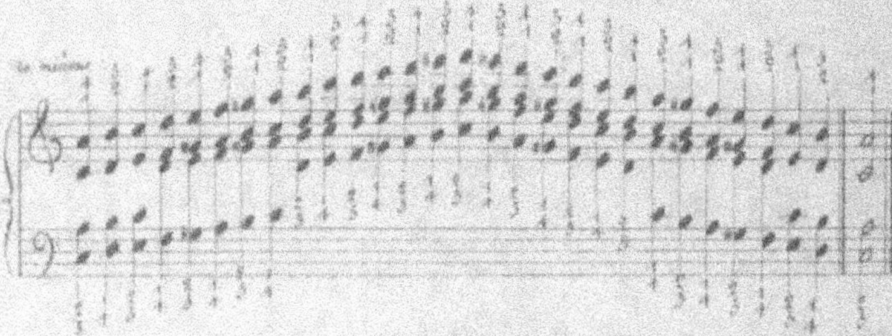

Les gammes mineures partant d'une touche blanche, si-do#-ré#-sol-fa-sib, se font avec le même doigté.

Les gammes mineures partant d'une touche noire supérieure, fa#-ut#-la#-ré-do-sib-fab, se font avec le même doigté.

On voit d'après ce tableau combien les doigtés de ces gammes sont faciles, mais il est évident qu'à l'expérience seule serait réservée le soin de fixer les meilleurs. Quant aux gammes ayant sol pour type, c'est-à-dire commençant par une touche blanche, elles emploient soit le pouce, soit le cinquième doigt sur les noires, ce qui nous paraît un avantage réel, faisant disparaître une lacune qui existe aujourd'hui.

Remarquons d'abord qu'il y a ici un vieux préjugé, dont on commence à s'affranchir, et qui tient à ce qu'autrefois les touches noires se trouvant fort petites, il était en effet impossible d'y mettre le petit doigt, ni le pouce, puisque cela demandait qu'on avançât la main. Les doigts les plus longs, pour conserver une position naturelle, auraient alors dépassé le clavier.

Mais Bach, dont l'autorité ne saurait être contestée, ne partagea déjà plus les mêmes scrupules.

L. Adam, dans sa méthode de piano du Conservatoire, page 41, dit que le pouce et le petit doigt peuvent se placer sur les touches noires, avant ou après une extension de doigt sur ces dernières.

Il continue ainsi, page 47 :

« On pourra mettre le pouce sur les touches noires, lorsque les
» notes suivantes se trouveront placées entièrement sur elles, parce
» que la main se trouve naturellement bien posée. »

Herz reconnaît aussi dans sa méthode que le temps est passé où l'on ne pouvait pas mettre le petit doigt sur les touches noires.

Kalkbrener y place également très-souvent le pouce.

Beaucoup d'autres auteurs les ont fréquemment employés.

Ainsi, Hummel, maître de chapelle de la cour de Saxe-Weimar, qui a fait une étude toute spéciale des doigtés, recommande au contraire l'emploi du petit doigt, page 319 de sa méthode, pour éviter les passages trop fréquents du pouce, et obtenir ainsi souvent une exécution plus sûre et plus égale.

Les exemples qu'il cite sont cependant bien loin de présenter la facilité que l'on trouvera sur notre clavier.

Cet auteur démontre qu'à cette exclusion seule était due la difficulté éprouvée autrefois par les exécutants, dans les compositions anciennes, bien simples cependant en comparaison des nôtres. Suivant lui, l'emploi de ce doigt sur les noires, au lieu d'être à redouter, a fait faire au contraire de très-grands progrès à la musique du piano, en permettant de jouer un nombre considérable de morceaux qui seraient restés inexécutables.

Tels sont les renseignements que nous fournit l'histoire de cet instrument.

Ainsi d'abord, l'emploi du pouce et du petit doigt est proscrit, sur des touches noires trop petites pour les recevoir d'une manière commode, mais on reste alors limité dans l'exécution, et on ne peut jouer que des morceaux très-simples.

Plus tard, on allonge les touches pour y mettre plus facilement ces doigts, et la musique, autrefois impraticable, devient très-facile.

Voilà ce qu'on a gagné, quand on a commencé à secouer le joug d'un vieux préjugé!

Aussi ne nous arrêtons pas en si bonne voie, et, sur notre clavier, un rapprochement général de ces mêmes touches, joint à un plus grand écartement de l'une à l'autre, apportera à son tour une nouvelle facilité pour l'exécution.

Revenons maintenant à la gamme de SOL majeur. Le doigté du texte met le pouce sur une touche noire, ce qui dans la position avancée de la main, que nous sommes libre d'adopter sur ce clavier, ne présente plus la moindre difficulté.

En effet, l'espace entre les touches noires a été sensiblement élargi, grâce à celui qu'a fait gagner la largeur d'une note blanche supprimée par octave, et qui a été répartie sur chacune des autres; de sorte que les doigts peuvent frapper les notes entre ces touches noires, avec une facilité extrême. Cela permet à la main d'exécuter les gammes, en mettant le pouce sur les noires, tout en évitant ce mouvement disgracieux et incommode d'avant en arrière, qui a fait, avec raison, proscrire cette opération sur les claviers existants.

Nous ajouterons même que ce passage du pouce est ainsi plus facile que celui actuel sur les touches blanches, parce que ce doigt arrivant après un autre plus long, placé, si l'on veut, même sur une touche blanche, trouve ainsi plus commodément la noire qui, par sa plus grande hauteur, rachète le défaut de longueur du pouce.

Ce dernier se pose alors tout naturellement sur la touche noire, et la main, constamment allongée sur le clavier, le parcourt avec une extrême facilité, sans aucun mouvement d'avant en arrière, comme on peut s'en convaincre sur l'instrument lui-même.

Ce doigté a été trouvé d'une facilité extrême par les artistes qui l'ont essayé.

Il serait très-aisé d'employer un autre doigté indiqué du reste dans la note, et qui donnerait pour le petit doigt un exercice faisant défaut aujourd'hui dans les gammes, si ce n'est tout au plus pour les terminer.

Si le petit doigt ne devait pas servir dans l'exécution, nous comprendrions encore qu'on le laissât de côté dans les gammes, mais on sait qu'il est bien loin d'en être ainsi.

Pourquoi, d'ailleurs, se priverait-on d'un des meilleurs doigts ?

Ne vaut-il pas mieux, par exemple, que l'annulaire ?

Pour s'en convaincre, il suffit de placer la main sur le clavier et d'essayer de frapper rapidement, pendant quelques secondes, et sans lever les autres, la note qui est sous le petit doigt, puis de répéter l'opération, même pour l'annulaire. On verra alors quel avantage a le premier sous le rapport de l'indépendance.

Cela du reste est évident, *à priori*, et résulte de la conformation même de la main ; l'annulaire se trouve lié des deux côtés à la fois, le petit doigt, au contraire, ne l'est que d'un seul ; de là sa grande indépendance, que l'anatomie pourrait également nous expliquer.

Sa force ne laisse, en outre, rien à désirer, quand il ne s'agit, en effet, que de frapper une note ; il faut seulement qu'il soit exercé, pour ne pas être fatigué de suite, comme on le fait du reste pour les autres doigts.

Sa longueur est très-suffisante, surtout sur ce clavier, où elle est en réalité augmentée par le rapprochement général des touches noires, qui donne aux doigts une moins grande obliquité.

Le passage du petit doigt par dessus le pouce, n'offre lui-même rien de nouveau. Cette position de la main se rencontre déjà aujourd'hui dans un grand nombre de gammes, quand le quatrième doigt vient chercher une touche noire, après la blanche qui suit celle où est le pouce, car, à ce moment, le petit doigt se trouve naturellement au-dessus de la noire précédente, qui existe sur notre clavier, et que nous frappons.

Pour s'en convaincre, il suffit de se rappeler les positions de la main droite dans les gammes majeures en do, fa, si♭, mi♭, la♭, et mineures en la, la♯, fa ; ainsi que celles de la main gauche dans les gammes majeures en mi, si, ou mineures en mi, si, do♯, sol♯.

Quant au passage du pouce, bien qu'il ait lieu après le cinquième doigt, il est néanmoins plus facile que celui actuel, sous le quatrième.

Remarquons d'abord qu'à égalité de trajet à parcourir, le pouce passera plus facilement sous la main placée comme ici sur les touches noires, que quand les doigts, abaissés sur les touches blanches, dans le clavier actuel, sont déjà pour lui une cause de gêne.

Mais ce n'est pas tout. Nos touches noires étant plus nombreuses, le plus grand trajet que le pouce ait à faire ici est de passer par dessus trois touches blanches; aujourd'hui il y a des gammes, celles de fa♯ mineur, do♯ mineur, par exemple, où il en franchit quatre.

Le choix, du reste, resterait libre entre ces deux doigtés, peut-être même en trouverait-on de préférable.

En ce qui concerne les gammes mineures, elles sont d'une simplicité inouïe.

Elles suppriment même les écarts peu naturels entre le troisième et le quatrième doigt, de si♭ à do♯, de mi♭ à fa♯, de fa à sol♯, dans les gammes de re mineur, sol mineur et la mineur, ainsi que dans leurs analogues, et l'on sait qu'ils sont assez gênants pour certaines personnes.

Ici vient se placer une dernière objection, dont nous croyons devoir dire un mot, bien qu'elle soit loin d'être fondée, parce qu'elle nous a été présentée. Il s'agissait de savoir si en supprimant un si grand nombre de doigtés, on ne se privait pas d'une gymnastique indispensable pour les doigts?

Or, quelque morceau que l'on joue, et à quelque endroit de l'exécution que l'on soit, il est évident qu'en dehors des accords pour lesquels l'avantage de ce clavier est encore immense, comme nous le verrons plus loin, les doigts ne peuvent se trouver ailleurs que sur une des routes fournies par toutes les gammes, et parcourues ainsi en totalité ou par fragments. Les exercices eux-mêmes n'ont d'autre but que de les délier, pour leur permettre de se mouvoir dans tous ces sentiers avec la sûreté et l'agilité désirables.

Mais, sans nuire à la généralité des tons, notre clavier réduisant les vingt-quatre routes actuelles à quatre, ces dernières deviennent alors les seules à connaître. Pourquoi, en effet, un travail qui serait évidemment sans profit? La main gauche si exercée du violoniste, ne reste-t-elle pas malgré cela inhabile à toutes les autres opérations? Qu'elle cherche seulement à tenir un canif, pour couper du papier, et sa maladresse sera la même qu'autrefois; c'est qu'elle n'a profité que dans la direction de son travail habituel.

Tout temps consacré à obtenir des doigts un écart pénible et contre nature, ou à les faire travailler dans un sens qu'ils ne doivent jamais suivre, est donc à peu près aussi mal employé que celui qui le serait par exemple à exercer les pieds, pour arriver à l'agilité des mains. On ne contestera pas du moins qu'il vaille mieux s'arrêter à des exercices d'une application immédiate, et dont le nombre ne fera jamais défaut.

Telle est la réponse à l'objection, sur laquelle nous croirions superflu de nous étendre davantage.

Quant au piano actuel, il est facilement transformé, car il suffit d'intercaller une touche noire aux endroits où elle manque, en espaçant également toutes les touches.

C'est une opération d'une simplicité extrême, qui porte uniquement sur la partie du clavier placée sous la main de l'exécutant, sans introduire le moindre changement dans le reste du mécanisme, et que tout facteur d'instruments est apte à faire immédiatement.

Voici maintenant un avantage assez sérieux résultant de l'uniformité de notre clavier, et qui sera sans doute apprécié des accompagnateurs. Supposons qu'un artiste sache par cœur un morceau quelconque, il pourra le jouer instantanément un, deux, trois tons plus haut ou plus bas, sans la moindre attention ni sans préoccupation et avec la même perfection. Prenons en effet seulement trois notes, et supposons que la musique écrite soit do-re-mi par exemple, il devra alors toucher trois notes supérieures et successives ; mais s'il veut monter de un, deux ou trois tons, il devra frapper re-mi-fa$\sharp$, mi-fa$\sharp$-sol$\sharp$, fa$\sharp$-sol$\sharp$ la$\sharp$, or il est facile de s'assurer sur la figure que l'exécution sur notre clavier se fera encore sur trois touches supérieures successives ; s'il veut baisser de un, deux ou trois tons, il devra prendre si$^b$-do-re, la$^b$-si$^b$-do, sol$^b$-la$^b$-si$^b$, les trois suites se feront encore, comme les trois précédentes, sur trois notes successives supérieures, c'est-à-dire que toutes ces suites transposées s'effectueront absolument comme la première suite en do. J'ai supposé seulement trois notes, mais il en serait de même quelle que fût l'étendue du morceau ; cela résulte évidemment de l'identité des gammes dans tous ces tons, et l'on peut du reste s'en assurer, en le vérifiant sur le clavier A pour un morceau quelconque. Il suffit toujours d'exécuter le morceau absolument comme en do, en partant seulement comme première note d'une touche un, deux, trois tons plus haut, ou un, deux, trois tons plus bas, que celle servant de point de départ en do, selon la transposition à effectuer. Il en serait évidemment de même si le morceau appris par cœur et à élever ou à abaisser était écrit dans un autre ton quelconque de départ que do. Cet avantage me semble de nature à être apprécié des accompagnateurs.

Il n'est parlé il est vrai que de la transposition par ton, mais elle sera généralement suffisante; le chanteur, pouvant ici choisir entre le ton écrit et le ton supérieur ou le ton inférieur, aura généralement assez de latitude pour rester dans les limites de la voix.

J'ai supposé que l'exécutant savait par cœur le morceau à transposer. Mais, lors même qu'il aurait à lire la musique, la transposition ne présenterait pas plus de difficulté, grâce à un mécanisme fort simple que nous allons expliquer.

Supposons d'abord pour un moment que chaque groupe de trois touches noires avec un liseré blanc et de trois touches noires se transporte d'un rang, d'une touche vers la droite par exemple, de manière à présenter les deux images successives A et B sans que le clavier fasse cependant le moindre mouvement.

Nous verrons tout à l'heure comment ce changement peut être obtenu, le clavier restant au repos. En se rappelant la manière dont nous lisons l'instrument, c'est-à-dire que le do est la première note du groupe de trois noires ayant un liseré blanc, et que le clavier procède ensuite par demi-ton, on comprendra aisément que la note do par exemple fera entendre sur le deuxième clavier le son qui était appelé re sur le premier clavier. Chaque note du deuxième clavier, sans exception, donnera de même un son plus élevé d'un ton que celui que la note de même nom faisait entendre sur le premier clavier. Cela est évident, sur la figure, et vient de ce que la main procède par demi-ton, quand elle passe d'une touche à la suivante. Le morceau tout entier se trouvera donc élevé d'un ton. Si l'on répète successivement la même opération, le morceau pourra être élevé d'un, deux ou trois tons ou abaissé d'un, deux ou trois tons, en embrassant ainsi tous les tons, sans déplacer le clavier, ce qui est de la plus grande importance, et en lisant les mêmes notes, ainsi qu'on peut s'en assurer sur la figure pour un morceau quelconque.

Nous allons examiner maintenant comment peut s'opérer cette modification si simple et si avantageuse du clavier, qui cependant reste en place.

Les touches noires sont toutes creuses, et le vide est rempli par un petit cylindre intérieur, qui peut tourner dans la touche noire. Ce petit cylindre est également noir, mais porte dans sa longueur un petit liseré blanc, qui peut, dans le mouvement de rotation de ce cylindre, selon le cas, se présenter visible à une rainure longitudinale ménagée sur la partie supérieure de sa touche noire, ou rester caché en laissant ainsi la touche complètement noire. Le mouvement de rotation des petits cylindres est obtenu par un grand cylindre horizontal placé dans l'intérieur de la caisse du piano, qui, dans son mouvement, fait tourner en même temps, au moyen de petites oreilles disposées sur les prolongements des petits cylindres cachés dans la caisse, le petit cylindre de la première touche de chaque groupe de trois touches noires, prenant ainsi un liseré blanc, et le petit cylindre de la première touche de chaque groupe de trois touches ayant un liseré blanc qui devient ainsi complètement noire. Alors le groupe de trois touches à liserés blancs marche pour ainsi dire d'un rang vers la droite, ainsi que le groupe de trois touches noires, par le même mouvement de rotation du grand cylindre. Le morceau est ainsi élevé d'un ton.

Un deuxième ou troisième mouvement du grand cylindre élèverait successivement le morceau de deux ou trois tons.

Un, deux ou trois mouvements du cylindre en sens inverse baisseraient, au contraire, le morceau d'un, deux ou trois tons.

Quant à la rotation du cylindre, elle est obtenue, chaque fois et successivement, par un simple coup de pédale. Un bouton qu'on pousse ou tire avec la main, dans le genre de ceux qui sont employés dans l'harmonium, permet au cylindre de changer le sens de son mouvement. On obtient ainsi la transposition successive par ton, de manière à partir du ton de départ et à revenir à son octave, c'est-à-dire qu'on fait le tour du clavier.

Notre clavier, pour lequel nous avons pris du reste un brevet, fonctionne depuis longtemps déjà sans le moindre dérangement.

Ainsi, que l'exécutant sache par cœur le morceau à transposer, ou ait besoin de le lire, l'opération est aussi simple; il n'a qu'à exécuter par cœur, ou à lire les mêmes notes, en faisant identiquement *le même travail des mains*. Dans le deuxième cas, il a seulement un, deux ou trois coups de pédale à donner d'abord pour transposer d'un, deux ou trois tons, dans un sens ou dans l'autre, et, comme on l'a vu, le clavier ne change pas de place. La transposition est obtenue, dans tous les tons, par une sorte d'illusion pour l'œil, dont l'exécutant ne se rendrait même pas compte, si l'on faisait fonctionner la pédale à son insu.

Nous avons parlé seulement de la transposition par ton que nous avons démontrée être suffisante. Supposons cependant qu'on veuille absolument aller jusqu'au demi-ton, alors notre transposition si simple d'un ton, soit en montant, soit en descendant, rendra celle par demi-ton on ne peut plus facile.

En effet, remarquons d'abord que dans tous les tons usités, la somme des nombres d'accidents à la clef, dièses ou bémols, est toujours de sept pour deux tons qui ont le même nom, et appelons ces armures complémentaires :

| Pour do | on a | 0 dièse | Pour fa | on a | 1 bémol |
|---|---|---|---|---|---|
| sol | | 1 — | si$^b$ | | 2 — |
| re | | 2 — | mi$^b$ | | 3 — |
| la | | 3 — | la$^b$ | | 4 — |
| mi | | 4 — | re$^b$ | | 5 — |
| si | | 5 — | sol$^b$ | | 6 — |
| fa$\sharp$ | | 6 — | do$^b$ | | 7 — |
| do$\sharp$ | | 7 — | | | |

Ainsi on a :

Pour do  et do$\sharp$  $0 + 7 = 7$ accidents — Pour do et do$^b$ $0 + 7 = 7$ accidents
   sol et sol$^b$  $1 + 6 = 7$  —  —  re et re$^b$ $2 + 5 = 7$  —
   la  et la$^b$  $3 + 4 = 7$  —  —  si et si$^b$ $5 + 2 = 7$  —
   fa$\sharp$ et fa  $6 + 1 = 7$  —

c'est-à-dire que les armures sont complémentaires pour les tons de même nom.

De plus, à l'exception du ton de do qui a deux homonymes do$\sharp$ et do$^b$, les autres tons n'ont qu'un homonyme, parfois dièsé, parfois bémolisé, mais toujours le ton est divisé en deux parties. Donc, quel que soit le ton dans lequel la musique est écrite, il peut arriver deux cas, ou la transposition désirée fait tomber dans un des tons usités de même nom, ou ce ton n'existe pas. Dans le premier cas, les deux tons ayant le même nom et différant d'un demi-ton, la somme de leurs accidents est 7 ; il suffit alors, pour transposer d'un demi-ton, de prendre la clef complémentaire, c'est-à-dire que si le ton écrit a six dièses, on lit les mêmes notes avec un bémol à la clef; si le nombre des dièses de la clef est cinq, on lit les mêmes notes avec deux bémols à la clef, etc.; on a alors baissé d'un demi-ton. Dans le deuxième cas, ou monte ou on descend d'un ton, au moyen de la pédale, et alors le premier cas ci-dessus se représente. Ainsi supposons que l'on soit en la avec trois dièses et que l'on veuille monter d'un demi-ton; comme le ton de la♯ n'est pas usité, on module d'abord, en prenant quatre bémols, en la♭ qui se trouve ensuite être si♭, en élevant d'un ton par un coup de pédale. C'est-à-dire que pour transposer d'un demi-ton, on a toujours à lire le même morceau avec les mêmes notes, mais avec l'armure complémentaire, soit directement, quand on tombe sur un ton usité, soit dans le cas contraire, en faisant d'abord la transposition d'un ton du côté convenable par la pédale.

On lit donc toujours, en définitive, les mêmes notes avec l'armure complémentaire.

En ce qui concerne les accidents de passage, voici comment on en tient compte. On lit encore dans la nouvelle clef les dièses et les bémols comme ils sont écrits, en se rappelant toutefois qu'un bémol détruit un dièse, fût-il de la clef, et qu'un dièse efface un bémol, et également qu'un signe double, dièse ou bémol, est une faute d'écriture, quand il a pour but d'ajouter seulement un accident à celui qui est à la clef, ce qui est le cas habituel. En effet un mi, par exemple, qui est bémol à la clef, est effectivement bémol sans signe apparent à côté de lui, donc si on lui ajoute un bémol voisin apparent il est deux fois bémol. Pourquoi en mettre deux? Logiquement il serait trois fois bémol, puisque sans ces deux bémols il était déjà bémol.

Le bécarre est donc le seul signe qui pourrait un peu embarrasser, mais voici encore un moyen bien simple d'en tenir compte. Un bécarre, laissant dans tous les autres cas la note naturelle, n'a réellement d'effet que quand il porte sur une note altérée à la clef, qui au contraire ne l'est plus dans la nouvelle armure complémentaire, on ne s'occupera donc que des bécarres sur les notes non altérées à la nouvelle clef. Le bécarre sera alors un dièse ou un bémol, selon que cette nouvelle armure sera en dièses ou en bémols, puisque dans l'ancienne armure il produisait cet effet. Ainsi, par exemple, quand on passe de trois bémols en quatre dièses, ou de mi♭ en mi, pour monter d'un demi-ton, les bécarres sur si, mi, la, non altérés à la nouvelle clef, deviennent des dièses, et l'on ne s'occupe pas des autres.

Ce serait encore ici le cas de regretter cette malheureuse introduction du bécarre, qui est un signe superflu et par suite dangereux, comme cela arrive toujours, quand on ne représente pas une idée par un nom et un seul. Il rompt en effet toute l'harmonie des séries ascendantes et descendantes, qui serait si bien conservée par les seuls dièses et bémols satisfaisant à tous les besoins, ainsi que cela sera parfaitement compris de tous ceux qui connaissent les lois si régulières et si claires des séries, où une seule convention illogique jette de suite l'obscurité et le trouble, et se vérifierait au besoin ici très-facilement. C'est une grande complication qu'on a introduite ainsi bien gratuitement, croyant encore peut-être simplifier. Les signes doubles, dièses ou bémols, ont un inconvénient analogue, dont nous avons déjà parlé plus haut.

Quoi qu'il en soit, la règle donnée ici pour transposer d'un demi-ton, mais applicable seulement à notre clavier, *comme du reste tous les autres avantages,* est on ne peut plus pratique et très-simple.

D'ailleurs, ainsi que nous l'avons expliqué, il suffira généralement ici de la transposition par ton, qui permettra au chanteur de choisir entre deux hauteurs différant seulement d'un ton, celle qui convient le mieux à sa voix, en lui donnant une latitude suffisante.

Tout ce que nous venons de dire ne suppose pas que rien soit changé à la notation musicale.

Mais ce clavier donnerait la facilité, si on le voulait, de n'écrire la musique qu'avec un seul accident au plus à la clef, et de l'exécuter cependant dans tous les tons, absolument comme aujourd'hui.

En effet, on vient de voir que si une musique est écrite en do, par exemple, elle sera entendue en re ou en si♭, selon la position du bouton, tiré quand on veut élever le morceau, poussé quand on désire l'abaisser, si l'on a donné auparavant un coup de pédale. Cette opération sera indiquée en tête du morceau, toujours supposé écrit en do, de la manière suivante : T ou P (bouton tiré ou poussé). L'effet sera alors identique pour l'auditeur, grâce au coup de pédale préalable, à celui produit par un autre exécutant, qui jouerait sur le clavier actuel le même morceau écrit réellement en re ou en si♭; c'est-à-dire qu'un coup de pédale tient lieu de 2 dièses ou de 2 bémols suivant le cas. Un second ou un troisième coup de pédale, indiqué ainsi : (2 T) – (3 T) ou (2 P) – (3 P), selon le sens de la transposition, tiendra également lieu de quatre ou six dièses, de quatre ou six bémols.

Nous n'avons parlé là, il est vrai, que des dièses ou des bémols à placer au départ du morceau, et ils peuvent changer à la clef pendant l'exécution, sans que la moindre interruption soit permise. Mais si l'on veut bien remarquer que notre pédale fonctionne même pendant que la main, frappant un accord, tient les touches baissées, on comprendra qu'alors encore les coups de pédale tiendront compte des dièses et des bémols survenant à la clef et dispenseront toujours de les écrire.

On ferait les mêmes remarques pour un ton donné par une touche inférieure, qui pourrait toujours être écrit en sol ou en fa, selon la nature des accidents à supprimer, dièses ou bémols, avec l'indication des coups de pédale comme ci-dessus.

La clef serait donc toujours sans armure, ou avec un seul dièse ou bémol, mais jamais il n'y aurait plus d'un accident à la clef. Un clavier transpositeur *sans déplacement* du clavier, comme le nôtre, permet seul ces suppressions, puisqu'elles demandent que la transposition se fasse sans interrompre l'exécution, comme quand on modifie aujourd'hui l'armure de la clef, ce que nous remplaçons par un mouvement de pédale instantané.

On peut voir, du reste, pages 172 et 173, les différentes formes que prend le clavier, en partant de la disposition 1, lorsque les notes se trouvent en rapport avec le diapason.

Par cinq coups de pédale successifs, on lui donne les différentes dispositions 2, 3, 4, 5, 6, élevant d'un, deux, trois, quatre, cinq tons, jusqu'à la figure 7 qui reproduit la première.

On admet ainsi que le grand cylindre tourne toujours dans le même sens, pour rendre les transformations plus sensibles à l'œil, mais l'emploi du registre dont nous avons parlé, changeant le sens du mouvement, est plus commode dans la pratique.

Alors un, deux ou trois coups de pédale, le bouton tiré, donnent les dispositions 2, 3, 4, transposant d'un, deux ou trois tons en montant. Trois nouveaux coups de pédale, le bouton poussé, ramènent à la forme 1 de départ, à laquelle il faut toujours revenir pour que les notes se retrouvent en rapport avec le diapason normal. Deux autres coups de pédale, le bouton toujours poussé, donnent ensuite les positions 6 et 5, transposant d'un ou deux tons en descendant. Le troisième coup de pédale reproduirait la forme 4 déjà trouvée. Mais une petite pointe empêche de donner, en partant de la position normale 1, plus de trois coups de pédale, le bouton tiré, et de deux, le bouton poussé, puisque, la transposition faisant ainsi le tour du clavier, on a transposé dans tous les tons.

Ce clavier, dont la longueur des touches est la même qu'aujourd'hui, s'adapte du reste à tous les pianos et il faut deux minutes pour opérer la substitution.

Si même il était utile d'aider à la transition pendant le temps que l'on passerait d'un système à l'autre, il serait facile d'adapter aux pianos un jeu de deux claviers placés l'un sous l'autre en sens inverse, de manière qu'en le tirant un peu à soi, on pût, par un simple mouvement de bascule, présenter à l'exécutant le modèle qu'il désirerait.

J'ai d'ailleurs fait construire un petit clavier portatif qui, se fixant instantanément à l'aide de deux vis, permettrait de jouer sur les pianos munis du seul clavier actuel, aux exécutants ne connaissant que le nôtre.

Voici en quelques mots le principe de ce clavier portatif que chacun pourrait très-aisément faire établir par un facteur quelconque. Quand il est superposé sur le clavier actuel, quatre cas se présentent ; chaque touche blanche ou noire peut reposer sur une touche blanche ou noire. Si donc on désigne par B-N et B'-N' les touches blanche et noire du clavier actuel et du nôtre on peut avoir les quatre combinaisons suivantes :

$$
\begin{array}{ccc}
B' & \text{sur} & N \\
N' & & N \\
B' & & B \\
N' & & B \\
\end{array}
$$

qui sont représentées sur la figure ci-contre.

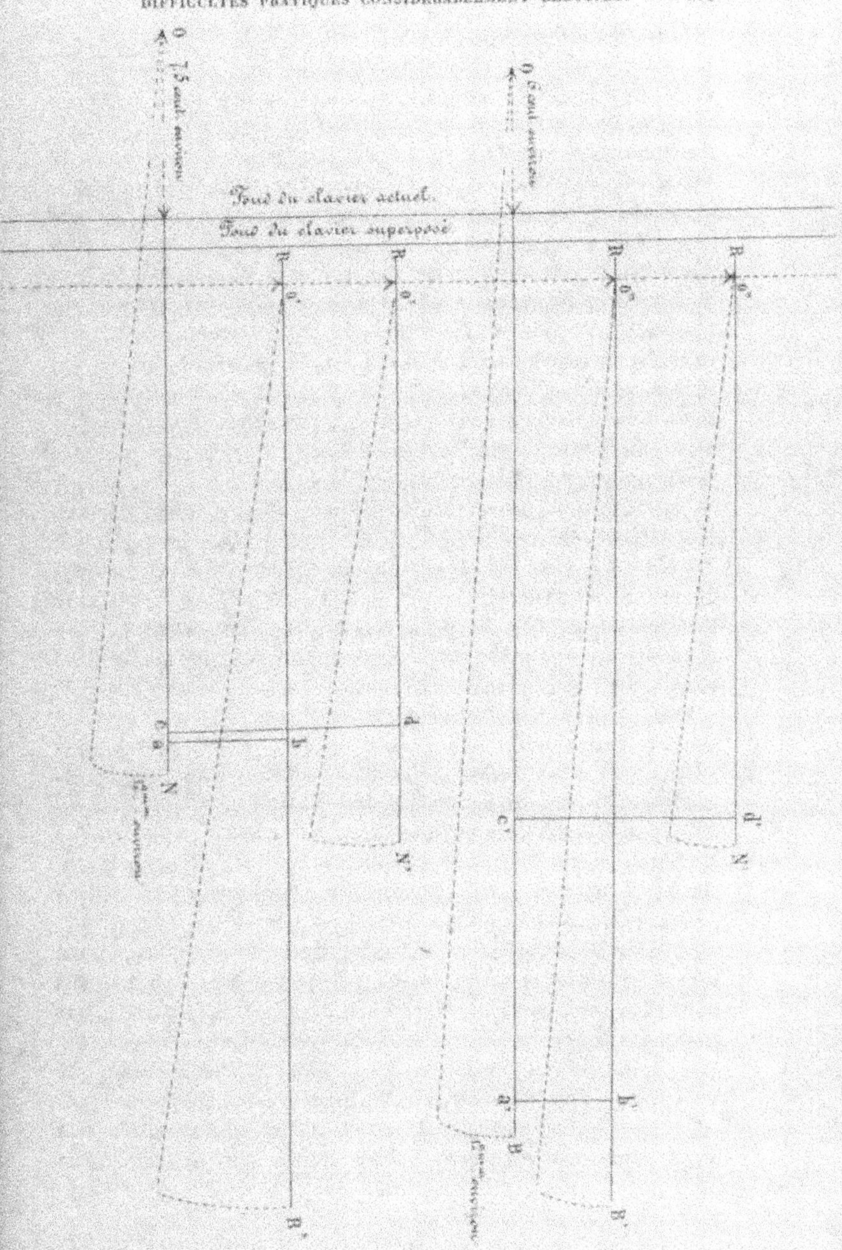
Fond du clavier actuel.
Fond du clavier superposé

Les lignes pleines N'-O'', B'-O'', B-O, N''-O', B''-O, N-O', sont les positions des touches au repos, qui pivotent autour des points O-O'-O'', et les lignes pointées sont leurs positions au maximum d'enfoncement, qui est à peu près constant pour notre clavier dans les trois derniers cas ci-dessus. Il est un peu plus grand dans le cas de B' sur N, correspondant à nos deux notes do$\sharp$ et ré$\sharp$, mais il serait facile d'y remédier en prolongeant par exemple un peu fictivement les touches do$\sharp$ et ré du clavier inférieur par des tiges légères horizontales s'appliquant préalablement, par une pression de vis, sur ces notes pour les faire alors attaquer plus loin du pivot, ce qui diminuerait notre enfoncement. On pourrait d'ailleurs, pour un clavier de transition, se contenter de touches un peu moins longues qu'aujourd'hui, ce qui réduirait nos enfoncements, et il y aurait du reste beaucoup d'autres moyens faciles, mais cela n'est pas nécessaire attendu qu'il n'est pas indispensable, dans les claviers ordinaires, de pousser la touche jusqu'au fond.

Pour que nos touches reliées à celles du clavier inférieur par les petites tiges a-b, a'-b', c-d, c'-d', les laissent dans leur état ordinaire, en ne pesant pas sur elles, on détruit leur poids par une lame de ressort qui presse aux points R de l'autre côté de leur pivot, et l'on peut ainsi jouer sur notre clavier sans plus d'effort pour les doigts qu'aujourd'hui et sans se préoccuper du clavier inférieur qui attaque les cordes comme d'habitude.

Mais je pense que la transition serait immédiate, si quelques artistes commençaient à s'y mettre, car tout y est beaucoup simplifié, et un grand nombre de traits et de passages absolument *impraticables* sur le clavier actuel deviendraient non-seulement exécutables sur notre clavier, mais encore d'une extrême facilité. Que de ressources donneraient, par exemple, les gammes à double note, en sixtes, si harmonieuses, qui peuvent se faire ici dans tous les tons avec la rapidité des gammes simples.

Si alors un compositeur habile et heureusement doué, ayant adopté ce clavier, venait à écrire quelques morceaux faisant sensation et inexécutables sur le clavier actuel, les artistes ne voudraient pas, je le suppose, reconnaître devant les personnes qui leur demanderaient de jouer ces morceaux, que c'est le talent d'exécution qui leur manque! N'aimeraient-ils pas mieux avouer enfin que c'est leur instrument qui est inhabile! Dès lors le clavier actuel serait jugé et ferait immédiatement place au nôtre. Il est, du reste, bien difficile d'admettre que l'on persiste à prendre indéfiniment une route si pénible et si longue, quand nous offrons, en le prouvant, un chemin six fois plus court pour l'élève et donnant en peu de jours à l'artiste également le même bénéfice de temps pour ses exercices journaliers à répéter dans tous les tons, en lui apportant en outre des ressources toutes nouvelles et si grandes. Je crois avoir ainsi démontré clairement que la transition ne se ferait pas longtemps attendre si quelques artistes voulaient bien commencer par profiter eux-mêmes des avantages de ce clavier que nous avons indiqués, en en omettant beaucoup d'autres qui auraient été moins facilement saisis par des personnes n'en ayant pas encore l'habitude, mais qui se comprendraient bientôt. Les familles également se résigneront-elles à laisser toujours les enfants travailler six fois plus de temps, pour obtenir un résultat moindre, et ne vaudrait-il pas mieux pour tous profiter de cette réduction de peine pour pousser plus loin l'étude d'un art qui n'a pas de limites, mais qui devient d'autant plus attrayant qu'on est plus initié à ses secrets?

Les avantages obtenus par notre clavier peuvent, en effet, se résumer ainsi :

1° *Étude des instruments à clavier, réduite à un temps 6 fois moindre ;*

2° *Travail de l'artiste, réduit également à un temps 6 fois moindre pour tous ses exercices journaliers ;*

3° *Jeu de l'artiste, rendu beaucoup plus brillant,* après quelques jours de travail pour se mettre au courant du nouveau clavier, *qui est portatif au besoin ;*

4° *Transposition immédiate dans tous les tons, et sans aucun déplacement du clavier ;*

*(Obtenus au moyen d'une légère modification du clavier et sans aucun changement de notation musicale.)*

5° *Réduction des accidents de la clef à un seul* au plus, sans nuire cependant à l'exécution de la musique dans tous les tons, si l'on consent à ne pas l'écrire dans les tons dont l'armure est plus chargée.

ARTICLE 2. — COMPARAISON DU CLAVIER ACTUEL AVEC LE CLAVIER
  PROPOSÉ, RÉDUISANT AU SIXIÈME LE TEMPS D'ÉTUDE DE L'ÉLÈVE,
  COMME CELUI DES EXERCICES JOURNALIERS DE L'ARTISTE, ET TRANS-
  POSANT DANS TOUS LES TONS SANS DÉPLACEMENT DU CLAVIER.

Nous avons démontré qu'il n'y avait que deux manières de faire la
gamme sur notre clavier, ce que la forme symétrique par demi-ton,
en passant d'une touche à la suivante, indique du reste assez aux
yeux, car on a toujours trois touches supérieures successives et
quatre touches inférieures successives, ou bien bien trois touches
inférieures successives et quatre touches supérieures également
successives.

L'élève exécutera, il est vrai, toutes les gammes pour apprendre à
lire ses notes dans tous les tons, mais, au point de vue du mécanisme des doigts, quand il aura joué deux gammes, ce sera pour lui,
et pour l'artiste également, comme s'il avait repassé toutes ses
gammes, et cela chaque jour. Il aura donc six fois moins de peine
pour arriver au même résultat.

Cependant il n'est peut-être pas inutile de bien démontrer que si la
main n'a que deux manières de faire la gamme sur notre clavier, il
y a réellement sur le clavier actuel douze manières absolument
différentes pour les doigts, car des artistes m'ont déjà fait observer
que rien ne les empêchait de prendre aujourd'hui le même doigté
pour toutes les gammes. Mais d'abord un doigté n'a un sens qu'à la
condition de donner aux doigts un travail facile, et l'on a parfaitement reconnu qu'il n'y avait pas de doigté unique pour les gammes
dans ces conditions, puisque chaque gamme a son doigté spécial.

Voyons maintenant si tous ces doigtés sont réellement différents,
car lors même que les doigts suivraient le même ordre, cela ne suffirait pas pour constituer un travail identique, il faut encore que dans
ce même ordre ils fassent les mêmes écarts, pour ne pas être arrêtés
de suite, sans cela rien ne nous empêcherait de prendre également le même doigté pour nos deux gammes. Un ordre semblable
peut même être un inconvénient et produire de la confusion, s'il ne
correspond pas à une identité de mécanisme.

Supposons qu'un élève n'ait appris à jouer sur le clavier actuel que
la gamme de do majeur, pour laquelle les doigts se posent dans l'ordre
indiqué par les numéros, sur des points également distants et placés
sur une même ligne de touches blanches comme ci-après :

s'il veut exécuter la gamme de la♭ par exemple; il doit frapper alors, non plus seulement des touches blanches comme tout-à-l'heure, mais des blanches et des noires, et les points touchés au lieu de se trouver en ligne droite, sont distribués comme il suit :

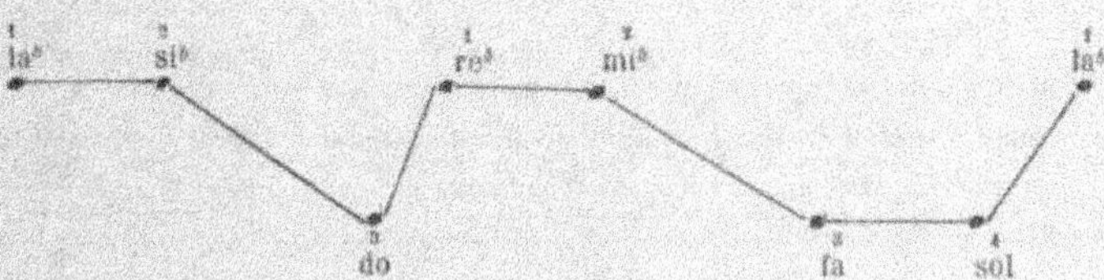


ce qui modifie entièrement le travail.

Admettons même que les doigts se succèdent dans le même ordre que plus haut, ce qui n'a pas lieu, comme on le sait, et qu'on demande à l'élève parvenu à jouer la gamme de do avec la vitesse de la quadruple croche par exemple, d'exécuter de suite, sans musique, dans la même vitesse, cette gamme de la♭, qu'il n'a jamais vue, puisqu'il ne connaît, comme nous l'avons supposé, que la gamme de do. Cela lui sera naturellement impossible, et l'étude de cette nouvelle gamme lui coûtera un temps à peu près égal.

Ce que nous avons dit de la gamme de la♭ s'applique à toutes les gammes majeures, et il est facile de voir qu'il y en a en effet *douze* demandant, *comme mécanisme*, un travail réellement différent.

En effet, en do, il n'a que des blanches à toucher; en sol, il a une noire à frapper; en re, il y a deux noires; en la, il y en a trois, et ainsi de suite; de sorte qu'il ne rencontre jamais la même suite de touches. Cela donne donc naturellement pour les doigts un travail différent. Mais nous allons mieux préciser ces variations de mécanisme.

Prenons pour cela le tableau suivant des gammes majeures :

### GAMMES MAJEURES EN **DO**.

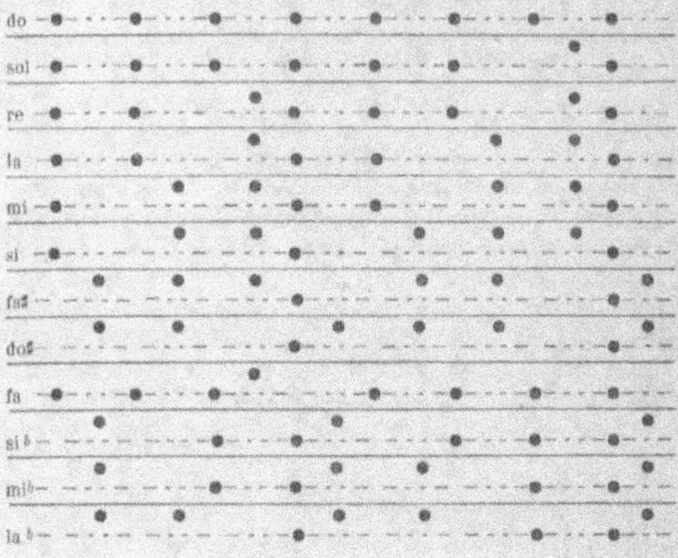

do

sol

re

la

mi

si

fa#

do#

fa

si ♭

mi♭

la ♭

Les autres gammes ramèneraient aux mêmes touches.

Ces différentes gammes sont, moins les deux extrêmes, comprises entre deux lignes pleines horizontales. Dans chaque bande ainsi formée, les points mis sur la ligne pointée représentent ceux où les doigts se posent sur les touches blanches, les points au-dessus sont alors ceux où les doigts se placent sur des touches noires.

Si l'on considère le nombre de fois qu'il faut sortir des touches blanches pour faire les gammes, elles peuvent se classer ainsi :

| | | | |
|---|---|---|---|
| Pour *do* | on sort des touches blanches | | 0 fois |
| *sol* et *fa* | — | — | 1 |
| *re* | — | — | 2 |
| *la* et *si* ♭ | — | — | 3 |
| *mi* et *mi* ♭ | — | — | 4 |
| *si* et *la* ♭ | — | — | 5 |
| *fa*# et *do*# | — | — | 6 |

Les gammes pour lesquelles on ne sort pas le même nombre de

fois des touches blanches sont évidemment différentes comme travail des doigts. Il n'y a donc que pour celles où la similitude à cet égard existe, que le doute reste encore permis, c'est-à-dire pour :

$$sol \ et \ fa$$
$$la \ et \ si^b$$
$$mi \ et \ mi^b$$
$$si \ et \ la^b$$
$$fa^\sharp \ et \ do^b$$

Mais pour sol, le doigt se pose sur la noire à la septième attaque, et de plus il y a avec l'attaque précédente sur la blanche un écart d'une blanche et demie, tandis que pour fa, c'est à la quatrième attaque seulement, que le doigt se met sur une noire, et, en outre, l'écart n'est plus que d'une demi-blanche. Ainsi le travail des doigts est encore tout différent.

En faisant une comparaison analogue pour les autres groupes, on voit facilement que le travail des doigts est également tout autre.

Il y a alors effectivement *douze* manières absolument distinctes de faire actuellement la gamme.

Une étude particulière et d'une égale difficulté est donc nécessaire pour chacun de ces *douze* doigtés, *du moins sous le rapport du mécanisme*.

Si nous avons insisté sur ce point c'est que plusieurs artistes, ne regardant comme doigtés différents que ceux dans lesquels l'ordre des doigts n'est plus le même, nous ont dit, avant ces explications, qu'ils n'en avaient pas *douze* pour les gammes majeures.

Ils négligeaient ainsi les différences d'écartement ou d'élévation des touches à frapper, et leur situation sur le clavier, qui sont cependant d'une importance capitale, quand il ne s'agit plus seulement d'écrire un doigté théorique, mais bien de pratiquer une gamme, dont le mécanisme est ainsi complétement changé, comme nous l'avons fait voir.

Dans de pareils exercices, une identité absolue de forme est de rigueur, si l'on ne veut pas que la main soit bientôt arrêtée dans un travail, dont la rapidité exclut toute réflexion.

Sur notre clavier, quand l'élève connaît la gamme de do, il peut, sans avoir jamais vu les autres correspondant à une touche noire, c'est-à-dire celles en ré, mi, fa$^\sharp$, si$^b$, la$^b$, sol$^b$, les exécuter de suite, sans musique, aussi bien que celle de do, et avec la même vitesse.

L'étude de la gamme de sol le dispense de même de celle des autres commençant par une touche blanche, et il n'a plus ainsi que *deux* gammes majeures à apprendre au lieu de *douze*.

Notre clavier a en outre l'avantage de supprimer celle faite uniquement sur les touches blanches, qui, de l'avis des pianistes habiles, est aujourd'hui la plus difficile à exécuter d'une manière brillante.

Les gammes mineures conduisent à une simplification analogue.

Ainsi le clavier proposé réduit la difficulté des gammes dans le rapport de *six* à *un*, c'est-à-dire que l'élève accomplirait, sans cesse dans *un jour*, le travail qu'il fait aujourd'hui dans *six*.

Si l'on veut encore mieux se rendre compte de la différence des deux claviers, supposons que sur l'un et l'autre, deux enfants aient étudié les deux premières gammes de do majeur et de sol majeur, et qu'ils n'aient jamais appris que cela en musique depuis plusieurs années, mais qu'ils fassent alors ces gammes avec la plus grande habileté. C'est évidemment une hypothèse dans l'intérêt de la démonstration, mais ayant un sens réel. Si l'on demande à celui qui a appris sur le clavier actuel d'exécuter une autre gamme majeure quelconque, ré, la, mi, si, fa♯, do♯, fa, si♭, mi♭, la♭, ré♭, sol♭, do♭, cela lui sera absolument impossible; il devra étudier chacune d'elles, comme il avait appris les deux premières. Sur notre clavier, l'enfant non-seulement fera de suite toutes ces gammes sans les avoir jamais vues, mais elles seront dans ses doigts exactement comme les deux premières do et sol, et il les exécutera avec la *même habileté*, sans la moindre différence.

Après ce que je dis là, et qu'on pourra constater quand on le voudra, il me semblerait déjà oiseux d'insister sur la comparaison entre les deux claviers.

Mais la même réduction s'appliquerait à tous les exercices quels qu'ils fussent, qui doivent naturellement être sus dans tous les tons, attendu que ce serait peut-être le seul ton négligé, que l'on rencontrerait dans l'exécution et qui alors embarrasserait. Il ne faudrait pas d'ailleurs supposer que le fait d'avoir appris un exercice quelconque dans plusieurs tons soit suffisant, car il peut arriver que la difficulté qu'on rencontre dans les tons suivants au lieu de diminuer augmente encore, et aille même jusqu'à l'impossibilité absolue de l'exécution.

Prenons donc comme exemple pour la comparaison l'exercice suivant :

<pre>
do re mi fa sol la si do
  re mi fa sol la si do re
    mi fa sol la si do re mi
      fa sol la si do re mi fa
        sol la si do re mi fa sol
          la si do re mi fa sol la
            si do re mi fa sol la si
</pre>

et examinons les positions de la main sur les deux claviers.

Sur le clavier actuel, la première ligne s'exécute sur huit touches blanches consécutives que nous représentons ainsi :

8 B

Chacune des six autres lignes se fait également sur huit touches blanches consécutives, ce qui ne donne aucun travail nouveau pour les doigts.

Dans le ton de sol l'exercice est :

<pre>
sol la si do re mi fa♯ sol
  la si do re mi fa♯ sol la
    si do re mi fa♯ sol la si
      do re mi fa♯ sol la si do
        re mi fa♯ sol la si do re
          mi fa♯ sol la si do re mi
            fa♯ sol la si do re mi fa♯
</pre>

Pour la première ligne, on frappe d'abord six touches blanches consécutives, puis, sautant une blanche, on prend la noire suivante, et, enfin, la blanche qui vient après cette dernière. Ce que l'on peut exprimer ainsi :

6 B — O — N — B

en représentant par O une touche blanche que l'on néglige, et par N une noire.

On a de même, pour les six autres roulades, les expressions suivantes :

<pre>
5 B —   O — N — 2 B
4 B —   O — N — 3 B
3 B —   O — N — 4 B
2 B —   O — N — 5 B
  B —   O — N — 6 B
  N — 6 B — O —   N
</pre>

En passant en revue cet exercice dans tous les tons majeurs, on a des formules analogues que nous résumons dans le tableau ci-dessous.

## TABLEAU 1.

### Clavier actuel.

```
8 B
6 B —   O —   N —   B
6 B —   N —   O —   B
5 B —   O —   N — 2 B
5 B —   N —   O — 2 B
4 B —   O —   N — 3 B
4 B —   N —   O — 3 B
3 B —   O —   N — 4 B
3 B —   O —   N — 2 B —   O —   N —   B
3 B —   N —   O — 4 B
3 B —   N —   O — 2 B —   N —   O —   B
2 B —   O —   N — 5 B
2 B —   O —   N — 3 B —   O —   N —   B
2 B —   O —   N — 2 B —   O —   N — 2 B
2 B —   O —   N — 2 B —   O — 2 N —   B
2 B —   O — 2 N — 2 B —   O —   N —   B
2 B —   O — 2 N —   B —   O — 2 N —   B
2 B —   N —   O — 5 B
2 B —   N —   O — 3 B —   N —   O —   B
2 B —   N —   O — 2 B —   N —   O — 2 B
2 B —   N —   O — 2 B — 2 N —   O —   B
2 B — 2 N —   O — 2 B —   N —   O —   B
2 B — 2 N —   O —   B — 2 N —   O —   B
  B —   N —   O — 6 B
  B —   O —   N — 3 B —   O —   N — 2 B
  B —   O —   N — 2 B —   O —   N — 3 B
  B —   O —   N — 2 B —   O — 2 N — 2 B
  B —   O — 2 N — 2 B —   O —   N — 2 B
  B —   O — 2 N — 2 B —   O — 2 N —   B
  B —   O — 2 N —   B —   O — 2 N — 2 B
  B —   O — 2 N —   B —   O — 3 N —   B
  B —   O — 2 N —   O —   B — 3 N —   B
```

```
B —   O — 3 N —   B —   O — 2 N —   B
B —   N —   O — 6 B —     —       —
B —   N —   O — 3 B —   N —   O — 2 B
B —   N —   O — 2 B —   N —   O — 3 B
B —   N —   O — 2 B — 2 N —     O — 2 B
B — 2 N —   O — 2 B —   N —   O — 2 B
B — 2 N —   O — 2 B — 2 N —   O —   B
B — 2 N —   O —   B — 2 N —   O — 2 B
B — 2 N —   O —   B — 3 N —   O —   B
B — 3 N —   B —   O — 2 N —   O —   B
B — 3 N —   O —   B — 2 N —   O —   B
N — 6 B —   O —   N —
N — 3 B —   O —   N — 2 B —   O —   N
N — 2 B —   O —   N — 3 B —   O —   N
N — 2 B —   O —   N — 2 B —   O — 2 N
N — 2 B —   O — 2 N — 2 B —   O —   N
N — 2 B —   O — 2 N —   B —   O — 2 N
N —   B —   O — 3 N —   B —   O — 2 N
N —   B —   O — 2 N — 2 B —   O — 2 N
N —   B —   O — 2 N —   B —   O — 3 N
N —   B —   O — 2 N —   O —   B — 3 N
N —   O — 6 B —   N —
N —   O — 3 B —   N —   O — 2 B —   N
N —   O — 2 B —   N —   O — 3 B —   N
N —   O — 2 B —   N —   O — 2 B — 2 N
N —   O — 2 B — 2 N —   O — 2 B —   N
N —   O — 2 B — 2 N —   O —   B — 2 N
N —   O —   B — 2 N —   O — 2 B — 2 N
N —   O —   B — 2 N —   O —   B — 3 N
N —   O —   B — 3 N —   B —   O — 2 N
N —   O —   B — 3 N —   O —   B — 2 N
2 N — 2 B —   O —   N — 2 B —   O —   N
2 N — 2 B —   O — 2 N —   B —   O —   N
2 N —   B —   O — 2 N — 2 B —   O —   N
2 N —   B —   O — 2 N —   B —   O — 2 N
2 N —   B —   O — 2 N —   O —   B — 2 N
2 N —   B —   O — 3 N —   B —   O —   N
2 N —   O — 2 B —   N —   O — 2 B —   N
2 N —   O — 2 B — 2 N —   O —   B —   N
```

```
2 N —    O —    B — 2 N —    O — 2 B —    N
2 N —    O —    B — 2 N —    O —    B — 2 N
2 N —    O —    B — 3 N —    B —    O —    N
2 N —    O —    B — 3 N —    O —    B —    N
2 N —    B —    O — 2 N —    B —    O —    N
2 N —    B —    O — 2 N —    O —    B —    N
2 N —    O —    B — 2 N —    O —    B —    N
```

Ces expressions sont classées dans un ordre qui permet de constater, d'un seul coup d'œil, que le travail des doigts est différent pour chacune d'elles.

On a donc ainsi pour cet exercice, sur le clavier actuel, soixante-dix-huit roulades de huit notes chacune demandant pour la main une étude particulière.

Si l'on fait, sur notre clavier, un classement analogue, on arrive au tableau suivant :


### TABLEAU 2.

### Clavier proposé.

```
4 B — 3 N —    B
3 B — 3 N — 2 B
3 B — 4 N —    B
2 B — 3 N — 3 B
2 B — 4 N — 2 B
  B — 3 N — 4 B
  B — 4 N — 3 B
  N — 4 B — 3 N
  N — 3 B — 4 N
2 N — 4 B — 2 N
2 N — 3 B — 3 N
3 N — 4 B —    N
3 N — 3 B — 2 N
4 N — 3 B —    N
```

On trouve ainsi seulement 14 manières différentes de frapper la roulade, au lieu de 78, c'est-à-dire un nombre environ 6 fois moins grand. Il faut donc 6 fois moins de temps pour posséder cet exercice sur notre clavier.

Ce que j'ai dit de cet exercice s'applique évidemment à tout autre.

Il n'est peut-être pas inutile de remarquer, en dehors du nombre si réduit des exercices, la forme si simple des expressions du tableau 2, comparées à celles du tableau 1, qui, introduisant ainsi moins de confusion dans la pensée, se traduit naturellement par une nouvelle facilité pratique pour l'élève.

La même réduction de travail serait également obtenue pour les accords, les arpéges, les traits de toute nature, enfin pour toute l'étude de ce clavier, qui permettrait ainsi à l'élève de faire en un an les mêmes progrès que dans six aujourd'hui.

L'artiste aurait également beaucoup à gagner à l'adoption de ce clavier, puisque, pour conserver à ses doigts leur agilité, il doit absolument répéter tous ses exercices journaliers dans tous les tons, et qu'il aurait à le faire en deux seulement, commençant l'un par une touche blanche et l'autre par une touche noire, en variant naturellement le groupe, pour appeler les notes de chaque ton.

Il existe encore une autre cause de difficultés sur le clavier actuel, dont il est bon de dire un mot.

Les touches noires, comme on le sait, ne sont pas placées aujourd'hui de la même manière, par rapport aux touches blanches. Ainsi les touches sol$^b$ et si$^b$, par exemple, sont posées à cheval sur le bord droit des touches blanches fa et la, mais non d'une manière semblable, comme nous le montrons ici.

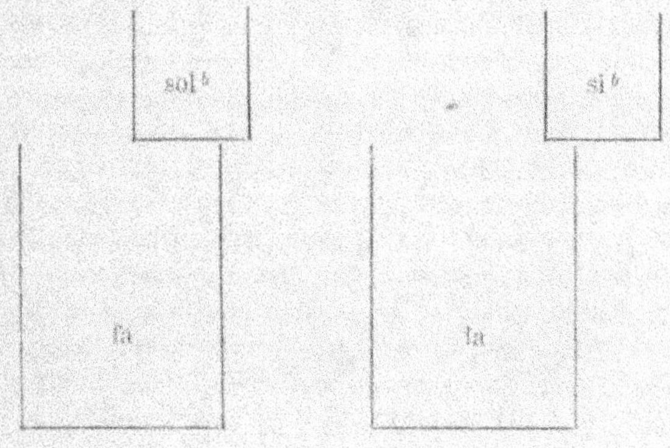

Alors l'exécutant qui doit frapper, par exemple, une blanche, puis la noire suivante, a pour les doigts un travail distinct, selon qu'il s'agit de toucher un même demi-ton, fa-sol♭ ou la-si♭.

Cette différence d'écartement des doigts aurait peu d'importance à la vérité, si l'on devait toujours jouer lentement. Mais cet inconvénient augmente avec la rapidité de l'exécution, et il en résulte une difficulté réelle, quand cette rapidité devient telle que la réflexion n'est plus possible. S'il laissait à ses doigts pour le demi-ton, par exemple, quand il est sur un la, l'écart qu'il donne, quand il est sur un la, il pourrait tomber à côté de la note.

L'exécutant manquerait en effet souvent la note, si une très-grande habitude et un long travail ne lui avaient appris à tenir compte instinctivement de ces différences pour frapper un même intervalle de demi-ton ou tout autre, selon qu'il est sur telle ou telle note. C'est sans doute pour parer, en partie, à ces erreurs, qu'une grande habitude demandant bien du temps perdu permet seule d'éviter, qu'on a été conduit à donner aux touches noires une si grande largeur, qui, sans cela, serait exagérée, mais qui est prise sur celle des touches blanches, souvent ainsi trop restreinte entre les noires, et que nous élargissions, notre clavier pouvant réduire la largeur des touches noires.

Par conséquent, les expressions du tableau 1 représentent même, pour la main, des opérations à étudier, plus nombreuses que cela ne paraît à l'inspection, attendu qu'une portion semblable quelconque, 2 B-N, par exemple, d'une de ces formules ne correspond pas, pour les doigts, à un travail identique dans toutes les lignes. C'est donc une nouvelle cause de difficultés, s'ajoutant à celles que nous avons fait ressortir, dans la comparaison des tableaux 1 et 2, et qui disparaît sur notre clavier, où les touches noires reposent toutes, par leur milieu, sur les bords des touches blanches, comme le montre la figure A, page 171, de sorte que nous restions bien au-dessous de la vérité, en annonçant que notre clavier réduisait l'étude du piano et des autres instruments à clavier, à un temps six fois moindre.

Mais il y a une autre raison pour que la vitesse des doigts soit augmentée dans de grandes proportions, et qui est due au vide entre les touches noires, plus grand chez nous par plusieurs causes. D'abord chaque largeur de blanche représentant toujours deux demi-tons, nous avons économisé dans l'octave deux demi-largeurs de blanche, une de si à do, et l'autre de mi à fa, ce qui pour l'octave nous a fait gagner une largeur de blanche. Pour conserver à la main l'écartement habituel de l'octave, nous avons réparti ce bénéfice entre toutes les notes, ce qui a donné pour nos blanches une largeur notablement plus grande. Maintenant la disposition régulière de nos noires entre les deux blanches et au milieu, nous a permis, comme nous l'avons expliqué, de réduire leur largeur, tout en arrivant à une plus grande précision pour l'attaque de ces touches noires.

Alors un doigt placé entre deux touches noires a plus de latitude pour s'incliner à droite ou à gauche, de sorte que, dans telles circonstances, le pouce par exemple peut atteindre une autre touche un peu éloignée, quand le doigt est encore sur sa touche, tandis que sur le clavier actuel, celui-ci aurait dû d'abord être levé de la touche, avec une perte de temps. Il y aura donc chez nous une plus grande facilité de passer d'une touche à une autre, c'est-à-dire plus de dégagement, et par suite on pourra atteindre une plus grande rapidité dans le jeu.

Ce bénéfice dans la rapidité de l'exécution a été du reste constaté publiquement dans un grand concert à Lyon où ce clavier a été produit par M. Ferdinand de Croze, dont le talent d'exécution est si connu. Il jouait entre autres morceaux de concert l'*Elisire d'Amore*, de Strakosch, dont les artistes connaissent la difficulté. Il l'avait déjà exécuté dans d'autres concerts sur le clavier actuel, et l'on savait à quel degré de vitesse il avait pu arriver. Sur notre clavier, le mouvement fut augmenté de moitié, et encore il nous disait à la fin qu'il aurait pu jouer beaucoup plus vite, s'il n'avait pas voulu être prudent en public avec un instrument si nouveau pour lui, ajoutant que c'était maintenant seulement qu'il comprenait toute la difficulté du clavier actuel, qu'il n'aurait jamais soupçonnée si grande. Il était donc déjà beaucoup plus fort sur notre clavier qu'il n'étudiait cependant que depuis trois mois, une heure par jour, pendant qu'il travaillait toujours le sien, ne pouvant naturellement le perdre de vue, jusqu'à ce que notre système fût adopté, dans l'incertitude de l'avenir et pour les besoins de sa profession.

Un autre avantage de notre clavier, c'est que tous les doigtés sont bons dans l'exécution d'un morceau. Si aujourd'hui, après être arrivé à mettre le troisième ou le quatrième doigt de la main droite par exemple, se dirigeant à droite, sur une touche blanche, on a besoin ensuite de tous les doigts pour un trait commençant par une touche noire, il faut, pour que le pouce puisse se placer sur la touche noire, que la main fasse un saut disgracieux qui nuirait du reste à la rapidité de l'exécution et qui est proscrit avec raison. L'exécutant doit donc chercher, pour ce qui précède, un autre doigté qui ne conduise pas au troisième et au quatrième doigt et par suite à ce mauvais passage du pouce ; quand il l'a trouvé pour l'endroit indiqué, il se rencontre bientôt un autre moment où le même inconvénient se représente pour ce passage du pouce, et alors le second doigté accepté est encore à modifier tout entier par un troisième qui reste plus tard à abandonner à son tour, jusqu'à ce qu'il soit assez heureux pour découvrir un doigté évitant enfin tous ces écueils successifs. On est donc ainsi par le fait constamment à la recherche d'un doigté.

Sur notre clavier, il n'en est pas de même, parce que le troisième et le quatrième doigts peuvent se placer sur les touches blanches non plus en avant des touches noires, mais entre ces dernières, où elles ont autant de facilité pour se mouvoir qu'en dehors de ces touches sur le clavier actuel, en raison de notre vide entre les touches noires. Mais alors le passage du pouce sur une touche noire, rejeté avec raison aujourd'hui quand le troisième ou le quatrième doigt sont sur une touche blanche, est au contraire très-facile chez nous, car le pouce est tout prêt à se mettre sur la touche noire, grâce précisément à sa moindre longueur. Il n'a pas de mouvement à faire, et se pose tout naturellement. Le passage du pouce dans ces conditions est même plus facile que sur une blanche, quand le troisième ou le quatrième doigt est déjà sur une blanche, comme dans la gamme de do actuelle par exemple, où les enfants ont une si grande tendance à baisser la main vers le petit doigt pour passer le pouce, tendance qui ne saurait exister dans le cas indiqué sur notre clavier. Alors quand on aura besoin des cinq doigts pour un trait, on passera tout simplement le pouce, quelle que soit la position précédente, de sorte qu'on n'aura jamais à repousser un doigté. Ils seront tous bons.

Si l'on compare également la transposition donnée par ce clavier, avec les essais tentés aujourd'hui sur le clavier actuel, il sera facile de se rendre compte de l'infériorité complète de ce dernier.

En effet, tous les transpositeurs actuels déplacent le clavier, de sorte que les marteaux ne frappent plus sur les mêmes cordes. Or tout le travail si important de *l'égaliseur* consiste à régler la distance de chaque touche à son marteau, de manière que tous les sons aient la même intensité, et il arrive à ce résultat au moyen de vis de rappel spéciales pour chaque touche, permettant de l'éloigner ou de la rapprocher du marteau. Si donc une touche a été réglée pour un marteau, il est évident qu'elle ne l'a pas été pour le suivant, sans cela on n'aurait pas eu besoin de vis de rappel pour chacune, de sorte qu'après le déplacement du clavier, les sons cessent d'avoir la même intensité; c'est-à-dire que l'instrument est dans des conditions inadmissibles pour des oreilles délicates. Aussi ces transpositeurs sont-ils peu appréciés des vrais artistes. En outre, si un habit ou une robe vient à porter sur une touche, pendant le transport du clavier, et la fait baisser, le marteau se casse et l'instrument se trouve, au moment le plus utile, mis hors de service. Ce sont deux inconvénients graves, qui disparaissent évidemment avec notre clavier, puisqu'il reste fixe dans la transposition.

C'est en outre à cette seule fixité du clavier qu'est due la possibilité de supprimer les dièses et les bémols de la clef dont nous avons parlé plus haut, puisque les dièses et les bémols, que notre transpositeur a pour but d'annuler par un artifice, peuvent avoir à s'introduire à la clef ou à en disparaître pendant l'exécution même; rien de tout cela ne saurait donc être acquis avec les transpositeurs actuels qui demanderaient tous d'interrompre le morceau.

Enfin, notre clavier est transpositeur par lui-même, non-seulement sans déplacement, mais même sans aucune espèce d'opération, ainsi que nous l'avons montré, si l'on sait la musique par cœur, ce que l'on peut bien regarder comme une circonstance assez générale pour des morceaux d'accompagnement habituellement très-faciles.

Si l'on joint à la réduction d'étude à six fois moins de temps, les facilités que notre clavier donne pour la transposition, la seule dans des conditions réellement acceptables, on comprendra tout l'intérêt que présenterait l'adoption d'un système auquel il est si facile de se faire et donnant presque de suite, même à l'artiste, une supériorité notablement plus grande.

## ARTICLE 3. — MOTIFS QUI ONT PU CONDUIRE AU CLAVIER DÉFECTUEUX ACTUEL.

Beaucoup d'artistes reconnaissant les avantages si marqués de ce clavier, m'ont dit que ce qui les surprenait c'était qu'on n'eût pas songé plus tôt à une chose aussi simple. Je pense que ce ne serait pas la première fois que le chemin le meilleur ne se serait pas présenté le premier, mais je crus toujours devoir me borner à cette seule réponse : La simplification existe-t-elle ? Qu'importe en effet le reste.

Cependant, si l'on veut comprendre pourquoi le clavier ordinaire a la forme actuelle, cause tant de difficultés, il me semble que l'on peut y arriver ainsi.

L'ancienne musique n'employait que les notes naturelles, et les modifications de la gamme consistaient à la faire partir de tel ou tel degré de l'échelle, mais en conservant toujours les mêmes notes, comme dans le plain-chant, par exemple. Alors toutes les touches se trouvaient sur une seule ligne et l'étendue du bras suffisait d'autant mieux que celle des instruments était loin d'atteindre sept octaves comme aujourd'hui.

Plus tard le besoin d'éviter la dissonance de la quarte augmentée fa-si (*diabolus in musica*), quand le si se présentait immédiatement après le fa, fit ajouter entre les notes la et si une touche à cheval sur elles, comme sont disposées les notes noires du clavier actuel; alors, dans le cas où le si venait immédiatement après le fa, au lieu de l'accepter naturel sur la touche antérieure, on le prenait bémolisé sur la touche postérieure.

Plus tard encore, quand Monteverde, dont le génie fut longtemps méconnu, par l'attaque de la septième dominante sans préparation, fit une si grande révolution dans l'art musical, en fondant notre système actuel, on trouva avantageux, pour le passage dans les différents tons, d'avoir, entre chacune des notes naturelles distantes d'un ton, une touche intermédiaire représentant à la fois le dièse de la précédente et le bémol de la suivante. Pour utiliser le clavier en usage, on dut penser tout naturellement à la touche si♭ placée entre le la et le si, qui pouvait fournir la♯, comme elle donnait déjà si♭, et se dire ensuite : Il manque entre do et re une note pour représenter à la fois do♯ et re♭, faisons comme on a fait pour le si♭ placé entre le la et le si, et mettons une touche à cheval qui fut le do♯ actuel, représentant également le re♭. Entre re et mi, on voulut également une note donnant à la fois re♯ et mi♭, et la touche noire à cheval entre les deux fournit la solution. Entre mi et fa distants seulement d'un demi-ton, on n'eut pas de note à intercaler, et l'on n'en mit pas. Entre fa et sol, entre sol et la, il y avait encore un ton, et l'on mit une touche noire; entre si et do, où il n'y avait qu'un demi-ton, on n'en plaça pas, et ainsi dut se trouver tout naturellement constitué le clavier actuel. Seulement si le premier clavier satisfaisait très-bien aux conditions du système musical ancien, ce qui était en effet, il pouvait se faire qu'un clavier ainsi transformé ne convînt plus à un système musical nouveau. On peut même dire que des transformations de cette nature auront toujours cet inconvénient, car une solution qui donne la meilleure situation pour des conditions données à remplir, est généralement unique, et si le système change, la solution, la meilleure est habituellement toute différente, puisqu'elle doit satisfaire à des conditions généralement tout autres; aussi ne peut-elle ordinairement se déduire par une transformation du premier état de choses, mais par un état tout différent, approprié tout spécialement aux nouvelles exigences à remplir. C'est l'oubli de cette vérité qui a conduit au clavier actuel avec tous ses inconvénients. Il fallait en effet se préoccuper de la constitution du nouveau système musical.

Or les anciens systèmes musicaux, conservant toujours les mêmes notes et faisant seulement commencer leurs échelles à chacune de ces notes, sans s'inquiéter des intervalles successifs, il en résultait qu'en prenant la même largeur de touche pour chaque degré, on faisait le même travail des doigts, quelle que fût l'échelle. Le clavier était donc alors très-bien établi. Mais avec le nouveau système musical ne se préoccupant plus des degrés, et seulement des intervalles des notes pour en reproduire la même série dans tous les tons, le travail des doigts n'aurait pu rester le même sur le clavier, que si les intervalles avaient suivi la même loi que les degrés, ce qui n'était pas, puisque le degré de do à re, par exemple, allait donner lieu à deux intervalles de demi-ton, tandis que le degré de mi à fa ne donnerait qu'un seul de ces intervalles. Le clavier ne pouvait donc être utilisé avec les mêmes avantages d'un travail identique des doigts dans tous les tons, que si le degré de mi à fa était traité comme un des autres demi-tons, et c'est précisément ce que nous avons fait, puisque c'est de mi à fa♯ seulement, et non de mi à fa, que nous avons pris la largeur de touche donnée aux autres degrés divisés en deux parties. Ainsi, quel que soit le raisonnement que l'on suive, on retombe toujours sur notre clavier qui est la conséquence toute naturelle et forcée de notre système musical.

Puisque ces séries dans tous les tons successifs, avaient la même constitution : 1 ton – 1 ton – 1/2 ton – 1 ton – 1 ton – 1 ton – 1/2 ton, il se présentait là, en effet, une condition dont on pouvait tirer profit, et c'est ce que nous avons fait. Ces séries ayant la même composition à partir de la note de départ, nous avons admis de suite qu'en faisant franchir aux doigts des largeurs proportionnées aux intervalles musicaux, une opération identique serait à faire dans tous les tons, et c'est ce qui nous a mené, comme nous l'avons vu, et devait nous conduire à un même travail des doigts pour toutes les gammes. Dans le clavier actuel, tout l'inconvénient vient de ce que le doigt franchit une même largeur de touche blanche pour un ton et pour un demi-ton, comme de mi à fa et de si à do, c'est-à-dire que l'écartement des doigts n'est pas proportionnel à l'intervalle musical, et doit par conséquent donner un travail des doigts différent pour des gammes qui présentent précisément la même suite d'intervalles musicaux. Toute la question était là, et c'est cette seule remarque qui nous a conduit à notre clavier si simple.

# CHAPITRE X.

## Instruments quelconques

Cette remarque féconde, dans notre système musical, de l'identité de travail dans tous les tons pour les doigts, si l'on donne à ces derniers un écartement double pour un ton dans les gammes, de celui qu'ils ont pour un demi-ton, n'est pas particulière aux instruments à clavier ; elle peut être appliquée à tous les autres instruments.

Remarquons d'abord qu'il y a à distinguer les instruments confondant le do$\sharp$ et le ré$\flat$, le ré$\sharp$ et le mi$\flat$, etc., ou les instruments tempérés, et ceux qui, comme le violon par exemple, donnent exactement toutes les notes. En ce qui concerne les premiers, l'octave se trouve alors divisée, comme sur le piano, en douze degrés, et il faut, pour la gamme dans n'importe quel ton franchir toujours deux degrés pour un ton et un degré pour un demi-ton ; de sorte que si pour chacun d'eux les douze points d'attaque sont également espacés, le doigt qui en parcourt deux pour un ton et un pour un demi-ton fait pour chaque gamme exactement le même travail mécanique. Mais cela n'est pas possible généralement quand les corps vibrants sont attaqués directement, parce qu'à mesure que le son s'élève, les distances A–B, B–C, C–D, D–E, etc., à franchir par le doigt diminuent pour un même intervalle musical, comme il est indiqué ci-contre.

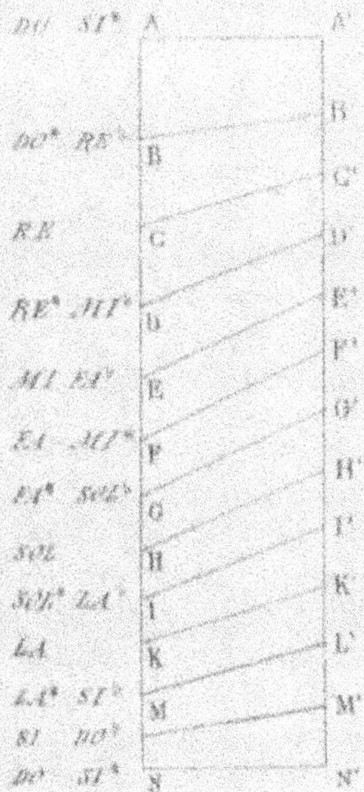


Cependant il est facile d'obtenir la condition de rigueur, cet espacement égal pour chaque degré, par un petit artifice. Au lieu de mettre le doigt directement sur la partie vibrante aux points A, B, C, D..., qui doivent donner les douze degrés successifs et qui ne sont pas également espacés, supposons qu'on les pose sur une ligne parallèle A' N', divisée en douze parties égales et reliée à la ligne A-B par de petites tiges rigides A-A', B-B', C-C'..., tournant autour de petits pivots, de manière que le doigt appuyé sur la tige A-A' en A' presse le point A du corps vibrant; qu'appuyé en B', il presse le point B; qu'appuyé en C', il presse le point C de la corde, etc. Alors le doigt, bien qu'agissant par transmission de mouvement sur la partie vibrante en des points inégalement distants, n'en franchira pas moins une distance constante pour chacun des 12 degrés de la gamme. Or, comme pour une gamme quelconque il y a toujours à suivre successivement sur l'appendice:

2 degrés, 2 degrés, 1 degré, 2 degrés, 2 degrés, 2 degrés, 1 degré,

le doigt fera exactement le même travail mécanique, il commencera seulement plus ou moins loin. Il n'y aura donc qu'une gamme, et tout ce que nous avons dit pour nos claviers sera applicable, avec tous les avantages trouvés, réduction du travail à un temps six fois moindre, transposition immédiate dans tous les tons, etc.

Pour les instruments qui distinguent le dièse et le bémol, le violon par exemple, comme il y a alors plus de douze degrés par octave, on peut arriver à la même solution, non plus avec une ligne A'-N', mais avec deux lignes parallèles A'-N' et A''-N'' également divisées encore, et donnant chacune les notes naturelles, avec les dièses pour l'une et les bémols pour l'autre.

Pour les glissements, l'exécutant entraînerait avec lui la tige qui, grâce à un petit ressort, reprendrait sa position normale quand l'effort cesserait.

Nous n'avons pas l'intention d'entrer ici dans tous les détails que demanderait un pareil sujet. Nous avons voulu seulement faire pressentir déjà par un mot que la question, mise en pratique pour tous les instruments à clavier, n'est pas insoluble pour les autres.

Il y aurait, du reste, beaucoup à dire à cet égard, mais nous terminerons ce chapitre en indiquant seulement, pour le violon ou les autres instruments à cordes, un moyen d'abréger considérablement leur étude, sans les modifier en aucune façon, du moins d'une manière définitive. On sait qu'une des grandes difficultés de ces instruments, où le son n'est pas tout fait, tient à ce que l'élève, étant pendant assez longtemps incapable d'apprécier exactement la justesse du son qu'il émet, perd souvent tout le fruit de sa leçon, quand cela ne va pas plus loin, en s'habituant, après le départ du professeur, à une gymnastique des doigts, qu'il faut ensuite modifier aux leçons suivantes comme vicieuse. Cela est si vrai qu'un professeur du plus grand mérite, que nous avons connu, posait pour condition formelle aux élèves dont il voulait bien se charger, de ne jamais jouer en dehors de la leçon, jusqu'à ce qu'il estimât que, sûrs de leur oreille, ils ne pouvaient plus accepter de faux mouvements de la main parfois si difficiles à corriger ensuite. Il ne levait souvent l'interdit qu'au bout de deux ans, et c'est ainsi qu'il formait d'excellents élèves, qu'il n'aurait pas amenés si vite au même degré de perfection, si toutefois ils y étaient jamais parvenus.

Mais on comprend qu'il serait préférable que l'élève ne fût pas obligé d'attendre son professeur, et que les deux années indiquées

ci-dessus, comme moyenne, seraient singulièrement abrégées, si,
au lieu de travailler par exemple sous les yeux de son professeur
trois ou quatre heures par semaine, il pouvait utiliser sept ou
huit heures par jour, et même davantage si cela lui convenait, sans
craindre de perdre le fruit de la leçon, et souvent de reculer au lieu
d'avancer. La question est donc de suppléer à ce qui manque encore
à son oreille pour juger de la justesse du son.

Il suffit de rendre sensibles au doigt, sur la touche du violon,
les divisions dont nous avons déjà parlé à propos de l'intonation
(page 115). Pour cela, imaginons qu'au lieu de la touche actuelle, on
commence par en mettre une portant en travers et interrompus sous
les cordes de petits filets en métal ou en ivoire, marquant ces divisions.
Supposons, ce qui est très-facile, que ces petits filets soient placés de
manière à se faire toujours sentir sous la même partie du doigt, quand
ce dernier donne la note exacte devant le professeur. L'élève aura
alors, en son absence, deux points de repère pour retrouver la note,
le sentiment qu'en aura conservé son oreille et surtout la sensation
du filet en un endroit constant du doigt. Par conséquent, tant que
son oreille ne sera pas formée, il lui restera, sur notre touche, la
deuxième sensation par le doigt, pour reconnaître si ce dernier
est bien au point voulu, et alors il pourra répéter seul cette
note, sans craindre de se mettre dans l'oreille une note fausse à
oublier plus tard, et dans les doigts un mécanisme à corriger.
Rien ne l'empêchera donc de travailler seul tant qu'il voudra,
puisqu'il aura maintenant un guide sûr, lui permettant à la fois de
former son oreille par des répétitions indéfinies du véritable son, et
d'exercer ses doigts par une gymnastique de tous les instants pour
s'habituer à saisir vivement la note. Ainsi s'obtiendront très-rapidement le sentiment de la note par l'oreille et l'agilité des doigts,
en l'absence du professeur, comme en sa présence. L'élève pourra
donc, au lieu de travailler avec fruit, comme nous l'avons dit plus
haut, trois heures environ par semaine, utiliser, s'il le désire, six
heures par jour par exemple ou trente-six heures pour six jours de
la semaine, soit douze fois plus de temps. Les deux années indiquées
ci-dessus seront donc déjà réduites à $\frac{2}{12}$ ou à deux mois environ ;
il y a des élèves voulant arriver qui travailleraient même davantage.

Il va sans dire que la première touche, dont les filets seraient très-
prononcés, serait remplacée, selon la sensibilité des doigts de l'élève
et ses progrès, par une deuxième touche avec des filets moins saillants, laissant toutefois, grâce à l'habitude, une sensation aussi nette
ou dans tous les cas suffisante; après cette deuxième touche en vien-

drait une troisième, s'il était nécessaire, de manière à arriver insensiblement, tout en conservant le même sentiment sous le doigt
tant qu'il serait utile, à la touche lisse habituelle, qui resterait toujours la touche définitive, à laquelle le seul but serait d'amener avec
une bonne exécution, par un moyen plus sûr et plus rapide. Nous
croyons devoir ajouter que le même célèbre professeur, dont nous
avons parlé plus haut, regardait ce procédé comme appelé, s'il était
adopté, à rendre de très-grands services aux élèves.

# APPENDICE

## RÉSUMÉ DES PRINCIPAUX PROCÉDÉS PRATIQUES

Ici devrait se terminer, à l'exception des exercices d'intonation et de mesure groupés à la fin pour plus de commodité, l'ouvrage divisé en deux Parties, car nous n'avons plus rien à ajouter.

Mais, comme nous avons eu à rappeler quelques points scientifiques peu familiers peut-être à certaines personnes, qui pourraient cependant, indépendamment de toute démonstration, désirer faire de confiance l'essai des procédés pratiques les plus saillants, nous allons, les dégageant de toutes considérations théoriques, les résumer sommairement dans cet Appendice, ainsi que cela est du reste annoncé au commencement (plan de l'ouvrage).

Ces procédés pratiques principaux sont au nombre de trois, réduisant dans les proportions inouïes indiquées dans l'Introduction :

> L'étude de l'intonation ;
>
> L'étude de la mesure ;
>
> L'étude des instruments à clavier, devenus transpositeurs dans tous les tons, *sans déplacement du clavier*, et permettant ainsi la réduction à un seul au plus des accidents de la clef, pendant que la transition d'un système à l'autre est facilitée par un clavier *portatif* au besoin.

### Étude de l'intonation.

Toute l'étude de l'intonation se réduit naturellement à passer d'une note à la suivante, et l'on a vu que sa difficulté actuelle tient uniquement à un procédé vicieux de lecture. On veut mesurer les intonations au moyen de l'intervalle d'une note avec la précédente, or, comme cette dernière est nécessairement changeante, on a une unité de mesure variable, et tout le malheur est là. Qu'adviendrait-il aujourd'hui, en effet, si, dans le commerce de la vie pratique, on mesurait les diverses longueurs le lundi au moyen du mètre, le mardi par le décimètre, d'autres jours avec le double mètre, le décamètre, etc.? Quelle idée se ferait-on des diverses grandeurs? Ce serait un véritable chaos. Eh bien, c'est ce chaos que l'on a actuellement en intonation et uniquement par cette faute d'une unité de mesure sans cesse variable, compliquant bien malheureusement ce qui est si simple, car il n'y a pas d'intonation difficile avec notre méthode, comme cela du reste s'évite toujours avec tout procédé de lecture judicieusement établi, qui doit permettre de *tout* lire, et facilement.

On a vu qu'il y avait, en effet, à apprendre aujourd'hui, selon les hypothèses pour les notes à admettre, un nombre d'airs de deux notes variant de 420 à 588, et même à 1190. Voyez chapitre IV (2ᵉ partie), page 130 et suivantes.

On a démontré que ce nombre d'airs, pour la plupart d'une difficulté insurmontable, s'augmente dans des proportions presque infinies par les légères variations de grandeur de deux notes lors du passage d'un ton à un autre, dans les modulations, laissant, ce qui est encore le plus grave, le plus souvent dans l'incertitude sur la valeur à prendre pour la note. Comment arriver en effet à mesurer, quand on ne sait pas même ce qu'il faut mesurer?

Joignez à cela qu'on apprend habituellement l'intonation avec le secours des instruments tempérés. Comment alors espérer retenir des intervalles approchés, et souvent des plus compliqués donnés par ces instruments faux, quand la voix a déjà de la peine à rendre quelques intervalles *justes* et *bien simples?*

Je ne parle pas de la faute qui fait prendre constamment un dièse pour un bémol et un bémol pour un dièse, erreur qui est la cause des anomalies si bien constatées, mais qui étaient restées inexpliquées jusqu'ici dans les lois des attractions des notes altérées.

Aussi ne faut-il plus s'étonner de la difficulté actuelle de l'étude de l'intonation.

Voici à quoi nous réduisons tout cela : 8 intervalles à apprendre et des plus simples, et ne laissant plus ici la moindre incertitude sur la quantité à mesurer, au lieu de ce nombre infini d'intervalles le plus souvent impossibles à saisir.

On apprend donc l'exercice préliminaire, page 248, en se donnant d'abord la tonique et en s'habituant à retenir *la tonique en ronde et son intervalle avec la note en ronde qui la suit*, c'est-à-dire dans le ton de do par exemple,

la tonique do

et les intervalles do-re, do-mi, do-fa, do-sol, do-la, do-si.

On passe ensuite aux exercices journaliers d'intonation, page 252, en imaginant toujours une tonique sous chaque note, et en commençant, pour chaque ton, par la première partie, qui n'a que des notes naturelles.

On chante alors ce que l'on suppose ainsi écrit. En do, par exemple, on lit comme ci-dessous, de bas en haut et de gauche à droite :

do    re    mi    fa    sol    la    si<br>
do    do    do    do    do    do    do

mais on n'émet jamais un de ces intervalles avant de l'avoir bien entendu, grâce à l'exercice préliminaire que l'on doit déjà parfaitement posséder, et qui a surtout pour but d'habituer à cette introduction constante de la tonique imaginaire.

Cette première partie étant ainsi apprise dans tous les tons, on la reprend en ne chantant plus que la note réellement écrite, mais en ayant bien l'attention de ne jamais émettre cette note qu'après avoir bien entendu son air de deux notes avec la tonique imaginaire.

Il faut répéter cette première partie jusqu'à ce que l'on n'éprouve plus la moindre hésitation, *le reste de l'étude de l'intonation étant fort peu de chose*.

Dès que l'on connaît assez bien ces notes naturelles, c'est-à-dire presque dans les commencements, au lieu de se donner la tonique, sur le piano ou tout autre instrument faux, on s'habitue à la déduire soi-même exactement du diapason par des quintes ou quartes, intervalles très-facilement mesurés et que l'on choisit de manière à rester dans le registre de sa voix, intervertissant l'ordre des quartes et des quintes, et passant d'une octave à l'autre, selon le besoin, opérations qui se font sans qu'on en ait même conscience.

Ainsi dans le ton de la, le diapason la est lui-même la tonique,

Une 1<sup>re</sup> quinte descendante à partir du diapason la, donne la tonique re

| | | | |
|---|---|---|---|
| 2<sup>e</sup> | — | — | sol |
| 3<sup>e</sup> | — | — | do |
| 4<sup>e</sup> | — | — | fa |
| 5<sup>e</sup> | — | — | si♭ |
| 6<sup>e</sup> | — | — | mi♭ |
| 7<sup>e</sup> | — | — | la♭ |
| 8<sup>e</sup> | — | — | re♭ |
| 9<sup>e</sup> | — | — | sol♭ |
| 10<sup>e</sup> | — | — | do♭ |

Une 1<sup>re</sup> quinte ascendante à partir du diapason la, donne la tonique mi

| | | | |
|---|---|---|---|
| 2<sup>e</sup> | — | — | si |
| 3<sup>e</sup> | — | — | fa♯ |
| 4<sup>e</sup> | — | — | do♯ |

Si l'on a un professeur, il corrigera les intonations fausses. Mais il sera bon d'avoir un violon, du prix le plus insignifiant ; cela évitera de rechercher à tout instant la tonique à partir du diapason, à chaque faute que l'on pourra faire dans les commencements, et permettra du reste de travailler sûrement et avec profit en l'absence du professeur.

On mettra alors à l'unisson de la tonique, déduite, avec la voix, du diapason, une des cordes du violon, en choisissant celle qui s'en éloigne le moins comme son à vide, pour ne pas trop sortir du registre habituel de cette corde, et avoir ainsi une tension convenable. Le diapason do serait ici encore plus commode que la, comme nous l'avons déjà vu dans la deuxième Partie, car, devant satisfaire à tous les tons indifféremment et le plus souvent à ceux qui sont vers le centre do des toniques, comme plus usités, on aurait moins de quintes à prendre en moyenne pour une tonique donnée. Pour les quatre cordes du violon sol, re, la, mi, à accorder simplement comme elles le sont habituellement, il y aurait également avantage avec le diapason do, car on aurait à en déduire seulement les quatre quintes ascendantes :

(do-*sol*)  (sol-*re*)  (re-*la*)  (la-*mi*).

Par le diapason la, on semble n'avoir que les deux quintes descendantes (la-*re*)  (re-*sol*) pour obtenir re et sol et la quinte ascendante (la-*mi*) pour trouver mi. Mais, outre la petite complication de quintes ascendantes parfois ou parfois descendantes, il y a réellement

une quinte de plus à chercher avec le diapason la, à moins qu'on ne
se donne une deuxième fois le son du diapason, ce qui est encore
plus incommode. En effet, ayant pris les deux quintes descendantes
(la-*re*) et (*re-sol*) il faut revenir au la par deux quintes ascendantes
(sol-re) (re-la) pour avoir, au moyen de ce la retrouvé, la quinte
ascendante (la-mi) donnant le mi ; cela fait donc réellement cinq
quintes pour accorder les quatre cordes. Avec do pour diapason on
aurait seulement quatre quintes et toujours ascendantes, dans
l'ordre même des tons donnés par la clef, do-sol-re-la-mi. Du reste
je n'ai fait cette remarque que pour montrer que là encore il y aurait plutôt avantage avec le diapason do, car des quintes s'obtiennent
si facilement par l'oreille et si exactement qu'il ne saurait y avoir inconvénient réel dans aucun des deux cas. L'avantage sérieux de do
comme diapason est surtout dans les erreurs moindres de commas,
dont nous avons parlé dans la deuxième Partie.

La division page 115, do, do$^\sharp$, re$^\flat$, etc., reportée sur la touche du
violon à partir du sillet, par un papier collé dessus et portant cette
division ou par tout autre moyen, servira à vérifier ensuite les
notes émises par la voix. Les noms sont écrits pour la tonique do,
mais la division est la même pour tous les tons, puisqu'on part
toujours de la corde à vide. Il sera alors inutile de mettre les noms,
on distinguera seulement par un double trait par exemple les notes
naturelles pour éviter la confusion, et l'on suivra les traits quel que
soit le ton, en faisant l'appel des notes du ton dans leur ordre, à
partir du sillet correspondant également à toute tonique autre que do.

Notre division se rapporte à un violon ayant 326 $^{m/m}$ de corde
vibrante, longueur dont on cherchera à se rapprocher, mais de petites différences seront du reste peu importantes.

Notre petite touche, page 214, qui doit servir à abréger considérablement le temps d'étude des violonistes, serait encore plus commode, parce que les notes se sentiraient sous le doigt, les divisions
étant marquées par de petites lames métalliques polies, douces au
toucher et ne gênant aucunement les vibrations des cordes.

Quel que soit du reste le moyen de vérification accepté, on pourra
ainsi toujours travailler, en l'absence du professeur, autant de temps
que l'on voudra et sans crainte de prendre une fausse direction,
souvent si dangereuse pour l'avenir.

Quand on saura très-bien les notes naturelles, on passera à la
deuxième partie des exercices, où les notes altérées ont toutes le

dièse et le bémol, en supposant toujours sous chaque note une tonique imaginaire, qui servira encore à trouver les notes naturelles.

Quant aux notes altérées do♯-ré♯-mi♯-fa♯-sol♯-la♯-si♯-do♭-ré♭-mi♭-fa♭-sol♭-la♭-si♭, auxquelles il sera, non pas indispensable, mais préférable de donner les noms :

dè-rè-mè-fè-sè-lè-siè — deu-reu-meu-feu-seu-leu-sieu

dont la loi est facile à saisir, terminaison *é* pour les dièses, *eu* pour les bémols, elles seront obtenues au moyen de deux airs de deux notes. Le premier air sera formé par la tonique imaginaire et la note naturelle, et le deuxième par cette note naturelle et la note altérée, grâce à un air constant, $\frac{25}{24}$ en montant pour le dièse, $\frac{24}{25}$ en descendant pour le bémol, et indiqué sur la touche par la division la plus voisine de la note naturelle, si ce n'est pour les notes formant demi-ton dans la gamme, où il faut franchir deux divisions, par exemple, en do, pour mi♯-si♯ — fa♭-do♭.

Pour les doubles dièses et les doubles bémols, on aurait les terminaisons *ès*, *u*, qui ajouteraient un nouvel air de deux notes exactement pareil à celui qui donne les premiers dièses ou bémols ; par exemple pour la note ré, dans le ton de do, après les deux premiers airs (do-ré) (ré-rè) on aurait à ajouter l'air (rè-rès), exactement semblable à l'air (ré-rè) ; l'air (reu-ru) compléterait de même les deux airs (do-ré) (ré-reu).

Il ne faudra pas oublier que tout bécarre est un dièse ou un bémol, selon que la note est bémolisée ou diésée à la clef, et laisse naturelles les autres notes.

Voici donc comment on apprendra l'intonation de ces notes altérées (1) :

« Pour ré♯, par exemple, on chantera deux airs successifs de deux notes do-ré que l'on connaît, puis ré-ré ou ré-rè, si l'on veut, au moins pour les commencements, ainsi que nous l'avons dit, donner un nom différent.

---

(1) Les passages guillemettés sont la reproduction des mêmes explications déjà données dans le courant de l'ouvrage.

» On suivra en chantant ces airs, la figure ci-après :

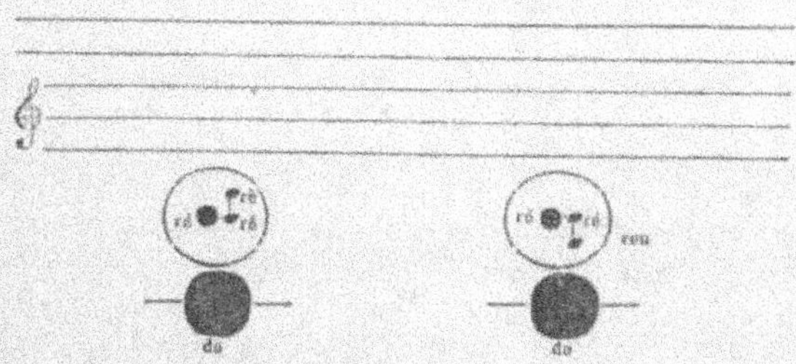


» On chantera donc l'air do-ré, en lisant do sur la tonique imaginaire noire do, et ré au point milieu du ré, puis l'air ré-rè, en lisant ré sur le point marqué encore ré, à droite du point milieu et à la même hauteur, et rè sur le point plus élevé noté rè.

» Pour les bémols, rè♭ par exemple, on chantera de même les deux airs successifs do-ré, ré-reu. Alors do-ré se trouvera comme tout-à-l'heure pour les dièses, et rè-reu se lira aux points indiqués ré-reu.

» On rendra ainsi l'opération plus sûre, comme dans tout ce qui fait image et parle aux yeux, en suivant le dessin.

» Pour le do dièse ou le do bémol, bien que la note imaginaire se confonde avec l'autre, on adoptera la même loi pour l'uniformité.

» On chantera donc réellement dans les commencements :

do-do — do-ré — do-mi, etc.

» Pour les notes naturelles :

do-re-mi, etc.
do-do — do-dè, — do-ré — ré-rè, — do-mi — mi-mè, etc.

» Pour les dièses :

dè-rè-mè, etc.
do-do — do-deu, — do-ré — ré-reu, — do-mi — mi-meu, etc.

» Pour les bémols :

deu-reu-meu, etc.,

» On passera ensuite de la même manière aux deuxièmes parties dans les autres tons, en supposant toujours au-dessous de chaque note la tonique imaginaire :

sol-re-la, etc.,<br>
fa-si-mi, etc.

» Plus tard on ne prononcera plus que les notes :

do   – ré  – mi,   etc.,

dè   – rè  – mè,   etc.,

deu – reu – meu,  etc.

dans les différents tons, mais en n'émettant jamais une note naturelle, sans avoir bien entendu l'air de deux notes avec la tonique, ni une note altérée, sans avoir bien entendu les deux airs de deux notes commençant par la tonique. »

Enfin, on répètera journellement les exercices en entier, première et deuxième Partie, en laissant de côté, dans la deuxième Partie, les notes blanches, afin de s'habituer à bien entendre de suite, pour les notes altérées, les deux airs de deux notes, sans avoir le souvenir tout récent de la note naturelle servant à obtenir ces notes altérées.

Si l'on éprouvait un peu d'embarras à passer par dessus ces notes naturelles écrites, sans les lire, il serait facile de transcrire alors cet exercice en omettant les notes blanches, mais cette petite abstraction ne présente pas de difficulté.

« Dans ces exercices journaliers, il n'y a pas à se préoccuper de la vitesse qui viendra toujours assez rapidement; il faut surtout bien entendre toujours l'air de deux notes ou les deux airs de deux notes, selon qu'il s'agit d'une note naturelle ou altérée, si avancé que l'on soit dans l'étude de l'intonation.

« *Cela est de la plus haute importance, tout le succès de l'étude de l'intonation dépendant de là.*

« Enfin, le sentiment de la tonique devenant parfait, on arrivera à ne plus en réalité penser qu'aux noms :

do-re-mi, etc.

pour les notes naturelles;

do-dè  — ré-rè  — mi-mè, etc.,

do-deu — ré-reu — mi-meu, etc.,

pour les notes accidentées,

à la condition toutefois que cela vienne sans effort, par l'habitude de songer sans cesse à la clef, pour conserver la conscience de la tonique servant à mesurer exactement les notes réelles par leur seul nom, et les notes accidentées par les noms de deux syllabes ci-dessus.

» Cette opération deviendra, du reste, rapidement instinctive, et l'instantanéité de la lecture sera sans limite, l'hésitation n'étant jamais permise comme lorsqu'il faut aujourd'hui se préoccuper à chaque instant de l'intervalle à donner, dépendant de la note variable qui précède, et présentant, comme on le sait, des intonations souvent si difficiles, que c'est le plus grand nombre qu'on ne peut accepter dans la pratique, comme si un bon procédé de lecture ne devait pas permettre de *tout* lire.

» L'intonation s'acquiert ainsi, même pour les intervalles les plus compliqués, avec une facilité et une sûreté dont on ne saurait se faire une idée sans avoir pratiqué la méthode, laissant on ne peut plus rapidement le souvenir constant et tant désiré de la tonique, qui est en effet tout et sans laquelle il n'y a pas de musique. On verra alors que, s'il y a des intonations difficiles, c'est que l'on n'avait pas un procédé rationnel, qui ne saurait admettre que tout ne fut pas soumis à sa loi générale.

» Nous expliquerons plus loin comment cette étude de l'intonation doit, du reste, se faire, si l'on veut hâter les progrès, concurremment avec l'étude de la mesure, la voix demandant des ménagements, si l'on ne veut pas la fatiguer, et ne permettant ainsi d'occuper que quelques instants de la journée. »

Nous avons indiqué, pour les notes altérées, du moins pour les simples dièses et les simples bémols, des noms que nous croyons propres à faciliter la pratique de l'intonation et qui ont quelque rapport avec ceux d'une nouvelle école de chant (Galin, Chevé), mais c'est là seulement un point de détail. D'abord cette école, qui emploie des noms analogues, ne paraît pas en avoir bien compris toute la portée, sans cela il nous semble qu'elle n'aurait pas manqué d'expliquer au moins en quelques mots les motifs de ce changement, ainsi que nous l'avons fait, chapitre I$^{er}$, 2$^{e}$ Partie, page 117 et suivantes. Ensuite, leurs dièses et leurs bémols ne se prennent point du tout de la même manière que nous: leurs élèves l'obtiennent au moyen d'une autre note que celle qui est écrite, ce qui est déjà une grande complication pour la lecture, puisqu'il faut ainsi songer à deux notes, tandis que nous déduisons le dièse ou le bémol du nom même de la seule note écrite, par un air différent du leur, il est vrai, $\frac{25}{24}$ ou $\frac{24}{25}$, mais aussi simple. D'ailleurs, quand il s'agit du dièse et du bémol des notes distantes, dans la gamme, de l'intervalle d'un demi-ton seulement, qui se présentent dans les modulations passagères éloignées, ils sont obligés de faire intervenir non plus seulement une note étrangère mais deux, ce qui est encore un bien plus grand inconvénient. Pour eux, qui ne chantent qu'en do, cela pourrait encore rester admissible; mais en modulant dans les différents tons, *s'ils pouvaient y passer effectivement, du moins au même titre qu'aujourd'hui*, cela serait tout à fait impraticable, car ces deux notes seraient souvent difficiles à découvrir, surtout dans la rapidité de l'exécution.

Mais ce n'est pas là la plus grande différence de notre méthode avec ce système, sans avenir à nos yeux, comme manquant de généralité. Il est évidemment très-bon pour la voix, qui a la propriété de passer sans difficulté dans des tons de hauteur différente, sans se préoccuper de la valeur *absolue* de la tonique, en chantant en effet une succession d'intervalles constituant toujours une gamme.

Mais pour les instruments, surtout pour les meilleurs, les instruments à corde par exemple, il ne saurait jamais en être ainsi, il faut nécessairement considérer des sons *absolus*.

En effet, voyons où nous conduirait cette méthode sur le violon par exemple. Supposons qu'il s'agisse de prendre dans le ton de do, sur la corde sol à vide, le la par exemple qui suit immédiatement ce sol. L'élève s'exerce quand il voit ce la écrit sur la musique, à faire à partir du sillet un certain mouvement de la main gauche pour placer le doigt au point convenable. Il répète souvent, et bien souvent, ce mouvement de main sur la corde à vide sol, pour savoir l'exécuter de suite, quand il voit cette même note *la* écrite.

Supposons maintenant que, toujours dans cette méthode, il s'agisse de passer à la gamme de do, se trouvant une quinte plus haut. On sait que pour cela on chante do-sol et qu'on appelle ensuite de cette intonation de sol, pour suivre une nouvelle gamme encore en do. Alors toutes les notes de même nom, et par conséquent le la, sont élevées d'une quinte. L'élève ne doit donc plus donner, pour un la qu'il voit cependant écrit à la même place que tout à l'heure, le même nombre de vibrations, mais un son plus élevé d'une quinte. Or, il ne peut, par analogie avec ce que fait la voix, et sans interrompre l'exécution, élever d'une quinte la corde à vide sol; il devrait donc s'arrêter et accorder de nouveau cette corde une quinte plus haut, ce qui n'est pas pratique, ne pouvant se faire instantanément comme il le faudrait, ni possible, puisque la corde se briserait n'étant pas établie pour ce registre, ni pour tous les autres qu'il faudrait de même obtenir. Le seul moyen serait alors de partir d'un point de la corde sol donnant un son plus élevé d'une quinte que le son de la corde à vide, et de faire, pour avoir le la, à partir de ce point, l'intervalle sol-la, qui donnerait le la cherché. Mais, d'abord, la main partant de ce sol ne se trouve plus dans la même position qu'en venant du sol à vide, ensuite l'écart des doigts pour faire sol-la n'est pas non plus ici le même que tout à l'heure, il est plus petit, de sorte que le mouvement de la main pour obtenir le la écrit au même point sur la musique est tout à fait différent dans les deux cas. En passant dans un autre ton, on aurait à s'habituer à un autre mécanisme pour ce même la. Il serait impossible enfin à l'élève de savoir que veut dire un la qui aurait ainsi autant de manières de s'exécuter qu'il y a de tonalités usitées. Il était donc indispensable de faire de ce signe *la* sur la musique un nombre de vibrations *constant*, afin que l'élève fût fixé de suite sur le mouvement à donner à ses doigts pour exécuter ce signe, et l'on sait combien il faut déjà de temps pour arriver aujourd'hui à la rapidité et à la sûreté de ce mouvement unique. Que serait-ce donc s'il y en avait un pour chaque tonalité à apprendre, surtout en songeant que ce que je dis de la se répéterait pour toutes les notes de la musique ?

La considération des intonations *absolues* et non *relatives* comme pour la voix, a donc été et restera toujours *indispensable*. C'est là pour le système en question le grand écueil, dont il ne sortira jamais, car il est dans la nature même des corps vibrants ; sans doute il apporte pour la voix une simplification réelle au système actuel, mais on ne saurait apprendre à lire la musique pour le chant, et s'assujétir à ne plus savoir lire quand on voudrait aborder les instruments.

Il était du reste évident, *à priori*, qu'une notation appropriée seulement à la voix ou à tout autre instrument jouissant de la propriété que nous avons signalée pour cette dernière, serait plus simple qu'une notation générale embrassant tous les instruments. Ceux qui sont un peu versés dans les sciences savent très-bien qu'une équation qui ne satisfait qu'à une condition particulière est plus simple que celle qui embrasse le problème dans son ensemble. Mais une notation musicale doit être une langue *générale* et directement applicable à tous instruments connus, comme à ceux qui pourraient survenir.

Ensuite, il y a une autre circonstance très-importante dont il est bon de dire un mot, et rendant le système de tonalité actuel, qui reste d'ailleurs le nôtre, beaucoup plus intéressant que celui de cette école, chantant il est vrai avec une tonique de hauteur variable, mais n'en restant pas moins toujours en do.

Quand on passe aujourd'hui de la tonique do par exemple à la tonique sol, on a, en laissant de côté les différences de commas que nous avons signalées dans l'ouvrage, deux échelles commençant l'une à do, l'autre à sol, mais qui, prolongées indéfiniment, ont toutes leurs notes communes, moins une, correspondant à fa pour le ton de do, qui devient fa♯ dans le ton de sol. Encore ce fa♯, sensible du ton de sol, n'est-il autre chose que le fa♯ accidentel du ton de do, du moins quand il est pris, non avec la méthode vicieuse actuelle, mais comme nous l'avons indiqué. De sorte que tous les éléments de la gamme de do sont les mêmes que ceux de la gamme de sol, les notes ont non-seulement le même nom, *mais représentent les mêmes nombres de vibrations;* la seule différence existe, dans la manière dont ils se groupent, au point de vue des relations, par rapport à la note do dans le premier cas et à la note sol dans le deuxième cas. Il suffit donc d'accuser par un moyen quelconque les relations par rapport à do pour être en do, par rapport à sol pour être en sol. C'est-à-dire que le compositeur a là à sa disposition un moyen d'attrait tout puissant, nous laissant un moment dans le doute sur la tonalité, pour l'affirmer ensuite dans un sens puis dans l'autre et ainsi de suite. La tonalité est pour ainsi dire toujours en mouvement, par un simple accord au lieu d'un autre, par une note même au lieu d'une autre, dans la succession ou dans l'harmonie, et cette facilité de transition tient uniquement à ce que les notes sont les mêmes dans les deux tonalités. Dans le système en question il ne saurait donc en être ainsi, puisque tous les éléments sont changés comme nombres de vibrations, *du moins correspondants aux mêmes noms de notes.* Cette sorte d'infiltration instantanée d'un ton dans un autre, permettant presque de se croire à la fois dans plusieurs tons, jusqu'à ce qu'on en affirme un par des résolutions de notes attractives, est donc propre au système actuel et a été caractéristique dans l'art musical d'un nouveau genre, qui y a apporté les plus grandes ressources. Cela a permis de faire passer notre musique d'abord de l'ordre unitonique à l'ordre transitonique, puis plus tard de ce dernier à l'ordre pluritonique, et enfin à l'ordre omnitonique, dans lequel nous sommes entrés en réalité aujourd'hui (1). C'est une évolution des plus intéressantes que n'aurait pas permis le système en question, et qui n'en resterait pas moins acquise au système musical actuel, avec nos procédés de lecture ou de notation même la plus générale.

Du reste là n'est pas d'ailleurs la grande différence avec notre méthode, ni le point capital, car ce système mesure également les intonations des notes, en les comparant à la note qui précède. L'unité de mesure n'en reste donc pas moins variable comme aujourd'hui, et la faute est toujours la même. Il réduit le problème à un cas particulier, aux intonations émises par la voix, mais voilà tout. Le point important de notre procédé, infiniment plus facile, est de prendre une unité de mesure constante, la tonique, et surtout une unité de mesure fatalement avantageuse, puisque les notes ont été acceptées dans la gamme uniquement parce qu'elles se mesuraient aisément au moyen de cette tonique, en donnant ainsi des intervalles agréables.

Telle est la distinction dont il nous a paru opportun de dire un mot, pour éviter, le cas échéant, toute fâcheuse comparaison avec notre procédé d'intonation si simple, quoique *général*, procurant en outre les avantages immenses annoncés dans l'Introduction et démontrés dans le courant de l'ouvrage.


## Étude de la mesure.


Nous venons de rappeler en quelques mots notre procédé si simple pour faire chanter, sans aucun changement de la notation musicale, non-seulement les intonations acceptées, mais même les plus inadmissibles aujourd'hui, faute de méthode convenable connue, en élargissant ainsi l'horizon musical.

Nous allons maintenant résumer également notre procédé si simple de l'étude des durées, dans son application immédiate à la notation usitée, dont il utilisera au moins toutes les ressources, en supprimant en outre toutes les difficultés actuelles des syncopes, si compliquées

---

(1) Pour plus de détails sur cette haute question, on peut recourir au célèbre professeur Fétis. (*Traité complet de la théorie et de la pratique de l'harmonie contenant la doctrine de la science et de l'art.*)

qu'on les imagine, en attendant qu'on soit amené tout naturellement
à adopter notre notation des durées, qui donnerait à la musique un
avenir tout nouveau et sans bornes, qu'on ne saurait soupçonner
aujourd'hui.

Comme un même nom do, par exemple, ne peut naturellement
être laissé exclusivement à une note quelle qu'elle soit, si l'on veut
que ce nom donne de suite l'idée exacte de sa durée, ce qui est indispensable pour une lecture facile et rapide, nous réserverons ce nom
do de la note pour la durée la plus petite du morceau; si l'on suppose
alors qu'elle soit la double croche par exemple, alors:

la durée de la ♪ sera très-bien reproduite par le nom Do

—                    —                    Do-é

—                    —                    Do-é-i-o

—                    —                    Do-é-i-o-B-é-i-o,

si nous restons, en prononçant Do, le temps minimum de la double
croche, et, sur chaque lettre é-i-o-B-é-i-o... un temps égal à la durée
minimum.

Le nom de la note représentera alors d'une manière mathématique
sa durée, et il se trouvera facilement, puisque les lettres e-i-o-B-é-i-o...
seront toujours les mêmes à la suite de chaque note et dans un ordre
constant bientôt retenu, en s'arrêtant quand la durée sera atteinte.

Les consonnes B-C-D-F...., suivies toujours des mêmes lettres é-i-o,
permettront d'embrasser, sans aucune difficulté de mémoire, les
durées pour ainsi dire indéfiniment grandes, comparées à la durée
minimum.

Le point qui suit les notes, quoique vicieux en principe, puisqu'il
démontre déjà surabondamment, par la nécessité qui s'est imposée d'une
notation toute différente, le vice d'une convention de signes qui
aurait dû se suffire à elle-même, en suivant le même principe de
représentation, étendu seulement au besoin, si elle avait été judicieusement établie, sera aussi mesuré exactement par la lettre A,
suivie des mêmes lettres e-i-o — B-e-i-o... en nombre suffisant.

Ainsi, dans le cas ci-dessus,

la croche pointée ♪·              se nommera              Do-é-A

la noire      —   ♪·              —              Do-e-i-o-A-é

Les silences suivront la même loi, et en désignant par Tu leur
plus petit élément de durée dans le cas actuel,

la durée du  quart de soupir  ♫ sera très-bien reproduite par Tu
—      demi-soupir  ♪      —      Tu-é
—    demi-soupir pointé ♪·      —      Tu-é-A
—      soupir  𝄽      —      Tu-é-i-o

On a vu, du reste, que les 2-3-4.... lettres ci-dessus n'ont jamais à intervenir, que si aujourd'hui déjà il faut diviser les durées en 2-3-4.... parties, ce qui est une opération d'une difficulté incomparablement plus grande. En outre, notre durée minimum pourra varier dans un même morceau, par un procédé très-simple indiqué dans la deuxième Partie, page 142 et suivantes, au moyen d'une véritable modulation des durées, analogue à la modulation actuelle des intonations dans les gammes modulantes, quand, pour une partie d'un morceau, la plus petite durée cessera d'être la même, afin de simplifier les appellations.

Comme cette méthode supprime absolument toute difficulté de syncope, tout ce qu'il y a à apprendre, c'est d'exécuter un temps sous toutes les formes usitées, puisqu'alors on n'aura plus qu'à répéter successivement tous les temps du morceau.

On a donc résumé non-seulement toutes les manières d'écrire aujourd'hui un temps, mais les 1095 que comporterait la notation dans les mesures usitées, si les procédés connus permettaient de les lire, en supposant que le temps pût être divisible même en huit parties, ce qui est bien au-dessus des besoins de la pratique actuelle. Elles ne présentent pour nous aucune difficulté, même sans recourir à notre procédé des modulations, rappelé ci-dessus.

On a réuni toutes ces variétés de la forme du temps en trois groupes d'exercices de mesure à la fin du volume, en passant en revue les différentes clefs, afin d'habituer à tout ce que l'on peut rencontrer comme forme. Ces trois groupes se réduiraient en effet au premier, sans la grave faute commise aujourd'hui et que nous avons également expliquée à la deuxième Partie, pages 165 et suivantes, de noter, par des signes différents, le temps dont les variations seraient beaucoup mieux représentées par un signe constant, grâce au métronome faisant connaître le mouvement, ainsi qu'on a déjà commencé à le comprendre par l'introduction de cet instrument.

« Voici maintenant comment devront s'étudier les trois groupes des Exercices de mesure.

» Afin de hâter les progrès de l'élève, on lui fera commencer l'étude des durées pour les deux premiers groupes en même temps que celle de l'intonation, à laquelle on ne saurait consacrer beaucoup de temps chaque jour, sans une fatigue dangereuse pour la voix, qu'il faut au contraire bien ménager. Seulement tant que l'élève ne sera pas capable de donner avec certitude l'intonation des notes, il se contentera de les prononcer, ou même de les appeler mentalement, quand il sera fatigué, ce qui lui permettra de travailler beaucoup plus longtemps dans la journée. Quant aux noms des notes, ils ne seront pas les noms actuels : do-re-mi-fa-sol-la-si, mais bien, en do par exemple, ceux ci-dessous, en lisant de bas en haut :

do — ré — mi — fa — sol — la — si
do — do — do — do — do — do — do

pour les deux premiers groupes qui ne contiennent que des notes naturelles, ne sortant pas même de l'accord parfait, afin que l'élève puisse se familiariser plus aisément avec la mesure, devant des intonations si faciles.

» Dans les commencements, au lieu de battre la mesure comme aujourd'hui, pour s'habituer à donner des durées bien égales aux éléments de durée, on fera un temps pour chacun de ces éléments de durée, et, afin de conserver le plus possible la concordance avec les temps actuellement frappés, on battra de la manière dite à quatre temps, quand le temps sera divisible en un nombre de parties, 2, 4, 8, etc., représenté par une puissance de 2, et à trois temps dans les autres cas.

» Ainsi les deux premiers groupes se commenceront comme ci-dessous en lisant toujours de bas en haut :

| TEMPS | | TEMPS | | TEMPS | |
|:---:|:---:|:---:|:---:|:---:|:---:|
| 1er  2e  3e  4e | | 1er  2e  3e  4e | | 1er  2e  3e  4e | |
| DO—é—MI—DO | | SOL—DO—é—MI | | MI—é—DO—é | |
| do    do  do | | do   do   do | | do    do | |

» On prononcera les syllabes superposées, sans laisser d'intervalle, comme un seul mot.

» En continuant l'étude du premier groupe, on aura à battre l'exercice suivant à trois temps, de la manière suivante :

| TEMPS | | TEMPS | | TEMPS | |
|:---:|:---:|:---:|:---:|:---:|:---:|
| 1er 2e 3e 1er 2e 3e | | 1er 2e 3e 1er 2e 3e | | 1er 2e 3e 1er 2e 3e | |
| MI-é-A-DO-é-SOL. | | MI-SOL-é-DO-MI-SOL | | MI-é-DO-é-A-SOL | |
| do      do      do | | do do    do do do | | do    do      do | |

en se rappelant que A est le nom du point, ou de la note liée ne se répétant plus, et qu'il peut, comme les notes, être suivi des lettres e-i-o, etc.

» Pour l'exercice où le temps est divisible en six parties, on lira :

TEMPS | TEMPS
1er 2e 3e 1er 2e 3e 1er 2e 3e 1er 2e  3e | 1er 2e 3e 1er 2e  3e 1er 2e 3e 1er 2e  3e
MI-é-i-o-A-é-DO-é-i-o-A-SOL | MI-é-i-o-SOL-é-DO-é-i-o-MI-SOL
do          do          do | do      do      do      do do

» L'étude des deux premiers groupes de mesure se continuera de la même manière, en s'habituant à bien donner, par des battements parfaitement égaux, la même durée à chacun des éléments composant les notes, dont les désignations s'obtiennent par des lettres toujours dans le même ordre, et que l'on devra s'habituer à voir écrites à la suite de la note. Ces formules indiquées, du reste, en tête des exercices, sont bien faciles à retenir, car c'est le nom de la note :

DO, par exemple, pour la plus petite durée;
DO – é              pour la durée double;
DO – é – A          pour la durée triple;
DO – e – i – o  pour la durée quadruple, etc.

» Ces appellations seront faites à haute voix, puis à voix basse, et enfin seulement senties, quand l'élève se trouvera fatigué.

» Pendant que l'élève se familiarisera ainsi avec les noms de ces éléments de durée suivant les différentes valeurs des notes, et s'habituera à donner à ces éléments des durées bien égales, les progrès en intonation arriveront, et alors, au lieu de nommer seulement les notes, il pourra les chanter, en conservant aux lettres qui suivent chaque note la même intonation et des durées égales, sauf à se borner à l'appel mental des lettres, quand il sera fatigué.

» Quand il saura bien ainsi les intonations, il se contentera de chanter la note, mais en pensant bien, avant d'émettre une note, à l'intervalle de la tonique avec cette note, dont l'appel mental doit continuer à se faire, et en donnant toujours aux lettres chantées leur durée exacte.

» Plus tard, quand il sera bien habitué à donner des durées égales aux différentes lettres, en les chantant, il se contentera, en chantant toujours les notes bien mesurées avec la tonique, de suivre par la pensée les lettres é-i-o — A-é, etc., qui ne doivent en définitive servir qu'à prolonger le son d'une durée convenable.

» Enfin il reprendra les deux premiers groupes, en battant la mesure comme aujourd'hui, et en ne chantant que le nom de la note, mais en n'émettant jamais, si avancé qu'il soit dans l'étude de l'intonation, une seule note, sans avoir bien entendu son intervalle avec la tonique, et sans avoir bien appelé mentalement les lettres exactement mesurées qui suivent la note chantée.

» Quand il possèdera bien ces deux premiers groupes, l'étude de l'intonation sera très-avancée, et il pourra passer à l'étude du troisième groupe, où les notes altérées sont multipliées avec intention.

» Il chantera d'abord sans battre aucune espèce de mesure, comme si les notes n'avaient pas de valeur précise, et en restant au besoin sur chaque note tout le temps nécessaire pour bien assurer l'intonation de la note suivante, les notes naturelles ou altérées, comme il est indiqué au chapitre des intonations.

» Quand l'élève possèdera bien ainsi l'intonation des notes même altérées, il chantera après les notes et avec la même intonation les lettres é-i-o, etc., en marquant, comme on l'a vu plus haut, les divers éléments égaux de durées, mais assez doucement pour bien conserver les intonations et assurer l'égalité des durées.

» Ainsi quand le temps sera divisible en 4 parties il commencera ainsi :

$$\text{RÉ-é-i-o-LA-é-A} - \binom{\text{fa-fa}}{\text{FEU}}\ \text{LA-é-SI-é} - \binom{\text{do-do}}{\text{DEU}} - \text{é} - \binom{\text{RÉ}}{\text{ré-ré}} - \text{MI}$$
ré       ré       ré    ré  ré    ré       ré     ré

$$\binom{\text{fa-fa}}{\text{FEU}} - \binom{\text{ré-ré}}{\text{REU}} - \text{é-A} - \binom{\text{SIE}}{\text{si-si}} - \text{LA-é} - \binom{\text{SIE}}{\text{si-si}}$$
ré       ré       ré    ré    ré

$$\binom{\text{LE}}{\text{la-la}} - \binom{\text{sol-sol}}{\text{SEU}} - \text{FA-é} - \binom{\text{BE}}{\text{ré-ré}} - \binom{\text{mi-mi}}{\text{MEU}} - \text{LA-DO}$$
ré     ré       ré    ré     ré     ré  ré

Etc.

» Plus tard il se contentera, en allant toujours très-doucement pour le frapper des éléments de durée, de penser aux lettres é-i-o — B-é-i-o, etc., sans les chanter.

» Enfin quand il sera bien familiarisé avec ces éléments d'égale durée et avec les intonations des notes naturelles et accidentées, il battra la mesure comme aujourd'hui, en allant d'abord extrêmement lentement, puis en augmentant peu à peu la vitesse, mais sans cesser de bien distinguer les intonations des notes et les différentes lettres qui les mesurent.

» Enfin il repassera journellement les trois groupes en battant la mesure comme aujourd'hui, et nommant seulement les notes, mais sans jamais émettre une note, *si avancé qu'il soit dans ses études*.

avant d'en avoir bien senti l'air avec la tonique, et sans avoir bien rendu mentalement les éléments de durée de la note chantée. »

Pour battre ainsi la mesure il y aura naturellement à chercher les points où finissent les temps. Supposons qu'il s'agisse d'une mesure à 4 temps, page 307, contenant 32 fois la plus petite durée; pour trouver la fin du premier temps, il faudra compter 8 éléments qui pourront, suivant les notes, se présenter sous un grand nombre de formes; par exemple 8 éléments successifs, ou 7 et 1 éléments, ou 6 et 2, ou 5, 2 et 1, etc. Cela donnerait lieu à des incertitudes incessantes, si l'on n'adoptait pas une manière invariable de compter ces éléments, par exemple 4 puis 4 pour les 8 du cas présent. Les nombres constants 4 et 3 seront très-bien choisis pour compter successivement ces éléments, selon que le temps sera divisible en 4 — 8 — 12 — 16..., ou 3 — 6 — 9 — 12 — 18... parties. Pour les 12 parties, il y aura ainsi 2 procédés, parce que 12 peut en effet correspondre à des quarts divisés en tiers ou à des tiers partagés en quarts. Mais à la seule inspection des notes pointées, le choix sera facile.

Cette recherche du point où se battent les temps, si bien marqué chez nous par l'émission d'une lettre, et si facilement trouvé par cette lecture successive de 4 ou 3 éléments, est au contraire aujourd'hui d'une difficulté la plupart du temps insurmontable, car ce point peut être à la moitié, au tiers, au quart, au septième, etc., d'une note, et est surtout invisible; aussi en est-on réduit à des répétitions fréquentes de la même forme, qui ne saurait même être abordée si elle n'était très-simple, à l'exclusion de tant de formes variées qui apporteraient de si grandes ressources en musique.

Pour la musique à plusieurs parties, au lieu de notes isolées et ainsi indépendantes de la mesure, on peut alors lire des accords, en comptant toujours par les mêmes lettres les derniers éléments de durée, tant que n'intervient pas une nouvelle attaque de notes, ou une interruption totale correspondant à un silence.

Mais si nous avons accepté que l'on battait tous les temps, c'était uniquement pour nous conformer aux habitudes, dans le cas où l'on y tiendrait absolument, car avec notre procédé cette regrettable nécessité ne s'impose plus; on marque seulement les mesures, comme à 2 temps, si l'on veut conserver notre frapper pour point de contrôle plus que suffisant avec nous, qui n'avons plus à chercher sur les notes des points de division invisibles.

*La mesure se réduit alors à émettre des éléments de notes d'une durée constante et égale à la durée minimum du mor-*

*ceau, et maintenus exactement à leur distance par un des airs
en paroles (é) (é-A) (é-i-o), etc., invariables, fort peu nombreux
et dès lors facilement appris une fois pour toutes, les lettres étant
aussi d'une durée constante et égale à la même durée minimum.*

Quelques méthodes récentes ont essayé de mesurer les valeurs des
notes soit par des chiffres, soit autrement, mais elles nous paraissent
sans avenir, donnant toutes lieu réellement à deux lectures parallèles : celle des intonations et celle des durées. Cela ne fait pas
corps pour ainsi dire comme chez nous, et l'on ne pouvait arriver à
cette condition indispensable d'une lecture unique et immédiate qu'en
mesurant successivement, non une note entière de durée variable,
mais bien la seule prolongation d'un élément de note constant.

Si cette méthode était acceptée généralement, on sentirait bientôt,
si ce n'est pour la musique de danse, ainsi que nous l'avons expliqué, que ce frapper est inutile même sur les barres de mesure, pour
des quantités toujours égales et se mesurant ainsi elles-mêmes si
facilement. Alors, au lieu de se borner à suivre pour les durées la
division par 2 ou par 3, en mettant les *forte* et les *piano* à des
places invariables correspondant à un nombre constant de petites
durées dans un temps, l'auteur écrirait ces éléments de durée simplement à la suite les uns des autres, selon ses inspirations, en
plaçant seulement, là où son génie les sentirait, mais librement, les
signes d'accentuation actuels ou autres, qui, en rendant l'expression
voulue, serviraient également de points de repère.

Ainsi apparaîtrait d'elle-même cette sorte de prose en musique,
donnant à l'artiste toute liberté pour rendre ses idées, en apportant
à cet art les avantages incalculables que nous avons laissé entrevoir
et dont auraient toujours été privées les littératures des différents
peuples, si elles étaient restées réduites à la versification.


## Etude des Instruments à clavier.


Nous avons vu quel parti on a tiré de cette similitude des gammes
dans tous les tons pour l'établissement de notre clavier, page 172, permettant, entr'autres avantages, de faire en *un an* les mêmes progrès
que dans *six ans*, en réduisant d'abord ces gammes à deux seulement
pour tous les tons, l'une commençant par une touche supérieure

et l'autre par une touche inférieure. Ainsi, à un point quelconque du clavier, trois touches supérieures et quatre touches inférieures font une gamme, en ajoutant naturellement l'octave ; de même trois touches inférieures et quatre touches supérieures donnent une gamme.

» Il y aura donc en tout deux doigtés pour les gammes majeures et deux pour les gammes mineures. Ce que je dis là ne s'applique pas seulement aux gammes simples, mais à tout ce qui doit se faire dans tous les tons, aux gammes à double note en tierces, en sixtes, etc., aux accords, aux arpéges, à tous les exercices sans exception, à tous les traits possibles et enfin à l'étude du clavier en général.

» Cela est de la plus haute importance, car on sait qu'il est indispensable, pour arriver à une bonne exécution sur l'instrument, qu'une série quelconque de notes, gammes, accords, exercices, traits, etc., soit familière à l'exécutant, non-seulement dans un ton, mais dans tous sans exception, puisque ce sera peut-être dans le seul ton négligé qu'il rencontrera cette série, dont la difficulté sera même très-variable d'un ton à un autre, en allant quelquefois jusqu'à l'impossibilité, qui ne peut se présenter chez nous.

» L'exécution de la gamme chromatique est de la dernière simplicité ; elle se fait avec le troisième doigt en haut et le pouce en bas, c'est-à-dire avec les deux meilleurs doigts.

» Ainsi le clavier proposé réduit la difficulté des gammes dans le rapport de *six* à *un*, c'est-à-dire que l'élève accomplirait, sans casse dans *un jour*, le travail qu'il fait aujourd'hui dans *six*.

» Si l'on veut encore mieux se rendre compte de la différence des deux claviers, supposons que sur l'un et l'autre, deux enfants aient étudié les deux premières gammes de do majeur et de sol majeur, et qu'ils n'aient jamais appris que cela en musique depuis plusieurs années, mais qu'ils fassent alors ces gammes avec la plus grande habileté. C'est évidemment une hypothèse dans l'intérêt de la démonstration, mais ayant un sens réel. Si l'on demande à celui qui a appris sur le clavier actuel d'exécuter une autre gamme majeure quelconque, re, la, mi, si, fa♯, do♯, fa, si♭, mi♭, la♭, ré♭, sol♭, do♭, cela lui sera absolument impossible ; il devra étudier chacune d'elles, comme il avait appris les deux premières. Sur notre clavier, l'enfant non-seulement fera de suite toutes ces gammes sans les avoir jamais vues, mais elles seront dans ses doigts exactement comme les deux premières do et sol, et il les exécutera avec la *même habileté*, sans la moindre différence.

» Après ce que je dis là, et qu'on pourra constater quand on le voudra, il me semblerait déjà oiseux d'insister sur la comparaison entre les deux claviers. »

On a fait voir ensuite que l'élève retrouve cette même simplification dans les gammes à double note, en tierces, en sixtes..., dans les accords, les arpéges, les exercices quelconques, les traits, en un mot, dans toute l'étude du clavier.

Il ne s'agit là naturellement que de l'exercice des doigts, mais on sait quelle importance il a dans cet instrument. Pour apprendre à lire les notes dans tous les tons, on varierait naturellement ces derniers pour les passer tous en revue, en se bornant toujours, pour chaque nature d'exercices, à deux tons ayant pour tonique, l'un une touche blanche, l'autre une touche supérieure, et ce travail dans deux tons dispenserait de l'étude dans tous les autres tons, tout-à-fait obligatoire aujourd'hui.

Notre clavier diffère peu, du reste, du clavier actuel, et l'on sera bientôt familiarisé avec lui, si l'on fait la remarque suivante :

« Les sept dernières notes de fa à si, d'un do au suivant, sont exactement comme sur le clavier actuel; quant aux cinq premières, elles ne sont même changées que d'après une loi très-simple ; les trois touches blanches du clavier actuel do-re-mi, qui sont en bas aujourd'hui, sont passées en haut et dans le même ordre, en devenant noires avec un liseré blanc ; les deux touches noires do♯ et re♯, ont, au contraire, été portées en bas et rendues blanches ; ainsi le système $a\,\dfrac{do♯-re♯}{do-re-mi}\,b$ est devenu $a\,\dfrac{do-re-mi}{do♯-re♯}\,b$, c'est-à-dire que les deux groupes de touches do-re-mi et do♯-re♯ ont fait une demi-révolution autour d'une ligne milieu $a-b$. Ce changement est donc bien facile à retenir et est du reste peu considérable. C'est même cela qui nous a déterminé à placer le do sur une touche du haut. En le laissant sur une touche blanche, comme aujourd'hui, les cinq premières notes do-re-mi et do♯-re♯ seraient, il est vrai, restées comme dans le clavier actuel, mais les sept autres auraient changé de place, de sorte qu'il y aurait eu sept touches sur douze, au lieu de cinq, placées autrement que sur le clavier actuel.

« Voici maintenant un avantage assez sérieux résultant de l'uniformité de notre clavier, et qui sera sans doute apprécié des accompagnateurs. Supposons qu'un artiste sache par cœur un morceau quelconque, il pourra le jouer instantanément un, deux, trois tons plus haut ou plus bas, sans la moindre attention ni sans préoccupation et avec la même perfection. Prenons en effet seulement trois notes, et

supposons que la musique écrite soit do-re-mi par exemple, il devra
alors toucher trois notes supérieures et successives; mais s'il veut
monter de un, deux ou trois tons, il devra frapper re-mi-fa$\sharp$, mi-
fa$\sharp$-sol$\sharp$, fa$\sharp$-sol$\sharp$-la$\sharp$, or il est facile de s'assurer sur la figure que
l'exécution sur notre clavier se fera encore sur trois touches supé-
rieures successives; s'il veut baisser de un, deux ou trois tons, il
devra prendre si$^\flat$-do-re, la$^\flat$-si$^\flat$-do, sol$^\flat$-la$^\flat$-si$^\flat$, les trois suites se
feront encore, comme les trois précédentes, sur trois notes succes-
sives supérieures, c'est-à-dire que toutes ces suites transposées s'effectueront absolument comme la première suite en do. J'ai supposé
seulement trois notes, mais il en serait de même quelle que fût
l'étendue du morceau; cela résulte évidemment de l'identité des
gammes dans tous ces tons, et l'on peut du reste s'en assurer, en
le vérifiant sur le clavier A pour un morceau quelconque. Il suffit
toujours d'exécuter le morceau absolument comme en do, en partant seulement comme première note d'une touche un, deux, trois
tons plus haut, ou un, deux, trois tons plus bas, que celle servant
de point de départ en do, selon la transposition à effectuer. Il en
serait évidemment de même si le morceau appris par cœur et à élever
ou à abaisser était écrit dans un autre ton quelconque de départ que
do. Cet avantage me semble de nature à être apprécié des accompagnateurs.

« Il n'est parlé il est vrai que de la transposition par ton, mais elle
sera généralement suffisante; le chanteur, pouvant ici choisir entre
le ton écrit et le ton supérieur ou le ton inférieur, aura généralement
assez de latitude pour rester dans les limites de la voix. »

Si l'élève ne sait pas le morceau par cœur, il emploie notre transpositeur, où un simple coup de pédale fait disparaître un liseré blanc
sur la première touche de chaque groupe de trois touches ayant un
liseré qu'elle rend ainsi complètement noire, pendant qu'il fait apparaître, au contraire, ce liseré blanc sur la première touche de chaque
groupe de trois touches noires. Les deux groupes par octave de
trois touches supérieures noires ou à liseré blanc se transportent
donc l'un et l'autre pour ainsi dire d'un rang vers la droite. Or, le
do est pour nous toujours la première des trois touches supérieures
du groupe portant un liseré blanc, puisque c'est ainsi que nous
lisons notre instrument, par conséquent, le clavier n'ayant pas
bougé, do donne le son que donnait re avant le mouvement. Notre
clavier *procédant d'ailleurs par demi-ton d'une note à la suivante,* toutes les notes sont alors également élevées d'un ton,

c'est-à-dire que le morceau que joue l'exécutant est un ton plus haut. Chaque coup de pédale transpose d'un nouveau ton, et l'on obtient ainsi, par six coups de pédale successifs, les sept formes du clavier, pages 172 et 173, dont on fait alors, pour ainsi dire, le tour, en transposant dans tous les tons. Un bouton, dans le genre de ceux qui sont employés dans l'harmonium, permet même de changer le sens du mouvement, se faisant ainsi partie à droite, partie à gauche, ce qui est plus commode dans la pratique.

Le tout est obtenu par de petits cylindres noirs et blancs, tournant dans une cavité ménagée dans les touches noires, et présentant à une rainure supérieure, soit leur partie noire, en laissant ainsi la touche toute noire, soit leur liseré blanc. Ces petits cylindres sont mis en mouvement par un grand cylindre horizontal caché dans la caisse du piano, et que fait tourner la pédale. On a expliqué comment on tient compte des demi-tons.

On a montré ensuite comment ce transpositeur permettrait, dans l'avenir, de n'écrire la musique qu'avec un seul accident au plus à la clef, et de l'exécuter cependant dans tous les tons, absolument comme aujourd'hui, ce qu'aucun transpositeur, avec le clavier actuel, transposât-il dans tous les tons, ne pourrait donner, le clavier ayant *nécessairement* à subir un déplacement, qui n'existe pas avec notre système.

« Un autre avantage de notre clavier, c'est que tous les doigtés sont bons dans l'exécution d'un morceau. Si aujourd'hui, après être arrivé à mettre le troisième ou le quatrième doigt de la main droite par exemple, se dirigeant à droite, sur une touche blanche, on a besoin ensuite de tous les doigts pour un trait commençant par une touche noire, il faut, pour que le pouce puisse se placer sur la touche noire, que la main fasse un saut disgracieux qui nuirait du reste à la rapidité de l'exécution et qui est proscrit avec raison. L'exécutant doit donc chercher, pour ce qui précède, un autre doigté qui ne conduise pas au troisième et au quatrième doigt et par suite à ce mauvais passage du pouce ; quand il l'a trouvé pour l'endroit indiqué, il se rencontre bientôt un autre moment où le même inconvénient se représente pour ce passage du pouce, et alors le second doigté accepté est encore à modifier tout entier par un troisième qui reste plus tard à abandonner à son tour, jusqu'à ce qu'il soit assez heureux pour découvrir un doigté évitant enfin tous ces écueils successifs. On est donc ainsi par le fait constamment à la recherche d'un doigté.

» Sur notre clavier, il n'en est pas de même, parce que le troisième

et le quatrième doigts peuvent se placer sur les touches blanches
non plus en avant des touches noires, mais entre ces dernières, où
elles ont autant de facilité pour se mouvoir qu'en dehors de ces touches sur le clavier actuel, en raison de notre vide entre les touches
noires. Mais alors le passage du pouce sur une touche noire, rejeté
avec raison aujourd'hui quand le troisième ou le quatrième doigt est
sur une touche blanche, est au contraire très-facile chez nous, car
le pouce est tout prêt à se mettre sur la touche noire, grâce précisément à sa moindre longueur. Il n'a pas de mouvement à faire, et
se pose tout naturellement. Le passage du pouce dans ces conditions
est même plus facile que sur une blanche, quand le troisième ou le
quatrième doigt est déja sur une blanche, comme dans la gamme de
do actuelle par exemple, où les enfants ont une si grande tendance à
baisser la main vers le petit doigt pour passer le pouce, tendance
qui ne saurait exister dans le cas indiqué sur notre clavier. Alors
quand on aura besoin des cinq doigts pour un trait, on passera tout
simplement le pouce, quelle que soit la position précédente, de sorte
qu'on n'aura jamais à repousser un doigt. Ils seront tous bons.

» Si l'on compare également la transposition donnée par ce clavier,
avec les essais tentés aujourd'hui sur le clavier actuel, il sera facile
de se rendre compte de l'infériorité complète de ce dernier.

» En effet, tous les transpositeurs actuels déplacent le clavier, de
sorte que les marteaux ne frappent plus sur les mêmes cordes. Or
tout le travail si important de l'*égaliseur* consiste à régler la distance de chaque touche à son marteau, de manière que tous les sons
aient la même intensité, et il arrive à ce résultat au moyen de vis
de rappel spéciales pour chaque touche, permettant de l'éloigner ou
de la rapprocher du marteau. Si donc une touche a été réglée pour
un marteau, il est évident qu'elle ne l'a pas été pour le suivant, sans
cela on n'aurait pas eu besoin de vis de rappel pour chacune, de
sorte qu'après le déplacement du clavier, les sons cessent d'avoir
la même intensité; c'est-à-dire que l'instrument est dans des conditions inadmissibles pour des oreilles délicates. Aussi ces transpositeurs
sont-ils peu appréciés des vrais artistes. En outre, si un habit ou
une robe vient à porter sur une touche, pendant le transport du clavier, et la fait baisser, le marteau se casse et l'instrument se trouve,
au moment le plus utile, mis hors de service. Ce sont deux inconvénients graves, qui disparaissent évidemment avec notre clavier,
puisqu'il reste fixe dans la transposition. »

On a démontré, en outre, que l'artiste a le même avantage que l'élève à l'adoption de ce clavier, puisqu'il obtient la même réduction de travail pour tous ses exercices journaliers, qu'il doit, comme on le sait, répéter *sans cesse dans tous les tons*, s'il veut réellement progresser, ou au moins ne pas perdre comme exécution, et qu'une foule de traits impossibles aujourd'hui sur le clavier actuel, deviendraient, au contraire, très-faciles sur le nôtre.

Il apporterait ainsi, après un travail de quelques jours seulement pour se mettre au courant de ce clavier un peu différent, des ressources toutes nouvelles au pianiste, dont la force serait même considérablement augmentée, ainsi que l'expérience en a été faite à Lyon, comme nous l'avons dit, dans un grand concert, par un artiste qui, en raison même de sa grande habileté sur le clavier actuel, aurait pu craindre de ne pas changer si facilement ses habitudes.

Ce clavier se substitue en deux minutes à l'autre sur tous les pianos actuels, qui pourraient même avoir les deux disposés l'un au-dessous de l'autre et en sens inverse, et se présentant à volonté sous la main de l'exécutant, par un simple mouvement de bascule.

Enfin, nous avons, au besoin, indiqué la construction d'un clavier portatif, très léger, de notre système que nous avons établi, et qui, s'adaptant instantanément par deux vis sur les claviers actuels, permettrait aux artistes de profiter déjà de ses avantages, en attendant patiemment son adoption générale.

« Mais je pense que la transition serait immédiate, si quelques artistes commençaient à s'y mettre, car tout y est beaucoup simplifié, et un grand nombre de traits et de passages absolument *impraticables* sur le clavier actuel deviendraient non-seulement exécutables sur notre clavier, mais encore d'une extrême facilité. Que de ressources donneraient, par exemple, les gammes à double note, en sixtes, si harmonieuses, qui peuvent se faire ici dans tous les tons avec la rapidité des gammes simples.

» Si alors un compositeur habile et heureusement doué, ayant adopté ce clavier, venait à écrire quelques morceaux faisant sensation et inexécutables sur le clavier actuel, les artistes ne voudraient pas, je le suppose, reconnaître devant les personnes qui leur demanderaient de jouer ces morceaux, que c'est le talent d'exécution qui leur manque! N'aimeraient-ils pas mieux avouer enfin que c'est leur instrument qui est inhabile! Dès lors le clavier actuel serait jugé et ferait immédiatement place au nôtre. Il est, du reste, bien difficile

d'admettre que l'on persiste à prendre indéfiniment une route si
pénible et si longue, quand nous offrons, en le prouvant, un chemin
six fois plus court pour l'élève et donnant en peu de jours à l'artiste
également le même bénéfice de temps pour ses exercices journaliers
à répéter dans tous les tons, en lui apportant en outre des ressources
toutes nouvelles et si grandes. Je crois avoir ainsi démontré clairement que la transition ne se ferait pas longtemps attendre si quelques
artistes voulaient bien commencer par profiter eux-mêmes des avantages de ce clavier que nous avons indiqués, en en omettant beaucoup d'autres qui auraient été moins facilement saisis par des
personnes n'en ayant pas encore l'habitude, mais qui se comprendraient bientôt. Les familles également se résigneront-elles à laisser
toujours les enfants travailler six fois plus de temps, pour obtenir un
résultat moindre, et ne vaudrait-il pas mieux pour tous profiter de
cette réduction de peine pour pousser plus loin l'étude d'un art qui
n'a pas de limites, mais qui devient d'autant plus attrayant qu'on est
plus initié à ses secrets?

» Les avantages obtenus par notre clavier peuvent, en effet, se
résumer ainsi :

» 1° *Étude des instruments à clavier, réduite à
un temps 6 fois moindre;*

» 2° *Travail de l'artiste, réduit également à un
temps 6 fois moindre pour tous ses exercices
journaliers;*

» 3° *Jeu de l'artiste, rendu beaucoup plus brillant,*
après quelques jours de travail pour se mettre au courant du nouveau clavier, *qui est portatif au besoin;*

» 4° *Transposition immédiate dans tous les tons,*
*et sans aucun déplacement du clavier;*

» 5° *Réduction des accidents de la clef à un seul* au plus,
sans nuire cependant à l'exécution de la musique dans tous les tons,
si l'on consent à ne pas l'écrire dans les tons dont l'armure est plus
chargée. »

Obtenus au moyen d'une légère modification du clavier
et sans aucun changement de
notation musicale.

# CONCLUSION

Ici se termine l'exposé de ce que nous avions annoncé dans l'Introduction. On a vu à quels résultats nous sommes arrivé par la seule puissance du raisonnement et l'unique secours des faits acquis à la science.

Faisant abstraction de toutes connaissances musicales, pour partir même de l'ignorance la plus complète en la matière, nous avons indiqué le meilleur système musical, c'est-à-dire le plus satisfaisant pour notre organisation, le plus agréable enfin, ce qui est évidemment le véritable but à atteindre dans un art d'agrément.

Nous avons ensuite présenté le meilleur mode d'*écriture* et le procédé de *lecture* le plus simple tant sous le rapport de *l'intonation* que sous celui de la *mesure des durées*, permettant dans leur ensemble d'étendre dans des proportions inouïes le domaine de l'art musical.

Nous avons examiné les causes influant sur la qualité des différents accords et un moyen sûr de reconnaître *à priori* la valeur de chacun d'eux, ainsi que les conditions de leur meilleur emploi.

Acceptant ensuite pour le moment la notation musicale actuelle avec ses vices et ses nombreuses lacunes, nous avons cherché ce que l'on pourrait en tirer par l'application immédiate de nos procédés. Nous avons alors montré qu'ils apporteraient déjà, en dehors de ce que nous avons enfin précisé en harmonie, une simplification immense, tant pour l'étude de l'intonation et de la mesure que pour la pratique des instruments, en permettant du moins d'utiliser toutes les ressources de l'écriture en usage.

Ainsi en intonation, au lieu d'un nombre d'intervalles à apprendre pour ainsi dire infini, comme nous l'avons démontré, et d'une difficulté le plus souvent au-dessus des facultés humaines, on se trouve réduit à l'étude de 8 airs en paroles de deux notes de la plus grande simplicité, conduisant à déchiffrer, dans un délai insignifiant, à première vue et avec la plus grande exactitude, non les quelques cas simples seuls permis aujourd'hui, mais les intervalles les plus compliqués qu'on puisse imaginer, et *souvent agréables*, comme pouvait du reste y amener toute méthode judicieusement conçue, devant en effet permettre de *tout* lire, et facilement.

Qu'a-t-il fallu pour cela? Il a suffi de se rappeler que les notes n'ont été admises dans notre système musical qu'à la condition de faire *un intervalle agréable et par conséquent simple avec la tonique* qui était, dès lors, bien indiquée comme l'unité de mesure des intonations, puisqu'elle restait ainsi constante, sans parler même de son importance en musique où son souvenir est déjà si justement recommandé, au lieu d'être sans cesse variable comme aujourd'hui en déduisant les intonations de l'intervalle avec la note précédente. Quant à l'artiste, rompu déjà à des exercices nombreux et bien plus difficiles d'intonation, on comprend ce que seraient pour lui 8 petits airs à apprendre de deux notes qui, à l'exception de deux, lui sont déjà familiers, ainsi que la petite habitude à prendre pour supposer constamment une tonique sous chaque note, mais combien il serait récompensé de ce petit effort de quelques jours, en ne trouvant plus absolument rien d'inchantable.

Au point de vue de la mesure, nous avons voulu que le nom de la note eût un sens réel et représentât alors sa véritable durée, en apportant fatalement des simplifications, comme tout ce qui fait image, et mettant enfin un terme à toutes les incertitudes actuelles de syncope ou autres.

Qu'a-t-il fallu pour cela? Il a suffi de ne pas oublier que la *division* incessante des durées, à laquelle on s'est bien gratuitement condamné, en la bornant même forcément à quelques cas simples, est l'opération la plus difficile pour l'esprit et la plus incertaine, tandis que l'*addition*, au contraire, ne présente absolument aucun embarras, dans toute sa généralité et en dehors même de notre modulation des durées, surtout quand il s'agit de quantités égales, bien distinguées cependant par des lettres différentes pour éviter la confusion et rangées dans un ordre constant, afin que l'hésitation ne soit jamais permise. L'artiste, avec ses habitudes de mesure, serait également de suite rompu à quelques lignes seulement à apprendre, comme un morceau nouveau simplement, mais précisant alors d'une manière invariable tout ce qu'il pourrait rencontrer ensuite, même quand on arriverait un jour à toute l'extension que permet notre procédé, et dont il tirerait ainsi un si grand profit.

A l'égard des instruments, chaque ton demande aujourd'hui un travail différent pour les doigts, ce qui rend leur étude et fastidieuse et d'une longueur désespérante. Nous avons réduit la peine de l'élève comme le travail journalier de l'artiste à un temps six fois moindre pour l'étude des instruments à clavier, en indiquant le moyen de faire jouir du même avantage les autres instruments, permettant ainsi à tous, comme on l'a vu, d'arriver à une habileté qui leur aurait toujours été refusée sur le clavier actuel, et leur apportant en outre un transpositeur *dans tous les tons sans déplacement du clavier*, donnant en outre le moyen, quand on le voudra, de n'écrire la musique qu'avec un seul accident au plus à la clef, tout en l'exécutant dans tous les tons, absolument comme aujourd'hui.

Qu'a-t-il fallu pour cela? Il a suffi de songer que les gammes, dans tous les tons, ne sont jamais qu'une *série identique d'intervalles successifs*, reproduisant partiellement une même suite générale, de douze sons par octave pour les instruments tempérés, et ne devant pas, dès lors, demander un travail nouveau pour chacun d'eux, si l'on dispose les moyens d'attaque des notes d'une manière judicieuse et reproduisant pour les doigts cette même similitude. Nous avons vu également qu'il ne s'agit pas seulement pour l'artiste de retrouver sa force habituelle par un travail de quelques jours, ce qui le ferait peut-être hésiter, mais bien d'arriver, comme on l'a constaté avec succès dans un grand concert, à une habileté beaucoup plus grande, sur un clavier ouvrant aux instruments un champ tout nouveau et fertile.

Nous croyons avoir ainsi rempli largement le programme annoncé, aussi espérons-nous que l'on ne continuera pas à perdre *dans un travail mécanique et fastidieux*, si facilement réduit dans des proportions inouïes par nos procédés, un temps qui serait plus agréablement employé à étudier et à étendre les véritables beautés d'un art si séduisant et sans limites.

Ainsi, sous tous les côtés de l'art musical, on peut compter, pour l'élève, sur une simplification fabuleuse; pour l'exécutant, sur la même réduction de travail journalier, avec une habileté beaucoup plus grande; et pour tous, exécutants ou non, sur une extension pour ainsi dire indéfinie de l'horizon musical. Voilà ce que nous présentons. *Que les familles et les artistes apprécient et jugent!*

# EXERCICES.

## INTONATION. — MESURE.

# INTONATION

Toute la question, en intonation, est évidemment de passer d'une
note à la suivante. Or les si grandes difficultés actuelles tiennent
uniquement à ce qu'on veut déduire l'intonation d'une note de son
intervalle avec la précédente, car, cette dernière changeant nécessairement, on est ainsi condamné à une unité de mesure sans cesse
variable. Cela conduit, en tenant compte de toutes les considérations
que nous avons développées, à l'obligation d'apprendre un nombre
d'intervalles à peu près infini, et dont le plus grand nombre sont
d'une complication tout-à-fait au-dessus de nos aptitudes humaines.

Mais, les notes n'étant acceptées dans un système musical qu'à la
condition de faire avec la tonique des intervalles agréables et par
conséquent très-simples, cette dernière était tout naturellement indiquée pour servir d'unité de mesure, qui, étant alors constante, devait
évidemment laisser tout dans la plus grande simplicité. C'est à cette
tonique que nous avons eu recours, et il y a même lieu d'être on ne
peut plus surpris que l'on ait pu songer un seul instant à chercher
ailleurs l'unité de mesure pour les intonations. Nous avons ainsi
seulement 8 airs de 2 notes à apprendre et des plus simples, si compliqués que puissent apparaître les intervalles de 2 notes successives,
car tout procédé de lecture judicieusement conçu ne doit pas se
borner, comme aujourd'hui, aux cas simples, mais bien permettre
de *tout* lire, et facilement.

(Voyez dans le texte, chapitre premier, deuxième Partie, ou à
l'Appendice : Étude de l'Intonation.)

## EXERCICE PRÉLIMINAIRE.

La mesure dans l'exercice ci-après n'est pas indiquée, afin qu'on
ne soit préoccupé que de l'intonation. On doit seulement s'habituer,
en restant tout le temps utile sur une note, à bien conserver le souvenir de la tonique, et celui de son intervalle avec la ronde qui la
suit. Cet exercice ne se continue pas journellement, et cesse quand
on commence les suivants.

# EXERCICE PRÉLIMINAIRE.

## EXERCICES JOURNALIERS

On ne devra jamais émettre, dans un ton quelconque, si avancé
que l'on soit dans l'étude de l'intonation, un re, un re#, un re♭, par
exemple, sans avoir appelé mentalement, et parfaitement entendu, avec
la tonique supposée écrite sous chaque note, l'*air* de deux notes, ou
les *2 airs* successifs de deux notes ci-dessous :

| Pour re<br>l'air | Pour re#<br>les deux airs | Pour re♭<br>les deux airs | Selon qu'on<br>est dans les<br>tons : |
|---|---|---|---|
| (do -ré) | (do -ré) (ré-ré) | (do -ré) (ré-reu) | do |
| (sol-ré) | (sol-ré) (ré-ré) | (sol-ré) (ré-reu) | sol |
| (ré -ré) | (ré -ré) (ré-ré) | (ré -ré) (ré-reu) | re |
| (la -ré) | (la -ré) (ré-ré) | (la -ré) (ré-reu) | la |
| (mi-ré) | (mi-ré) (ré-ré) | (mi-ré) (ré-reu) | mi |
| (si -ré) | (si -ré) (ré-ré) | (si -ré) (ré-reu) | si |
| (fa -ré) | (fa -ré) (ré-ré) | (fa -ré) (ré-reu) | fa# |
| (do -ré) | (do -ré) (ré-ré) | (do -ré) (ré-reu) | do# |
|  |  |  |  |
| (fa -ré) | (fa -ré) (ré-ré) | (fa -ré) (ré-reu) | fa |
| (si -ré) | (si -ré) (ré-ré) | (si -ré) (ré-reu) | si♭ |
| (mi-ré) | (mi-ré) (ré-ré) | (mi-ré) (ré-reu) | mi♭ |
| (la -ré) | (la -ré) (ré-ré) | (la -ré) (ré-reu) | la♭ |
| (re -ré) | (ré -ré) (ré-ré) | (ré -ré) (ré-reu) | re♭ |
| (sol-ré) | (sol-ré) (ré-ré) | (sol-ré) (ré-reu) | sol♭ |
| (do -ré) | (do -ré) (ré-ré) | (do -ré) (ré-reu) | do♭ |

La mesure, dans les exercices ci-après, n'est pas indiquée, afin
qu'on ne soit préoccupé que de l'intonation.

(Voyez dans le texte, chapitre premier, deuxième Partie, ou à
l'Appendice : Étude de l'Intonation.)

## EXERCICES JOURNALIERS.

1re Partie
2e Partie
1re Partie
2e Partie
1re Partie

2e Partie
1re Partie
2e Partie
1re Partie
2e Partie

1re Partie
2e Partie
1re Partie
2e Partie

1re Partie
2e Partie
1re Partie
2e Partie

1re Partie
2e Partie
1re Partie
2e Partie

1re Partie
2e Partie
1re Partie
2e Partie

# INTERVALLES.

Il n'est pas indispensable de répéter, tous les jours, les intervalles résumés ci-après, et ils ne sont même écrits que dans le ton de do, un certain nombre étant peu ou même tout-à-fait inusités aujourd'hui, mais seulement à défaut de procédé permettant de les chanter, car avec le nôtre, qui les donne on ne peut plus facilement, on constate qu'un assez grand nombre, même parmi les plus inconnus, sont plus agréables que quelques-uns de ceux qu'on emploie journellement.

Ils sont présentés pour donner une idée de la facilité de notre procédé de lecture, jusqu'à ce qu'on comprenne l'avantage qu'il y aurait à ne rien exclure de la musique, où tout, là comme dans un art quelconque, peut avoir un emploi souvent fort heureux.

(Voyez dans le texte, chapitre IV, deuxième Partie).

Les 420 premiers intervalles supposent qu'on n'accepte qu'un dièse et qu'un bémol pour les notes.

Les 588 premiers correspondent à des intervalles réels dans notre échelle musicale, en admettant les accidents doubles.

Enfin les 1190 sont relatifs au cas où toutes les notes pourraient avoir un accident double, en ayant recours aux modulations passagères fort éloignées.

## INTERVALLES.

420

588

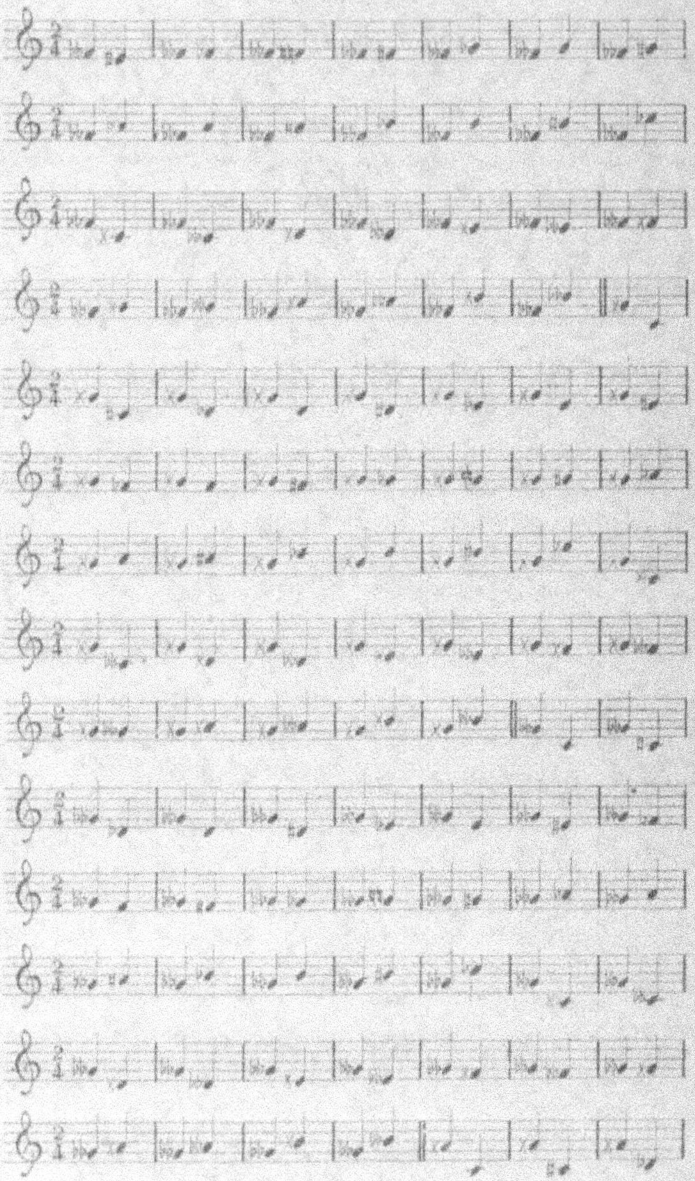

1190

# MESURE.

## EXERCICES JOURNALIERS.

L'intonation de la note se trouve comme il est expliqué, chapitre Iᵉʳ, deuxième Partie, pages 112 et suivantes, ou à l'Appendice, Étude de l'Intonation, pages 215 et suivantes.

Le nom de la note ou du silence est réservé exclusivement à la plus courte durée, quel que soit le nombre de parties dans lesquelles le temps est divisible. Les autres durées sont exprimées par les noms indiqués, selon le cas, en tête des exercices, de manière que le nom de la note ou du silence représente toujours la durée exacte, en donnant à toutes les lettres de prolongation une durée égale à cette durée minimum.

Les exercices de mesure s'étudient, du reste, comme il est expliqué dans le texte, chapitre VII, deuxième Partie, pages 154 et suivantes, ou à l'Appendice, Étude de la Mesure, pages 227 et suivantes.

On lit par 1,2... mesures, puis par 1,2... lignes. Si l'on était embarrassé par quelques silences éloignés avec intention, pour habituer plus tard aux longues périodes, on aviserait sans peine, chaque barre terminant un des membres de phrases possibles comme mesure.

## 1ᵉʳ GROUPE

### Considérons la note DO par exemple

Temps divisible en 2 parties :
pour 1 élément de durée ou la forme, on prononcera Do
pour le temps entier ou 2 éléments . . . . . . Do-é

Temps divisible en 3 parties :
pour 1 élément de durée de la forme, on prononcera Do
2 éléments . . . . . Do-é
pour le temps entier ou 3 . . . . . Do-é-A

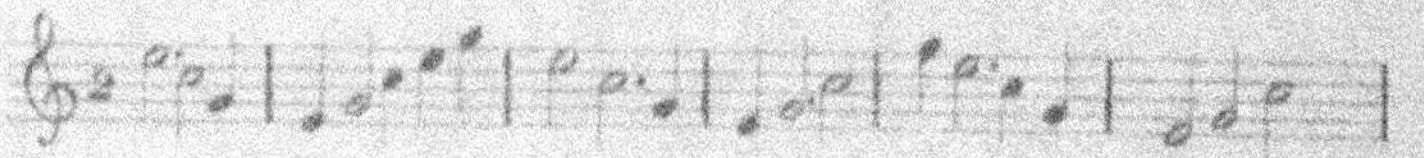

Temps divisible en 4 parties :
pour 1 élément de durée de la forme, on prononcera Do
2 éléments . . . . . Do-é
3 . . . . . Do-é-A
pour le temps entier ou 4 . . . . . Do-e-i-o

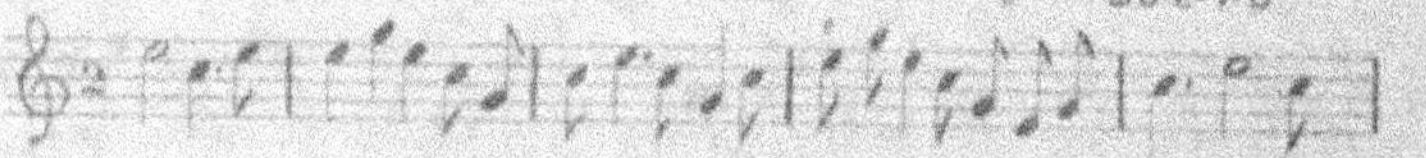

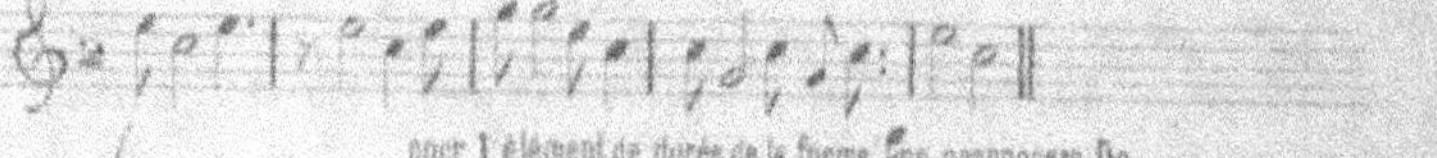

Temps divisible en 6 parties :
pour 1 élément de durée de la forme, on prononcera Do
2 éléments . . . . . Do-é
3 . . . . . Do-é-A
4 . . . . . Do-e-i-o
pour le temps entier ou 6 . . . . . Do-e-i-o-A
. . . . . Do-e-i-o-A-é

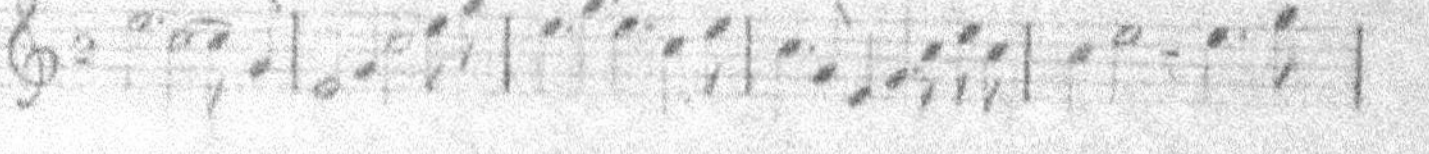

Temps divisible en 8 parties
pour 1 élément de durée de la forme on prononcera Do
2 éléments .. Do-é
3 Do-é-A
4 Do-é-i-o
5 Do-é-i-o-A
6 Do-é-i-o-A-é
7 Do-é-i-o-A-é-A
pour le temps entier ou pour 8 Do-é-i-o Bé-i-o

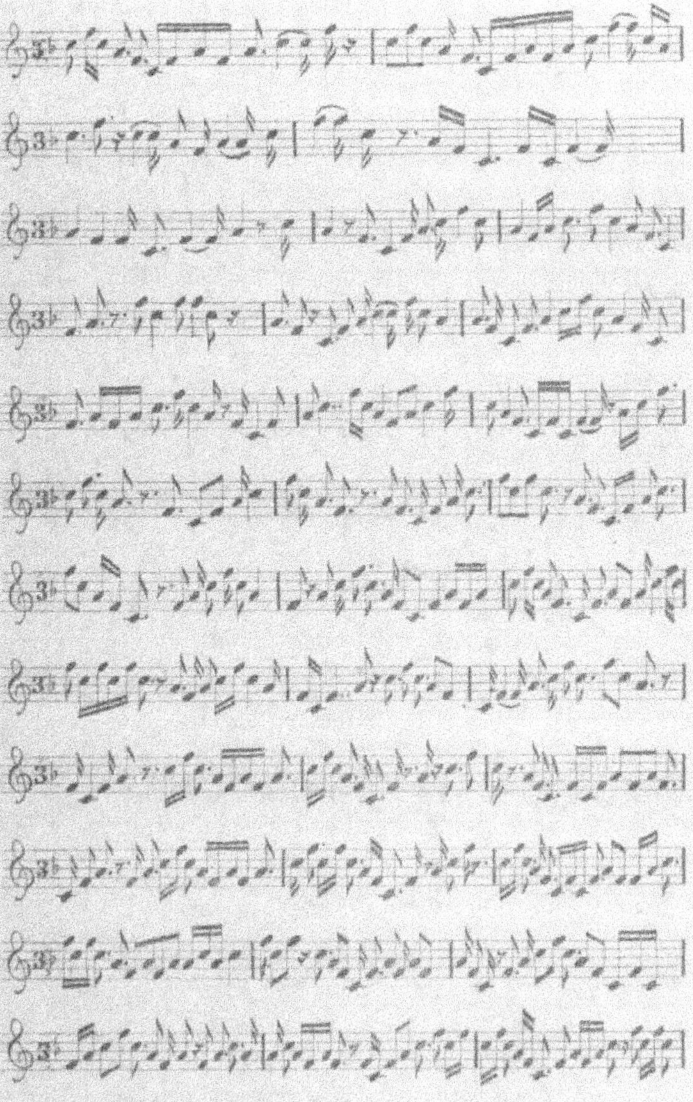

## 2e GROUPE

Considérons la note DO par exemple:

Temps divisible en 2 parties
- pour 1 élément de durée de la forme on prononcera Do
- pour le temps entier ou " 2 éléments " " Do-é

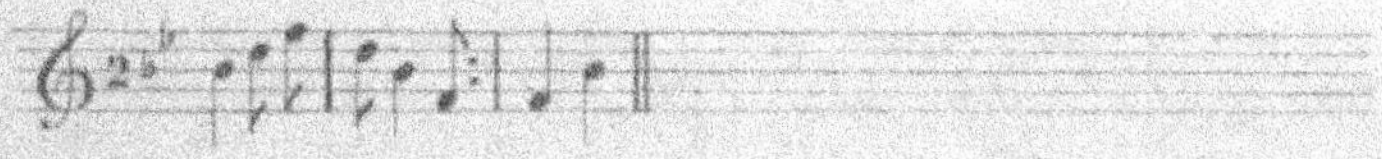

Temps divisible en 3 parties
- pour 1 élément de durée de la forme on prononcera Do
- " 2 éléments " " Do-é
- pour le temps entier ou " 3 " " Do-é-A

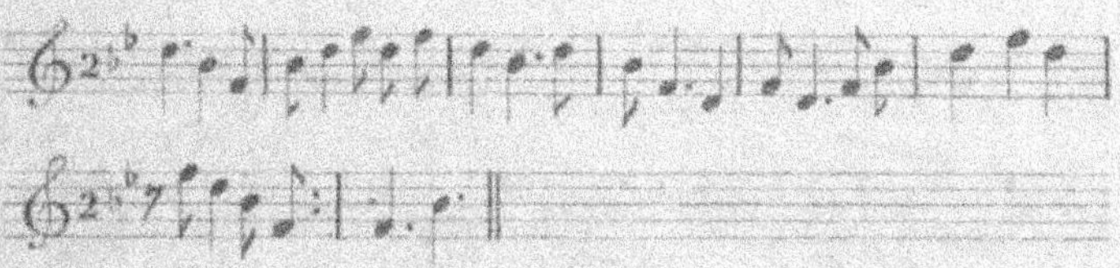

Temps divisible en 4 parties
- pour 1 élément de durée de la forme on prononcera Do
- " 2 éléments " " Do-é
- " 3 " " Do-é-A
- pour le temps entier ou " 4 " " Do-é-i-o

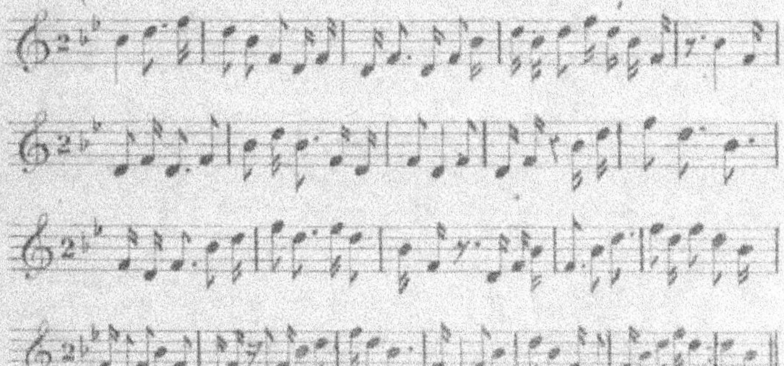

Temps divisible en 6 parties
- pour 1 élément de durée de la forme on prononcera Do
- " 2 éléments " " Do-é
- " 3 " " Do-é-A
- " 4 " " Do-é-i-o
- " 5 " " Do-é-i-o-A
- pour le temps entier ou " 6 " " Do-é-i-o-A-é

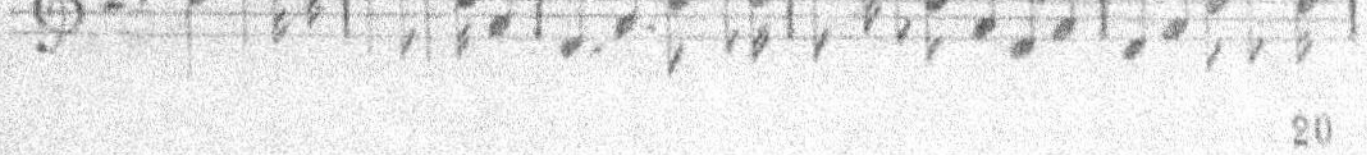

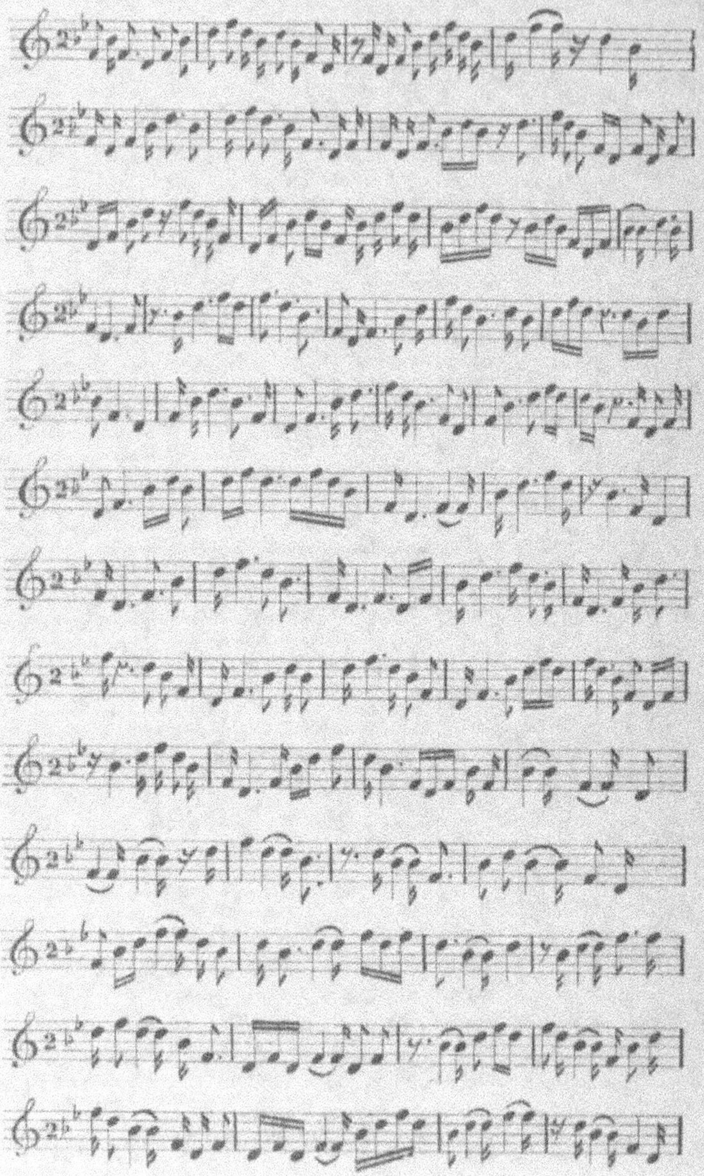

LE REVEIL DE LA MUSIQUE.

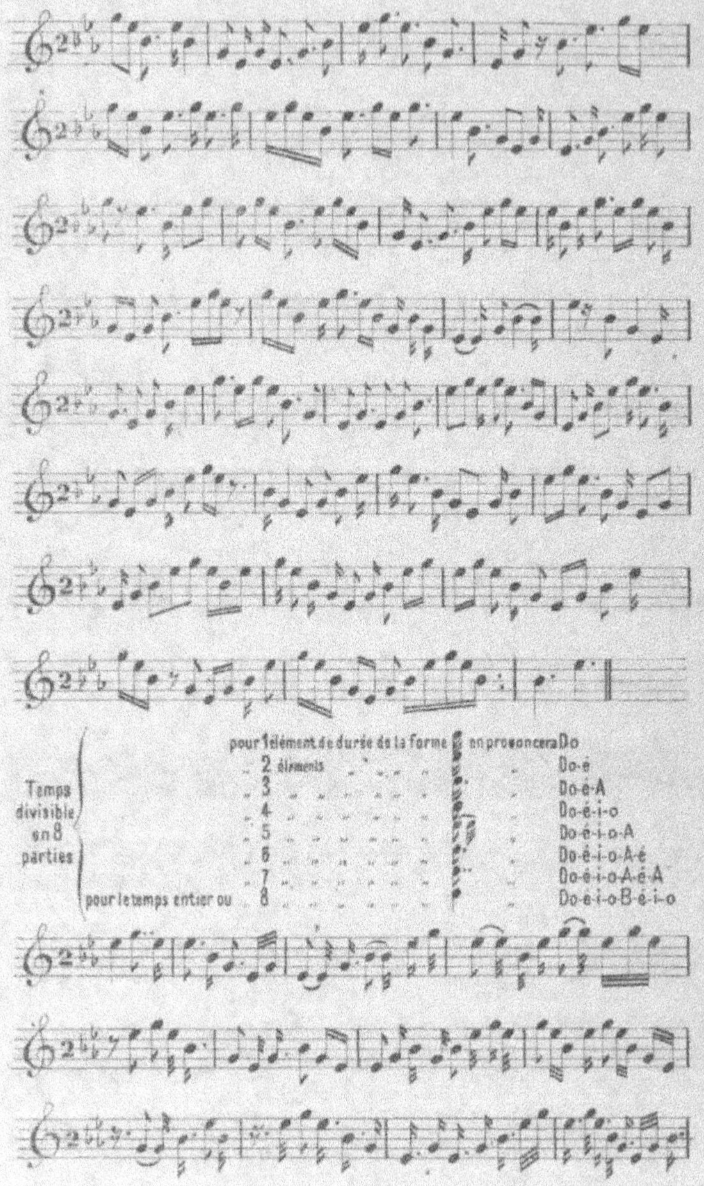
pour 1 élément de durée de la forme    on prononcera Do
2 éléments    Do-é
3    Do-é-A
4    Do-é-i-o
5    Do-é-i-o-A
6    Do-é-i-o-A-é
7    Do-é-i-o-A-é-A
pour le temps entier ou    8    Do-é-i-o-B-é-i-o
Temps
divisible
en 8
parties

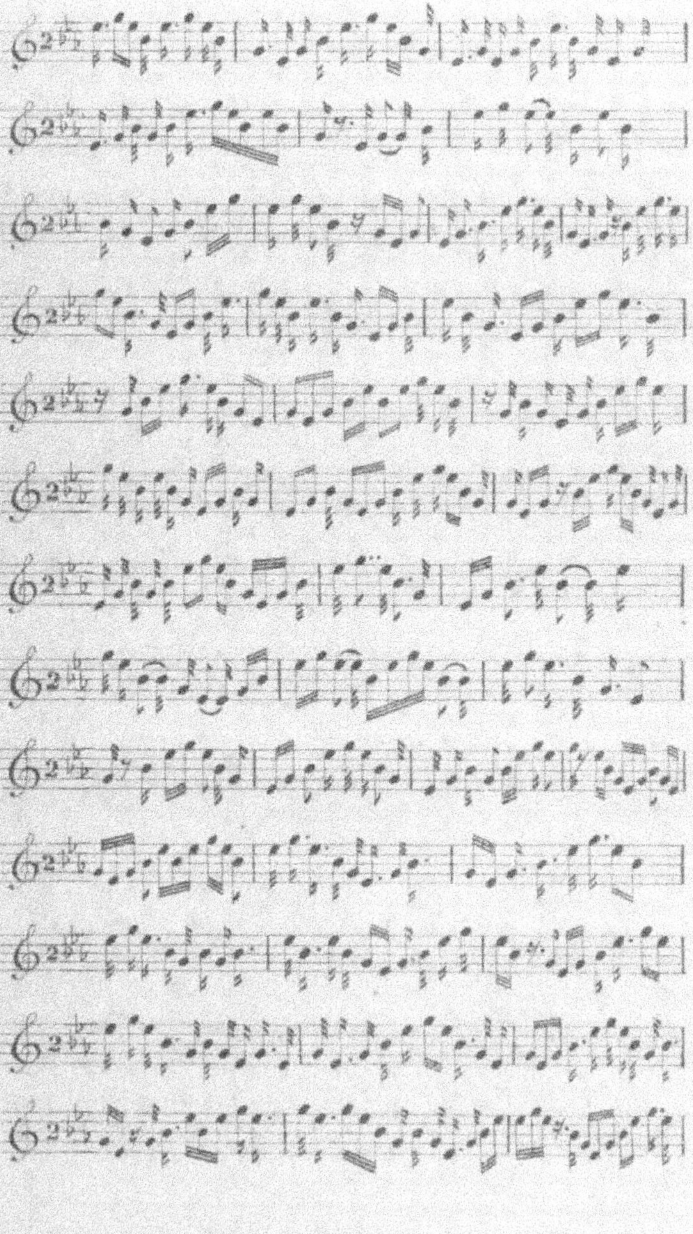

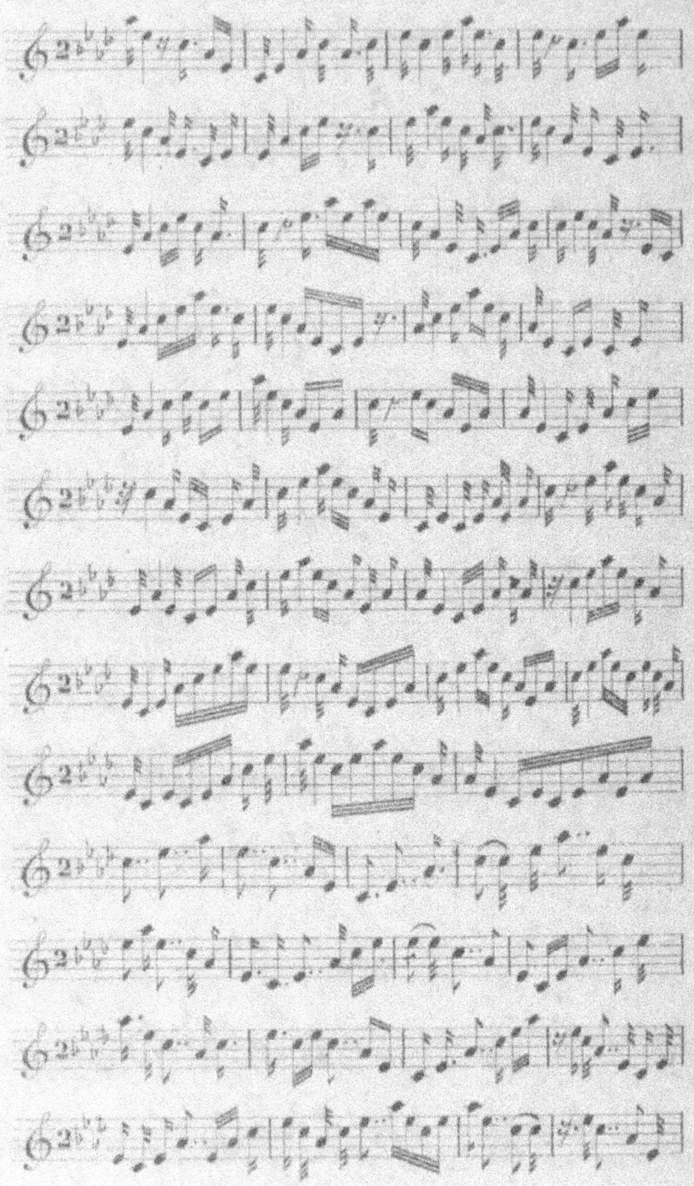

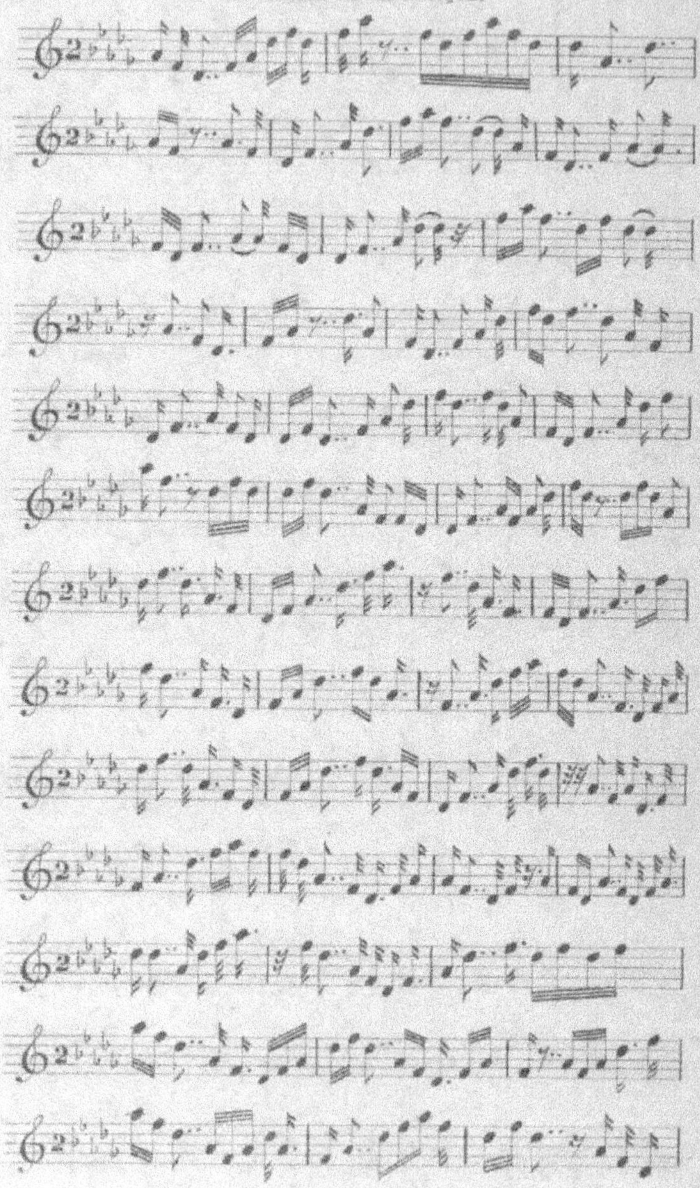

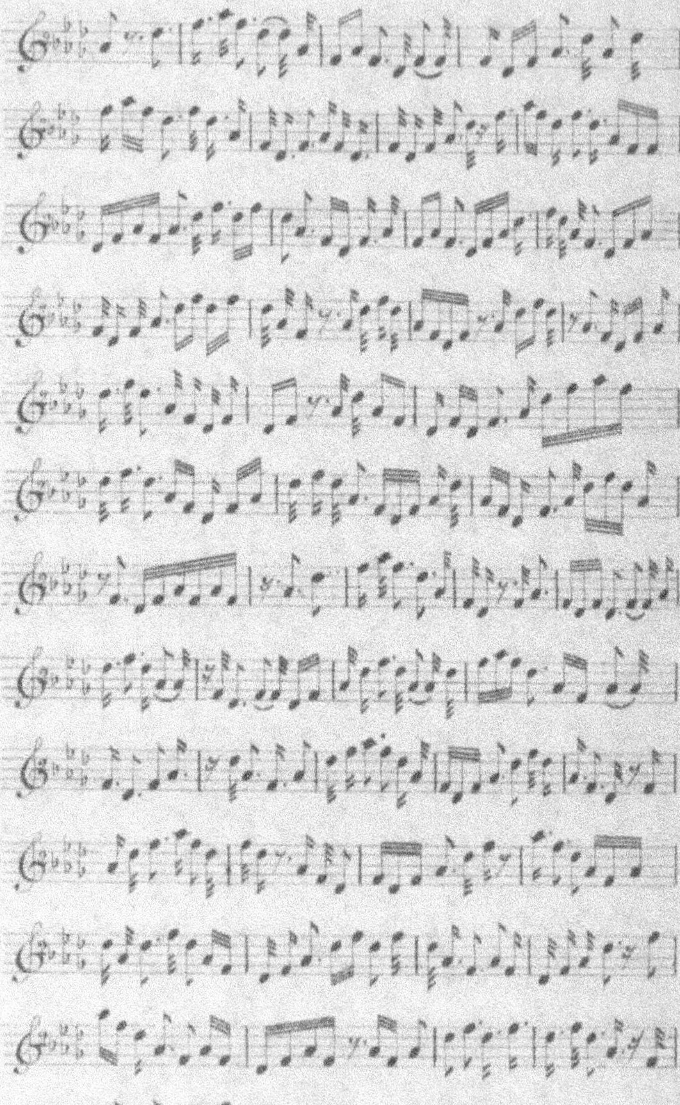

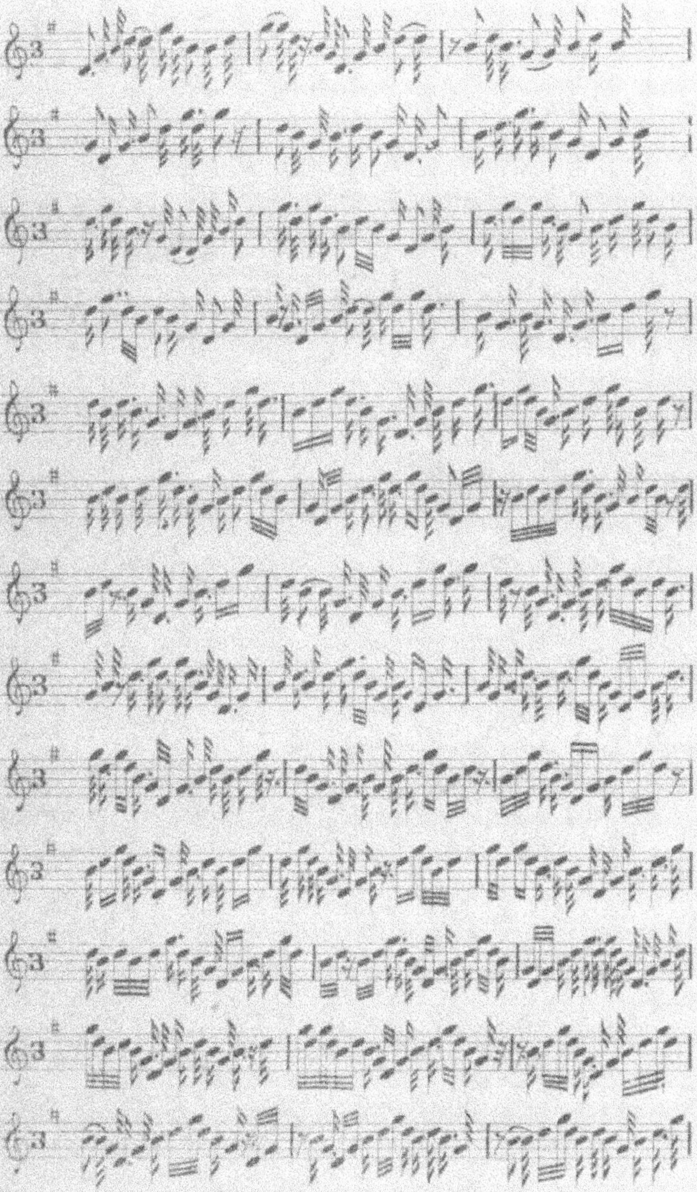

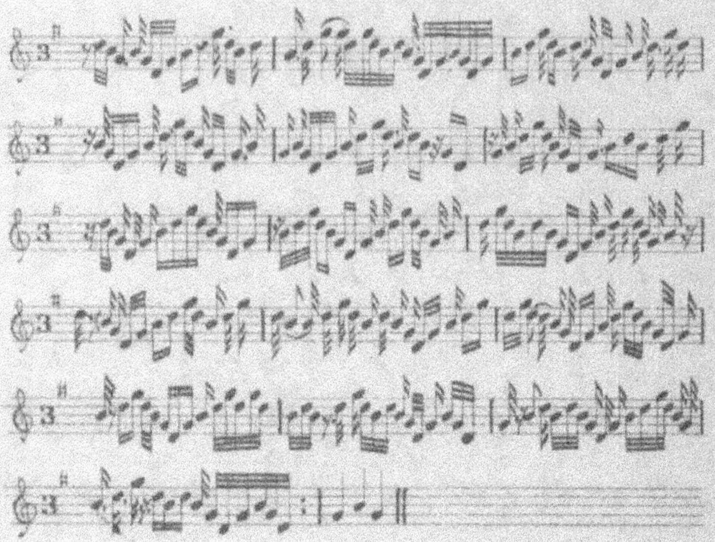

## 3ᵉ GROUPE

considérons la note DO par exemple

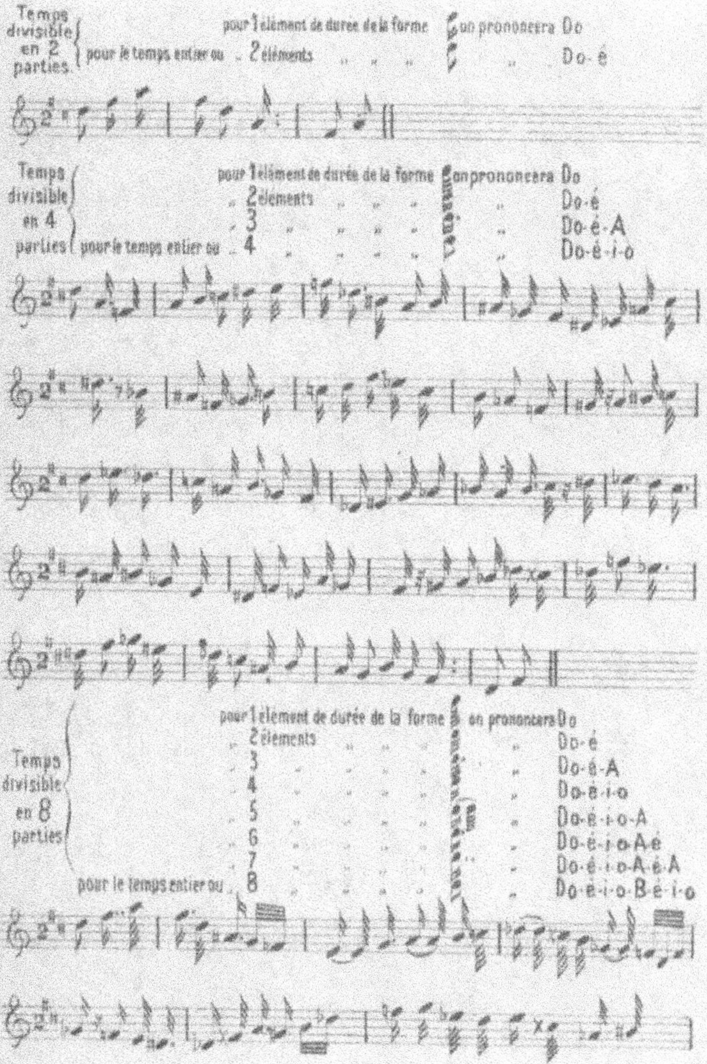

LE RÉVEIL DE LA MUSIQUE.

LE RÉVEIL DE LA MUSIQUE.

# TABLE DES MATIÈRES

## Deuxième Partie. — Difficultés pratiques considérablement réduites.



## Appendice.

## Exercices. — Intonation. — Mesure.



# ERRATA.

Page 47, 21ᵉ ligne, au lieu de : *du ton de sol*, lisez : *c'est-à-dire sur sol*.
— 69, 26ᵉ, *le chiffre 5 est ordinaire*.
— 86, 11ᵉ ligne, au lieu de : *par*, lisez : *pour*.
— 88, 31ᵉ, supprimez : *de quatre notes*.
— 93, 6ᵉ ligne, au lieu de : *des deux*, lisez : *les deux*.
— 100, 8ᵉ — — *de ré♯-fa*, lisez : *ré♯-fa*.
— 126, 20ᵉ — — EXERCICES D'INTONATION, lisez : EXERCICES JOURNALIERS D'INTONATION.
— 141, 9ᵉ — — *fa♯-la-la♭*, lisez : *fa-la-la♭*.
— 197, 8ᵉ — — *do♭*, lisez : *do♯*.
— 204, 20ᵉ — — *élargissions*, lisez : *élargissons*.

N.-B. — Partageant les regrets de Littré au sujet de la décision de l'Académie, nous avons écrit « dissonnance » par deux *n* au lieu d'une, pour ne pas mettre, dans un ouvrage de cette nature, ce mot en opposition avec celui de « consonnance » prenant deux *n*, à côté duquel il se retrouve à tout instant.

1855 — Nantes, Anc. Imp. CHARPENTIER. — EDOUARD VINCENT et Cⁱᵉ, rue de la Fosse, 32 et 31.